中國股市深處
的政經絞殺

作者／王淨文、季達

目錄

中國股市深處的政經絞殺

第一章

震驚全球的中國股災

受大陸經濟數據差和 A 股大跌拖累，2016 年全球股市一開盤走勢就不妙。亞洲、歐洲主要股市重挫，美股開盤也大跌。人民幣匯價下跌，中國經濟前景亦令人憂慮，這些因素均會左右美股乃至環球股市的走勢。

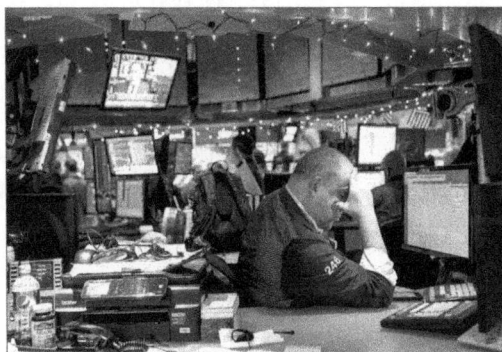

中國短期內 A 股的波動交易風險外移，已經外移到美國和歐洲的盤面。圖為 2016 年 1 月 4 日紐約證券交易所。（Getty Images）

第一節

三次股災擊倒大批中產

在人類股票歷史上，還從來沒有發生過像 2015 年 6 月 12 日到 2016 年 2 月 29 日中國大陸那樣八個月內經歷三次股災的劇烈重創，數千股票被攔腰砍斷，股價下跌近一半的企業比比皆是，許多股民 20 年的積蓄一夜間消失。僅在 6 月 12 日之後的前三周，按照中登公司（截至 6 月 26 日）的期末持倉人數（5076.6 萬）計算，人均虧損近 41.30 萬元。若按 2014 年中國人均年平均工資 4 萬 9969 元，每人近三周約虧掉八年的工資。

這次股災的損失有多大，很難有具體數字來描述，但在 2015 年的第一次股災中，僅 6 月 26 日單日，深滬兩市總市值就蒸發了近 4.9 萬億，相當於損失了三家中石油市值。在第一輪股災的第一個急跌期（6 月 15 日至 7 月 8 日）中，深滬兩市共蒸發市值約 19.45 萬億，約為中國 2014 年全國財政收入的 1.4 倍。從第一輪

行情的最高點 5178.19 點（2015 年 6 月 12 日）到最低點 2850.37
點（2015 年 8 月 26 日），深滬兩市市值便減少了近 33 萬億，相
當於中國 2014 年 GDP 的一半。

　　對投資者（機構與個人）而言，股災帶來的損失更大，被強
制平倉者痛不欲生。從 2015 年 6 月 15 日至 9 月 14 日收盤，據
同花順數據顯示，三個月內下跌股票超過 2500 支，下跌比例高
達 95％。其中跌幅超過 50％的股票多達 1548 支，接近六成。跌
幅最大的 29 檔股票，更是下跌了 70％以上。大批大、中、散戶
因漲時的槓桿放大而幾倍虧損，很多大、中戶被強制平倉，掃地
出門，十多年的心血積累毀於幾天中，市場出現了瘋狂、自殺等
情況。

　　如今回頭看去，當時股指的劇烈震盪依舊扣人心弦。從 2015
年初開始，中國上海、深圳兩市股市持續上升，勢頭猛烈，呈現
「瘋牛」般的失控狀態，上海證券交易所綜合股價指數（上證綜
指）於 6 月 12 日一度到達 5178.19 點高位，之後急速下挫，並於
8 月 26 日低見 2850.71 點；滬深 300 指數亦由 6 月 9 日 5380.43
點高位，下跌至 8 月 26 日低見 2952.01 點，上證綜指及滬深 300
指數於兩個多月急跌 45％；深圳證券交易所成份股價指數（深證
成指）亦由 6 月 15 日 18211.76 點高位，下跌至 9 月 15 日低見
9259.65 點，深證成指於三個月急跌近一半；而深圳創業板指數
更由 6 月 5 日 4037.96 點歷史高位，下跌至 9 月 2 日低見 1779.18
點，創業板指於不足三個月跌幅高達 55.9％。

　　在政府全力救市的情況下，上證綜指曾於 2015 年底回升至
3600 點，期間滬深 300 指數及深證成指分別回升至 3800 點和 1
萬 3000 點。其後再次下跌，踏入 2016 年，滬深股市跌勢進一步

惡化，上證綜指於 1 月 26 日跌破 2015 年 8 月股災低點，並於 1
月 27 日低見 2638.3 點；滬深 300 指數亦於當日低見 2839.29 點。

　　從以下兩個股民被強制平倉的經歷，或可窺見股災中的冰山
一角。一位股民 850 萬元被清零平倉，另一位股民更是在一小時
內虧光數千萬。

850 萬被清零平倉紀錄

　　一股民使用正常的券商融資融券業務，1 配 1，850 萬本金配
有 850 萬融資額度，實際使用 740 萬配資，原先一直是中長線價
值投資者，一個股經常放一兩年甚至三年，從來不用融資業務。
2014 年 12 月在券商的推薦下，使用了融資業務，從使用融資業
務到被平倉，沒有換過持有的四個股票，其中三個二線藍籌，一
個中小板，符合價值投資理念。

　　6 月 12 日，5166 點收盤，中共證監會對券商的內部通告，
暫停場外配資新埠的接入，且要求券商開始清理場外配資。

　　該股民稱，當時沒在意，因其經常持股一兩年，指數在 4000
點時新華社等中共官媒宣傳為牛市新起點，與此同時，也是抱著
對中共政府的完全信任和支持，所以其選擇了堅守。

　　6 月 15 日起，短短 14 個交易日，上證指數暴跌達 28.64％，
深證成指與創業板指更是同期暴跌達 32.34％、33.19％。

　　7 月 1 日，上證指數收盤 4053.70 點，大跌 5.23％；深證成
指收盤 1 萬 3650.82 點，大跌 4.79％。約 1300 支個股跌停，很多
股票創出本輪調整以來的收盤新低。

　　7 月 2 日，午後股指連續下挫失守 3800 點，隨後在石化雙雄

等權重股拉升的帶動下，滬指最終報 3912.77 點，跌幅 3.48％，滬深兩市 1000 多支個股跌停。

7 月 3 日，又是千股跌停，滬指盤中最低達 3629.56 點再創本輪調整新低，最低時跌逾 7％，滬指最終大跌 5.77％。該股民說問了幾家券商和金融圈人士稱，打擊配資盤，場外配資基本全部爆倉，傘形信託也有大部分爆倉，正常融資融券業務已經有爆倉強平發生，而且數量不小，快到平倉線的數量已經急劇增加。

7 月 4 至 5 日，中共總理李克強回國主持救市，在看到出台的一系列監管措施後，該股民認為這次中共當局動真格的了，中國夢將現實。

7 月 6 日收盤，上千檔股票從開盤漲停到收盤跌停，指數上漲 88.99 點，報收 3775.91 點，漲幅 2.41％。該股民稱，這是歷史性的一天，誰也不曾想到這是逃命的最後一天。

7 月 8 日 9 點 30 分，該股民收到手機信息：「您信用帳戶的維持擔保比例為 113％，已低於即時平倉線 120％，平倉至維持擔保比例上升至 150％；如果盤中維持擔保比例低於平倉線，也會觸發強制平倉。」開盤全跌停意味著前一天收盤在 1.33 警戒線以內的開盤全部到強平線 1.2 以下，也就是意味著他們的帳戶自己都不能操作，系統自動排隊強平。

該股民稱，在這之前幾天，其券商再三表示若到強平線以下，他們會先通知客戶，然後給時間補保證金。一般上午達到強平線是上午收盤前補，下午達到強平線是 2 點 30 分之前補，如果收盤達到強平線是第二天開盤前補，今天突然變成了系統自動強平。在與券商確認後，其特地籌集了 100 萬元資金準備應對今天的強平。

9 點 30 分正式開盤，無數股票有天量的買單，大部分股票股價從跌停打開慢慢回升，但是其已失去了操作帳戶的權利，帳戶全部被鎖。該股民稱，據內部資料了解，券商正常融資客戶有天量的都在這中間，該股民 113％ 的擔保比系統自動平倉排隊一個小時才輪到，這意味著有不少帳戶被強平。

當日 10 點 30 分，該股民被系統強平，其稱在這期間一直在安排銀行轉帳準備好的資金；10 點 38 分，100 萬保證金到帳，但是倉已經平掉，真正的地板價籌碼被中共國家隊拿走了。

一小時虧光數千萬

廣州一位有著近 20 年炒股經驗的老股民張先生，也曾期望在這次股災中能撐下去，但在 6 月 30 日，一個帳戶因「糧盡」而被強制平倉。2014 年 9 月開始，一年不到的時間，張先生融資約 5000 萬元，此後該帳戶總市值一度突破億元，然而強平後僅剩 600 多萬元。

張先生近期對《新快報》表示，他用妻子 3000 多萬元本金的帳戶融資後，市值一度高達 9000 多萬元。根據券商提供的擔保比例變化情況來看，這個帳戶最高峰時擔保資產已突破億元。

張先生稱，以自己的水準與經驗，加上其他帳戶還有幾千萬元的資金，他覺得強制平倉的情況不會發生在其身上，「所以在簽訂協定的時候，很多細則和條款我也沒有認真看，加上戶口裡的資金太大，我長線操作，並不太清楚什麼時候到警戒線。」

6 月下旬開始，大盤連續暴跌，儘管讓張先生的股票市值縮水不少，可張先生稱，「但是我們都是有過（熊市）經歷的人，

沒有太在意。直到 6 月 29 日上午收盤後，接到涉事券商番禺營業部證券經理李某的電話，他說我的股票已經進入警戒線，如果第二天開市股票繼續下跌，就要強制平倉了。」

張先生說，接到電話後馬上就急了，準備下午賣掉其他股票來追加保證金。當天（6 月 29 日）下午開盤後，他所持的股票已全部跌停。他多次打電話哀求李某與公司，申請不要強制平倉，多給他一天時間，這種溝通一直持續到當晚 11 點多，「即使當天我賣出股票，資金也是轉不進去的，只能夠到第二天。」

張先生還稱，李某曾表示會幫他延遲至 6 月 30 日早上 10 點 30 分才開始進行平倉，「結果我們自己已經動手平倉的時候，卻發現還沒到 10 點 30 分已經被強制平倉了，我單一支新文化股票市值就有 6000 多萬元。」

張先生說：「損失慘重啊，太狠了！多年來賺的錢不到一個小時就全被虧光了。我所有的帳戶都在該證券公司開的，還有女兒、女婿的，有三、四個帳戶，當時我自己名下的帳戶也有幾千萬元，還有基金，根本就不涉及不能追加保證金，為什麼一定要強平？按照規則他們（券商）沒有錯，但在我有錢的情況下，難道不能聽我們投資者一句嗎？」

張先生認為，只要強制平倉那天再讓他撐幾個小時，也許結局就會翻盤，自己是倒在了黎明之前。就在他被強制平倉的第二天，即 7 月 1 日，中共證監會發布了修訂後的《證券公司融資融券業務管理辦法》，用協商平倉取代強制平倉了。

成也槓桿，敗也槓桿。A 股前期急速下跌，高槓桿成為眾矢之的。然而，在高收益的誘惑下，風險往往被各方所忽視。

第二節

2016 首交易日大陸股市熔斷全球股市開門黑

1月4日恆生指數收市報2萬1327點，跌587點。（余鋼／大紀元）

2016 年 1 月 4 日是大陸股市 2016 年第一個交易日，也是大陸股市實施熔斷措施的第一天。滬深 300 指數 4 日開盤後即倒頭下跌，午後約 1 時 13 分跌幅擴大至 5%，觸發 15 分鐘熔斷機制；其後，兩市在 1 時 28 分恢復交易後再度下挫，滬深 300 指數跌幅擴大至 7%，觸發全日熔斷，兩市將暫停交易至收市，是大陸股市史上首次熔斷。

消息拖累亞洲、歐美股市齊齊下挫，恆指收報 2 萬 1327，跌 587 點或 2.7%，創自 1995 年以來最差的新年首交易日表現。

歐亞主要股市重挫

受大陸經濟數據差和 A 股大跌拖累，2016 年全球股市一開

盤走勢就不妙。亞洲、歐洲主要股市重挫，美股開盤也大跌，道瓊指數大跌 345 點。

　　亞太區方面，日本股市跌至兩個半月低位收市，日經平均指數收市跌逾 3%，錄得 2015 年 9 月底以來最大單日跌幅。南韓首爾綜合指數收市跌逾 2%，錄得逾四個月以來最大單日跌幅。馬來西亞股市曾錄得逾三個月以來最大跌幅。

　　歐洲主要股市也重挫，德國股市跌幅更超過 4%。在歐元區，法蘭克福股市 DAX 30 指數下跌 4.3%，來到 10283.64 點；巴黎股市 CAC 40 指數下跌逾 3%。倫敦股市礦業股午盤大跌 3.4%，是去年 12 月中旬以來最大的單日跌幅。

美股開盤道瓊大跌 345 點

　　美國股市開盤 5 分鐘後，道瓊工業指數大跌 345.46 點，或 1.98%，報 1 萬 7079.57 點。標普 500 指數下跌 37.86 點，或 1.85%，報 2006.08 點；納斯達克指數 111.70 點，或 2.23%，報 4895.72 點。

　　分析認為，4 日早上公布的財新中國通用製造業採購經理人指數 12 月分終值疲軟、1 月 8 日的股東減持令解禁潮即將來臨，人民幣兌美元匯率近期連續急跌、熔斷機制等以及歐美亞等周邊股市大跌，均導致 A 股 4 日暴跌。

人民幣、PMI 齊跌 環球聚焦中國經濟

　　除了大陸 A 股，人民幣也在 2016 年首個交易日下挫。延續前一周跌勢，人民幣中間價下調 100 點，跌穿 6.5 關口，釋放出

央行主動貶值的訊號；其後，人民幣兌美元收市大幅貶值逾 200
點子，跌穿 6.51 關口，與中間價齊齊續創逾四年半新低。離岸
CNH 波動更為劇烈，午盤跌幅一度擴大至逾 600 點子，與在岸價
差重回千點以上，貶值幅度超過預期。

另外，4 日公布的中國 12 月財新製造業採購經理人指數
（PMI）跌至 48.2 的三個月低位，低於預期的 48.9，並連續 10
個月處於 50 以下的收縮水準，顯示中國經濟持續放緩，下行壓
力加大。

花旗銀行環球個人銀行服務投資策略及環球財富策劃部主管
張敏華 4 日表示，今年中國經濟預料比往年差，預料 2016 年中
國大陸經濟增長將放緩至 6.3％。她指，今年中國經濟仍面臨經
濟轉型影響，產能過剩問題仍會繼續拖累經濟增長，未來中國經
濟形態將依賴服務、科技等新興產業帶動。

張敏華認為，人民幣亦因此有下調空間。美元兌人民幣有機
會上試 6.80 水準，反映今年中國有機會出現資金外流情況。

另外，她預計今年上半年中港股市仍會持續調整，股指有機
會呈 N 字形走勢，上半年難免會有回落，下半年因應經濟狀況而
有改善。A 股估值亦不低，料今年股市有一成跌幅，滬指目標位
為 3200 點。

風險外移 全球關注中國因素

目前中國經濟前景，成為 2016 年全球經濟關注的焦點之一。
去年美聯儲推遲加息，考慮到了中國經濟放緩的因素。

英國《金融時報》（FT）4 日報導，儘管美國利率不斷上

升，但市場今年最關注的問題將是中國經濟狀況。按購買力平價（PPP）衡量，中國已是全球最大經濟體，並將在未來幾年在絕對值基礎上超越美國。分析師普遍預期，除了美國本身的通脹壓力和就業情況等數據，對聯儲局加息與否產生影響外，人民幣匯價下跌，中國經濟前景亦令人憂慮，這些因素均會左右美股乃至環球股市的走勢。

交銀國際董事總經理兼首席策略師洪灝表示，目前國際對中國因素的關注度日益增加。最擔憂的是，短期內 A 股的波動交易風險外移，已經外移到美國和歐洲的盤面，歐洲那邊在暴跌，「短期內我覺得暫時不要急著去抄底」。

第三節

博客：三次股災 一場人禍

對於股災產生的原因，人們是眾說紛紜，仁者見仁智者見智。從網路上流傳的兩篇博客中，可以一窺民眾對監管層的態度。

第一則轉載署名「思樸」的香港博客主在 2016 年 1 月 26 日的博客上評論，他寫道：

「內地股市在開辦以來，其指數表現從來就沒有真正反映過經濟的增長，這一事實，不僅對中國，對美國也是一樣的！美國股市道瓊斯指數從 2009 年的 6500 點，漲了三倍，但是它這幾年最好的 GDP 實際增長率也沒有超過 3，股市是經濟的晴雨表，從來都是一個謬誤，是那些從來沒有深入參與市場的專家們所炮製出來蒙外行的。

決定股市走勢的，更多的取決於兩個因素：一個是持股的平均成本，一個是公眾對公司和基本面未來的預期情緒。索羅斯深

諳此道，在他的《金融煉金術》裡，他把人參與其中而改變價格走勢的現像總結成『反身性』的理論。

對於一個監管者來說，他們的責任不是說去維護某一指數點位，而是要設計一種交易機制，能夠迅速拉平各類投資者的持股平均成本，使之不能偏離公司的盈利能力過大！第二，他要做公眾情緒的引導者，而不是自己參與市場直接開練，在樂觀的時候再添一把火，在悲觀的時候給投資者的心頭再補上一刀。所謂的逆周期調節，更多是在管理情緒上。把這兩件事情做好了，管理中國的股市跟燒一條小魚一樣簡單，根本就不存在所謂的坐在火山口上的可憐樣！

而我們的監管層，在總結去年的股災時，居然把不成熟的投資者擺在第一位，這既是悲哀，也是十分可笑的！

中國散戶投資者多，這是一個特點，是客觀條件，也是內地股市充滿活力和新鮮感的優勢。韭菜割了一茬又一茬，無怨無悔，多好的老百姓，居然把他們當成了引發股災的首要因素，這是典型的恩將仇報啊！

其實造成股災的原因很簡單，就是你們放任交易機制的缺陷而牟利，以一己的私心置公正的道義而不顧，人為地造成大量的新股，從上市交易的第一天起，原始股東與二級市場股東的平均成本就形成鴻溝，並在上市後還一再拉大。這就是最近幾年創業板和中小創異常火爆的制度基礎！

問題是，盛宴之後，總要有人買單！原始股東股票解禁之後，他們憑什麼不減持股票？既然是市場經濟，一定會把平均利潤率迅速搞得一致，高高在上的二級市場交易價格，會因為流通股的不斷增加，平均價格會逐步下拉降低。

這是股市最大的系統風險啊！股權分置改革解決的就是全流通問題，而我們後面的新股發行，卻仍然在源源不斷地製造著新的股權分置股！我從 2009 年 6 月份起，一直在跟證監會提供意見，但一直沒有得到有效的回應。反觀在股權分置改革時，草根的意見得到了大量的採納！

這樣的區別，正好說明證監會的四風問題嚴重，丟棄了群眾路線這個最可寶貴的法寶，因此弄出個短命的『熔斷機制』，沒有多少人去提建議，看明白的都去發國難財了，給國家和人民造成巨大的損失，嚴重地挫傷了國人對經濟的信心，對國家的信心，也才導致索羅斯們卷土重來跟中國叫板！

我在 7 月救市正酣的時候，天天看著盤面的不正常，憂心如焚。

第一次股災，是新股發行系統缺陷加資金槓桿推動二級市場股價嚴重偏離公司價值之後，大股東大規模減持預期出現，平均成本必須一致，規則一。此時監管層不是去改變預期，而是親自入場強力去槓桿，同時推出中證 500 指數期貨，給正想減持的投資者巨大的套利工具。成本差好幾十倍，一邊在二級市場上跌停放股票，另外一邊在期貨上買空單，雙重暴利！

第二次股災，則是赤裸裸的腐敗。本來第一次股災造成了中小盤高市盈率股連續無量大跌，由於強力去槓桿只能去賣大盤藍籌，帶動藍籌股市盈率進一步下跌，這時候只要把藍籌股穩住，因為其市盈率有足夠的安全邊際，而讓中小盤股在低位時靠市場的力量巨量換手，拉平各類股東平均成本，雖然調整時間會長一點，但是整個市場預期就穩住了。但這幫貪官污吏倒好，拿著國家幾萬億去拉自家垃圾股，國家隊敢長期持有這樣的股票嗎？於

是證監會發出退出信號，垃圾股二次下殺，市場苦苦支撐的藍籌股被帶動下跌，這是第二次股災的運作的內在機理。

第三次股災，卻完全是倉促上馬的熔斷機制所導致。記得2007 年到 2008 年的大跌，我當時一直觀察著中國平安，它基本上是做空工具。在大盤指數轉好的關鍵點位，一定要被它整出個什麼麼蛾子出來，為此我寫過十幾篇文章，有興趣可以對照指數印證一下，學史鑒今。這一次，指數同樣又是在可上可下的時機，熔斷機制來了，四次熔斷之後，指標被整得一塌糊塗，指標的修復，更重要的是信心的修復，沒有半載已經很難了。聽說熔斷機制也是公開徵求了意見的，問題是，當你一次又一次地就新股發行公開徵求意見，卻並不採納消除明顯的系統性風險的時候，誰還會去提意見！老實說，我如此關注內地股市變革的人，對熔斷機制完全沒有關注，也是通過實際的損失，才認識到他的凶險，這是慘痛的活體實驗啊！

在前兩次股災的後期，我在文章裡說，這個股市要搞好，前提是金融反腐！因為很多事情不正常，現在比較清楚了，新股發行制度為什麼不改，證監會的官員們在其中有著巨大的利益。如果像我提出的方案那樣，公司股票上市幾天就形成了一個相對均衡的價格，新股發行不能獲得巨大的無風險暴利，這些因新股發行而落馬的證監會官員找誰去尋租？

正因為我們證監會的官員失去了公心，自己的能力又不足，又不願意真誠地與二級市場的老百姓交流，最後的結果大家也看到了：

三次股災，一場人禍！」

經濟學者：三次股災誰來負責

第二則是經濟學家王思想在 2016 年 1 月 9 日寫的文章《三次股災誰來負責》，文章把人們帶到更廣泛的時間範圍中。至於三次股災時間的認定並不重要，股市一路下跌，超過 5％的交易日很多，哪個歸入獨立股災，哪個並到上一輪股災中，人們的劃分不盡相同，不過內涵卻差不多少。王思想在文章寫道：

「每一次股災之後，都沒有人為此負責，則是股災反覆發生的原因。

中國股市至今有三次純粹人為因素的暴跌，分別在 2007 年，2015 年，2016 年。所說暴跌，不是一般意義的下跌，已經到了股災的程度。

為什麼股災會一再發生？如果不能找到原因，股災還會一次次到來。

2007 年的『530 半夜雞叫』，可謂國恥。當時，證監會、稅務總局的人一再聲稱不會提高印花稅，直到 5 月 29 日，國家稅務總局有關負責人還在央視上聲稱沒有上調印花稅的政策，社會上的說法純屬謠傳。但僅僅過了五個小時，即 5 月 30 日 2 時，各媒體同時報導從當天起印花稅提高到千分之三雙向徵收。從此，中國有了一個專門詞彙：530 半夜雞叫。後來人們發現，證監會、稅務總局的人一再聲稱不會提高印花稅，是為了給國家隊留出逃跑的時間。後來的數據表明，在其『闢謠』期間，國家隊大舉撤退，散戶踴躍接盤，結果是悲慘的。

530 半夜雞叫是迄今中國股市最大的欺詐事件，如果當時那些『闢謠』的官員引咎辭職一大批，則官方的信譽還可以得到局

部好轉。然而沒有。沒有任何一個人主動負責，也沒有任何政府部門說要查處哪個人。

　　2015 年的槓桿股災，起初官員的責任並不大，但後來一錯再錯，釀成災難。起先是證監會在涉及槓桿的時候留下了明顯的漏洞，被敏銳的投資機構發現，並且狠狠操作了一把，賺取了大筆利益。這個時候，如果有關部門處置得當，還不至於釀成股災。可惜，證監會沒有立即糾正自己的錯誤，而是強令『去槓桿』，此舉又被敏銳的空頭發現了機會，利用『去槓桿』造成踩踏，謀取暴利。當時的官媒，為了幫助官員推卸責任，竟然使出老掉牙的『美國陰謀論』招術，說中國股市下跌時美國人搞的鬼，中航工業總公司董事長林左鳴，公開宣布『在 A 股打響這場經濟戰爭，是衝著五星紅旗來的』，號召大家為國護盤。要知道，林左鳴掌管的，是一家具有萬億資產的國企公司。如此巨大的資產，掌握在一個如此素質的人手中，可怕。大家相應號召、為國接盤的後果，是巨額資產損失。

　　在 2015 年的股災中，聲稱『4000 點是牛市起點』的新華社等官媒沒有負責，在制度設計中留下明顯漏洞的證監會沒有負責。

　　於是就有了第三次股災：2016 年的開門黑。

　　2016 年中國股市開盤第一天的走勢，令人驚詫。在證監會的熔斷創新舉措第一天，股市就兩次觸及熔斷，以暴跌提前收盤；三天後的 1 月 7 日，交易了不足半小時就兩次熔斷，創紀錄地提前下班。

　　熔斷機制，成了一個笑話，一個悲慘的笑話。一個僅僅實施四天的規則，造成四次熔斷，此紀錄在人類歷史上應該是空前絕後了。

　　1月7日夜間，證監會緊急宣布暫停熔斷機制。到1月8日早盤收市，股市只是微漲，沒有出現萬眾期待的收復失地。很明顯，大家失去了信心。

　　股民炒股，盈虧自負，可以說大家對於虧損是有心理準備的。但是，三次股災，均是純粹的認為因素，是因為管理者舉措失敗造成的，然後，由股民承擔損失，卻沒有任何官員為此承擔責任，這樣的市場下，公眾的信心已經徹底被傷害。

　　三次股災，最惡劣的是530半夜雞叫；對股民打擊最大的，則是2016年的熔斷。大家都知道，2016年的經濟形勢異常悲觀，股市可以說是最後一點信心。如今卻被莫名其妙的熔斷給毀了。

　　三次股災，都證明了一件事情：市場永遠是對的，官員則總是錯的。每一次股災之後，都沒有人為此負責，則是股災反覆發生的原因。如果我們要想盡量避免以後的股災，就必須思考幾個問題：為什麼主管中國證券市場的官員是這樣的素質？為什麼每次股災都無人承擔責任？長此下去，中國的股市還有存在的必要嗎？

　　此次熔斷股災，希望能有人承擔責任，能有高管辭職或被免職。這是讓股民恢復信心的必要條件。」

　　然而，儘管人們如何強烈公開地要求有證券高官辭職謝罪，但直到2016年2月20日證監會主席肖剛才辭職，比民眾期待的延遲了一個多月。

第四節

朱鎔基前祕書解碼股災原因

2015 年 6、7 月，中國大陸發生股災。2016 年 3 月底，朱鎔基前祕書李劍閣「大尺度」解碼股災原因。其中包括：一些官媒助漲市場狂熱氣氛；證監會政策尺度劇烈變化；證監會帶著被監管對象去救市等。

李劍閣五大觀點 解碼 2015 年股災原因

大陸《新京報》時政公號「政事兒」2016 年 3 月 31 日發表題為《朱鎔基前祕書如何「大尺度」解碼去年股災原因？》一文。

文章稱，2015 年 6、7 月間大陸股市異動，在 2016 博鰲亞洲論壇「闖禍的槓桿」分論壇上，朱鎔基前祕書、中共證監會前副主席李劍閣對此提出以下五個觀點。

一、股災原因需要系統的研究才能說清楚

會上，李劍閣在高西慶之後發言稱，他贊成高西慶的觀點，即（股災原因）需要一個系統的研究才能說清楚。

曾擔任證監會副主席的高西慶建議，由全國人大或者其他部門牽頭成立一個調查組，授予其獲取全部數據的權力，限期查明股市異動這類事件的原因。如認為股災是場外配資造成的，就要調查場外融資怎麼形成的，錢從哪來的，怎麼進入股市的。

高西慶表示，很多國家調查股災，他們首先要搞清楚股災的原因。他們選擇來調查的人，首先排除有利益關係的人員，所以不會選擇監管部門；再有，不能讓直接參與者參加，所以不會選擇某個券商公司。調查人員會由諾貝爾獎獲得者、經濟學家等沒有直接利害關係的人組成。

二、一些官媒助長了市場狂熱的氣氛

在接下來的發言中，李劍閣首先提到，「去年一些官方媒體助長了市場狂熱的氣氛」。當時有一些官方網站講 4000 點是牛市的開始，用國家牛市、改革牛市等來解釋牛市的合理性。當時有一些權威人士在中央黨校作報告，李劍閣將此歸納為三句話：第一，改革牛；第二，不差錢；第三，可持續。

三、證監會政策尺度劇烈變化是股市異動重要原因之一

股市異動，李劍閣認為不僅僅是槓桿的問題，證監會政策尺

度劇烈變化是其中一個重要原因。

他表示，他原來的同事都跟他講，「2015 年初，恆生電子系統直接接入交易市場是作為互聯網＋、金融創新＋，監管部門提倡的，說都互聯網＋了，你們還不接，大家不接就覺得落後了。但到清理的時候，監管部門就說誰讓你們接，趕快撤。證監會有些派出去的幹部坐在那兒說你今天必須掐掉，不掐我不走。」

李劍閣表示，前後執行尺度劇烈變化，人為地加劇了股市波動，先拚命往上拱，受不了了又一下往下砍。去年股市斷崖式下跌，這至少是一個重要原因。

四、股指期貨做空機制停掉的做法不對

李劍閣認為，2015 年股市異動期間，可以對沖二級市場風險的股指期貨做空機制被停掉是不對的。

他說，當時，產生負反饋的東西恰恰被停掉了，衍生產品對空機制本來是可以對沖波動的，結果那個時候怕股市掉的很厲害，把做空的東西砍掉了。本來做空、包括融券是一個平衡力量，結果只准融資，不准融券；只准買，不准賣；只准實盤，不准期貨。結果變成單方向，改變了原來的規則。

五、證監會救市相當於裁判帶著運動員去踢球

李劍閣表示，2015 年由監管部門帶著一批監管對象去救市，相當於裁判帶著特定的運動員去踢球。他吹哨，讓你進球就進球，不讓進球就不進球。這個球是沒法踢的。如果說國際慣例，舉不

出任何一個國家由監管部門帶著監管對象去救市的例子。

李劍閣曾是中共前總理朱鎔基的祕書,被指是國務院經濟智囊。朱鎔基任中共副總理時,李劍閣曾任經貿委政策法規司司長、證監會副主席;1998 年朱鎔基任中共總理並兼任國家經體制改革委員會主任時,李劍閣任國務院經濟體制改革辦公室副主任。

2015 年大陸股災被指是涉江派的「經濟政變」

2015 年 6、7 月,大陸發生股災。6 月 15 日,A 股開始大跌,當天收盤滬指跌 2%,創業板指暴跌 5.22%。6 月 15 日直到 7 月 8 日,滬指暴跌 32%,市值蒸發 20 多萬億。

接近中共財經高層的知情人士向《大紀元》透露,據說各大江派企業都集體做空 A 股,劉雲山之子、中信證信的劉樂飛等人就是幕後操盤手。

消息透露,當局在救市過程中,投入巨資成為「救市主力」的中共證監會和中國最大的券商中信證券,聯手做空股市,被稱為「內鬼事件」。高層已將本輪股災和金融界「內鬼事件」定性為「經濟政變」。

據悉,劉樂飛和其掌控宣傳口的父親劉雲山在股市中聯手,利用內幕消息與操作套取利益,而且早有前科。

2015 年 8 月 28 日,「新華微播」在微博引用一張圖片稱,目前根據各方面消息已基本確定事情脈絡:中信證券聯手某三家著名國際對沖基金做空 A 股,手法是利用不記名的虛擬子帳戶和資管的公允交易平台控制了大量殭屍戶,資金通過地下錢莊出入市場。同時證監會及證金內部有策應,通風報信,掌握國家隊主

力節奏。

該帖引發網民憤怒斥責劉雲山父子聯手惡意做空股市：中信證券的劉樂飛董事長，惡意做空勢力的帶頭大哥；中信董事長他爹是水軍（江派）總都督，所以網路輿論變著花樣向有利空方國家隊的方向引導。

2015 年 7 月 9 日，當局高調調查惡意做空。8 月 25 日開始，陸續有證監會和中信證券的高管因涉嫌內幕交易被帶走調查。截至 2015 年末，中共證監會前副主席姚剛、主席助理張育軍，以及中信證券公司總經理程博明等數十人被調查。2015 年 11 月有港媒披露，中信證券原執行董事、副董事長劉樂飛已經被限制出境，被停職和要求交代問題。

有港媒報導稱，目前大陸反腐風暴正在席捲金融界。種種跡象表明，股災雖已過去，對「股奸」的清查還將繼續，金融界反腐，更大的風暴還在後面。

第二章

《新紀元》提前警示股災的到來

世上萬事萬物的發展演變都有個原因和根源，不會沒有任何預兆的「突然」事件。對於股災這樣的大事，更是各種因素的合力，許多預兆早已呈現，《新紀元》周刊也一路提前警示讀者股災的到來。

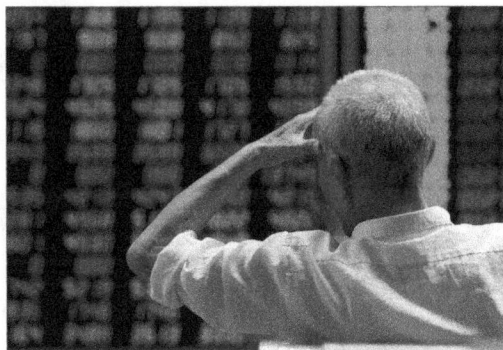

（AFP）

第一節

「為國接盤」 股災襲來的預兆

世上萬事萬物的發展演變都有個原因和根源，不會沒有任何預兆的「突然」事件。對於股災這樣的大事，更是各種因素的合力，許多預兆早已呈現，《新紀元》周刊也一路提前警示讀者股災的到來。

《新紀元》周刊是一本及時介紹中國政治、經濟、文化最新動向的綜合性雜誌，立足於「世界關鍵點，掌握新未來」，每周四在香港、台灣、澳門各大書攤和書店銷售，在北美、歐洲也有書籍出售。

從 2006 年創刊以來，《新紀元》一直在介紹中國經濟蘊含的不良因素和潛在危機。比如在股災爆發的一個月前，《新紀元》專門做了一期封面故事《救經濟，政治局會議推出八措施》（第428 期，2015 年 5 月 14 日出刊），指出中國經濟的困境與險境，

以及中南海領導人急於解困，以至於有些拔苗助長的心態。隨後每期追蹤最新中國經濟局勢。

在 2015 年 6 月 15 日第一次股災發生後，《新紀元》做了封面故事《大陸股市劇烈震盪，政治搏殺刀光劍影》（第 435 期，2015 年 7 月 2 日出刊），分析了在經濟因素之外的政治搏殺，並及時報導了促使股災發生的各種經濟因素。

在《股民擔憂「為國接盤」》一文中，《新紀元》記者古春秋分析：中共政治局緊急經濟會議後，過去一段時間不停上漲的中國股票市場出現了突然的反常。加上部分官媒近期口風飄忽不定，更加劇了投資者對政策面的疑慮。中國股市最著名特點是政策市，資金大鱷是否從當局最新政策中嗅到了危機？

股市在 2015 年 5 月 5 日、6 日、7 日連續下跌，這波股市異常上漲的原因是「中共欲藉股市上漲，舒緩債務困境」。股災的發生的首要原因不是股票的下跌，而是一開始就不正常的人為助長，但股市站在不應該的高位時，下跌也就是遲早的事。

官媒隨後發表文章，力挺股市，說中國經濟改革需要牛市支援。網路也盛行「為國接盤，俠之大者」的口號，既透露出中國股民自我嘲諷的無奈，也顯示出對中共希望借助股市緩解經濟危機的用意並非沒有領會。中國股市的故事，伴隨的就是小股民的悲歡和被洗劫後的忍耐。

儘管國內投資者跟風買股票，但國際投資者持續撤資中國股票基金，英國《金融時報》5 月 4 日報導，將中國 A 股市場在過去一年裡上漲 125％，主要歸結於國內散戶投資者的追捧。然而，國際投資者對中國股市的上漲開始表現猶豫。根據數據提供商晨星（Morningstar）的數據，他們在 2014 年從大中華區股票基金撤

走了 44 億美元，今年第一季度進一步撤走了 18 億美元。

回顧 2007 年 530 的「半夜雞叫」，當年為抑制股市過熱，稅務總局在 2007 年 5 月 30 日凌晨宣布將股票印花稅率由 0.1％調高到 0.3％，引發 A 股市場數日暴跌，很多股票出現連續四、五個跌停。

長江證券（2015 年）5 月 4 日晚間發布研報預測三季度印花稅或重新提高，也成為 5 月 5 日股市大跌 4.06％的原因之一。這表明 A 股牛市基礎非常脆弱，經不起任何風吹草動。

本輪中國 A 股牛市的最大推動力是資金面寬鬆，而政策導向及市場情緒成為左右短期走勢的關鍵因素。諸如新華社、人民日報等官方媒體，成為投資者揣摩政策導向的重要工具。

官媒的輿論導向作用，為後來江澤民派系下令讓劉雲山控制的新華網宣稱「救市無效」的恐慌清洗埋下了伏筆。

中共政治局緊急經濟會議，敲定了所謂京津冀一體化整體方案。據財政部測算，京津冀一體化未來 6 年需要投入 42 萬億元。42 萬億可不是一個小數字，錢從哪裡來？又投向何方？未來將產生什麼後果？如此龐大的投資盛宴，誰唱主角？誰獲暴利？

京津冀協同發展 42 萬億投資不可能還是由中央和地方財政出錢，因為連續多年的無節制投資，地方政府早已負債累累。現在商業銀行正為債務問題焦頭亂額，再為 42 萬億背書無異於再來一次自殺。

42 萬億投資，最終可能會盯上民間資金，特別是向亢奮中的股民融資。中國股市自創立以來，就肩負著為政府融資的「重要使命」，一旦股市融資成功，財政再出一點，商業銀行再貸一點，42 萬億投資就有了。

這恐怕是市場大戶們大為擔憂的一個重要原因。

第二節

六個月外流資金 2 萬億

專家預計，截至 2015 年 3 月的六個月內，總計有近 2 萬億人民幣資金離開中國。甚至有投資公司認為，撤資規模要超過這一數位。（新紀元合成圖）

　　《新紀元》周刊在經濟焦點文章《六個月外流資金 2 萬億》（第 430 期，2015 年 5 月 28 日出刊）中報導說，「中國央行貨幣政策不斷寬鬆，向市場注入流動性，然而，蹊蹺的是，中國廣義貨幣（M2）的增速卻出現放緩，而天量貨幣神祕消失。國際資金也悄悄以 10 年來最快的速度撤離。專家預計，截至 3 月的六個月內，總計有近 2 萬億人民幣資金離開中國。」《新紀元》記者時益謙寫道：

　　在經濟下行壓力增加的背景下，為提振經濟和穩增長，中國央行宣布從 4 月 20 日起降準一個百分點，強度之大與 2008 年全球金融危機時期那次的降準相同。此次降準可釋放 1.2 萬億到 1.6 萬億的流動性。這是央行自 2014 年 11 月以來第三次降息。

　　瑞銀證券中國區首席經濟學家汪濤預計，年內可能還會有一

次幅度 50 個基點的降準，從而與其他流動性操作（公開市場操作、SLF、MLF、PSL）一道抵消外匯占款收縮、保證基礎貨幣和 M2 平穩適度增長。

然而，蹊蹺的是，中國廣義貨幣（M2）的增速卻出現放緩。4 月 14 日中國央行發布《2015 年一季度金融統計資料報告》顯示，3 月份 M2（流通現金＋支票存款＋儲蓄存款）的餘額為 127.53 萬億元，增速放緩至 11.6%，低於上個月的 12.5%。

中國的天量貨幣哪裡去了？

喜投網董事長、中國知名投資人、貨幣專家黃生 5 月 14 日在個人博客發表文章，對 M2 增速下降表示驚訝。

他寫道，看到央行剛剛公布的資料，讓人倒吸一口冷氣，M2 同比增長約 10%，創下了 20 年來新低。簡單的說，M2 就是中國所有流通的貨幣。因為中國今年以來是不斷的寬鬆、印鈔，但是貨幣卻似乎消失了。

黃生認為，這是一個可怕的信號。

他說，央行降息、降準、定向貸款、抵押再貸款、注資政策性銀行，力度可以說很大，但是貨幣增速卻上不去，這首先說明實體經濟太差，信貸需求不足，導致商業銀行貨幣衍生的功能大打折扣。總之，經濟太差導致貨幣流動速度大大放慢。

其次，M2 上不去，表明有大量資金外逃。這個資料恐怕是驚人的，有統計數字是近期 3000 億美元資金外逃，外逃會導致基礎貨幣下降，也就導致了 M2 增速乏力，可以說中國降準是被迫對沖資金外逃，對沖外匯占款的減少。

第三就是，有資金借助中國股市大漲之機拚命套現外流。

黃生擔心，中國可能會成為第二個日本。日本當初就是這樣，天量印鈔，但是貨幣總是不見，中國越來越像日本。

黃生表示，中國進入了一個前所未有的貨幣困局，一直在寬鬆貨幣，一直在加大力度印鈔，但是貨幣似乎進入了黑洞，拚命的外流，越是拯救樓市，越是刺激股市，資金外流越嚴重。為什麼這樣？背後的原因恐怕還是經濟太差，泡沫太嚴重，貨幣有趨利避害的天性。

半年內資金外流近 2 萬億人民幣

5 月 8 日，多家大陸媒體引用彭博社報導稱，國際資金已經悄悄以至少 10 年來最快的速度撤離了。

蘇格蘭皇家銀行首席中國經濟學家 Louis Kuijs 預計，在截至 3 月的六個月內，總計有 3000 億美元左右的資金離開中國，相當於近 2 萬億人民幣。原因是一些境外投資者認為，A 股似乎已經失去吸引力，它漲得太高，恐怕已經沒有多少上行空間了，人民幣匯率也不像以往那麼穩定，經濟增速放緩和下行的房地產市場使得債務違約的風險加大。」

文章在用具體數據報導了「中國一季度資本外流 800 億美元」，「連續 9 個月銀行結售匯逆差」之後，提出了一個問題：中國能否避免日本的三個錯誤？

5 月 11 日，Bloomberg View 刊載專欄作家 William Pesek 的評論文章《走向經濟災難》（Toward Economic Disaster）表示，中國面臨著通貨緊縮、債務過多、全球金融市場混亂等諸多挑戰。

這與 1998 年日本經濟狀況驚人地相似。

文章表示，本月早些時候，央行將一年期貸款利率下調 25 個基點，為最近六個月第三次下調利率。這雖然給中國股市帶來短期利好，但是這種增量措施並不能帶來長久的修復效果。如果中國希望避開通貨緊縮的風險，應該特別注意日本當年所犯的三個錯誤。

第一，當年日本央行否認日本出現了通貨緊縮，拒絕更加積極地推行貨幣刺激政策。直到 2001 年 3 月，日本央行才開始實施定量寬鬆政策，而當時資產價格通縮已持續 11 年，價格通縮也持續了數年；即便如此，日本央行依然不夠果斷，僅僅將其資產負債表擴大約 37％。與此相反，自 2008 年 9 月以來，美聯儲已將資產負債表擴大 216％，此舉將通縮威脅消滅於萌芽狀態，使美聯儲僅在 6 年後就打算撤銷它更為宏大的量化寬鬆政策。

其次，日本對銀行和地方政府的有毒資產未能採取果斷措施予以清除，整整 10 年才認識到壞帳問題的嚴重性，以至於日本企業從 2000 年初才開始認真地註銷壞帳。這一政策給銀行、企業和家庭的資產負債表造成了沉重的債務負擔，成為多年來壓抑日本經濟增長的因素，並削弱了宏觀政策的效力。

第三，日本財政政策過早地走上了財政整固的道路。當時，根據某些指標，日本經濟已進入通縮，但日本政府還沒有開始對銀行進行資本重組，央行也還沒有將利率降至零，更不用說實行定量寬鬆政策了。日本這三個關鍵政策錯誤，導致該國陷入長期通縮。

中國政府似乎吸取了日本的教訓，及時推行了貨幣刺激政策，甚至人為的推高股市，但這恰恰又走到了另一個極端，從反面又把自己給套住了。

第三節

A 股飆升
大股東在加速套現 風險急增

在《A 股大幅度飆升，誰在賺錢？大股東在加速套現，風險急增》（第 430 期，2015 年 5 月 28 日出刊）的報導中，《新紀元》記者古春秋分析道：

對於目前 A 股的形勢，有專家用「瘋了」來形容。早在 2001 年，中國著名經濟學家吳敬璉就把中國股市與賭場作對比，甚至不如賭場，因為賭場還有規矩。A 股市場被中共權力操縱和主導，外媒報導認為，中共是股市上漲的最大獲利者。

中國知名財經作家吳曉波 5 月 19 日撰文表示，中國股市已經處於非理性的瘋狂狀態。他舉例說，一家經營基本陷入停滯的多倫股份，將企業名稱改為極其古怪的「匹凸匹」，宣告「要做中國首家互聯網金融上市公司」，股價出現連續兩個漲停板；一家除了持續開新聞發布會而幾乎沒有任何實際業績的互聯網視頻

公司，僅僅靠著「生態鏈」的概念，市值已經超過全球最大的房地產公司萬科；至少有八家公司在宣布重組失敗後，被市場認定利空出盡時連續漲停。

新浪證券報導的一條消息更令人啼笑皆非：一名入市僅一年的女股民，錯把券商推薦的中文傳媒聽成了中文線上，用30多萬元全倉買入5000股，短短兩個月裡賺進一倍利潤。

吳曉波表示，從這些事件來看，沒有人會否認，中國的資本市場正處在一個非理性繁榮的拋物線通道中，這一瘋狂景象，中國前所未見，舉世前所未見。

這些例子當中，暴風科技非常突出。這支股票在達到20個漲停板記錄時，市場很多人都坐不住了，而出現第35個漲停板之後，所有的人突然變得非常寂靜了。

吳曉波寫道，在中國的互聯網企業梯隊中，無論是業績還是成長性，暴風科技大概都只能排在200名以外，然而，它今天的市值已經超過了最大的視頻網站優酷。中國股民對它的「熱愛」，無法用理論或模型來解釋。

吳曉波說，自2014年9月底以來，一系列的寬鬆性政策持續推出，加上《人民日報》和監管部門交叉喊話，喚醒了沉寂良久的資本市場。然而，詭異的是，股市是在實體經濟持續下滑通道中上漲的，過去兩個季度的宏觀經濟表現是自2009年以來最低迷的。

中國著名經濟學家吳敬璉在2001年1月將中國股市與賭場作對比，認為前者比後者還不如，因為至少後者還有規矩：在賭場裡，你不能看別人的牌；而在中國股市，「有些人可以看別人的牌，可以作弊，可以搞詐騙。做莊、炒作、操縱股價可說是登

峰造極。」

　　吳曉波則表示，中國股市比人們想像的還要黑暗。他說，這個股市的基本表現可以和上市公司的基本表現毫無關係，可以和中國宏觀經濟的基本表現沒有關係。這是一個被行政權力嚴重操控的資本市場，它的標配不是價值挖掘、技術創新、產業升級，而是「人民日報社論＋殼資源＋併購題材＋國企利益」。

國企成股市上漲的最大獲利者

　　《華爾街日報》2015 年 5 月 19 日報導，中國股市上漲的最大獲利者其實是中共政府，它不僅獲得了數十億美元的帳面利潤，同時也希望可以用這些利得滲透到實體經濟當中，為負債累累的國有企業的改革助一臂之力。

　　報導說，中共中央和地方政府持有股份的近 1000 家上市企業的市值增加了 20.19 萬億元人民幣（3.26 萬億美元），過去一年增加了一倍多。

　　管理著 320 億美元資產的南方基金管理有限公司的基金經理楊德龍說，中共領導人以前只是覺得股市更像是個投機場所，如今開始利用股市刺激經濟增長和推進改革。

　　報導稱，中共拉動股市上漲的努力很多是通過新華社等官媒完成的。4 月 21 日，即上海 A 股市場成交量創紀錄的第二天，官方媒體《人民日報》稱，上證綜指 4 月 10 日突破 4000 點只是牛市的開始。

　　散戶投資者吳雲峰表示，如今，同事們早上第一件事必然是談論股市，每個人都激動得面色潮紅，他們已經陷入了瘋狂。

他判斷說，在經濟缺乏利好基本面的情況下，近期的股價暴漲看起來更像是一個泡沫，所以他在本月早些時候已經了結了所有頭寸。

就在散戶股民們興高采烈買股票的同時，資金大戶卻開始悄悄套現了。文章提醒股民不要成為大機構、A 股大股東、國企和外資機構的犧牲品。

當散戶股民把錢投進股市之際，機構席位也與國際投資者一樣，正在套現撤離，連續呈淨賣出狀態。

5 月 15 日，全通教育除權後上演一幕從跌停到漲停的戲碼，但龍虎榜表明，當天主力資金已呈淨賣出狀態，當日買賣軋差之後，機構淨賣出額為 1 億 2513.14 萬元。

若加上 5 月 18 日機構淨賣出的 2 億 9042.17 萬元，兩個交易日內，機構資金大舉出逃逾 4 億元。

創業板 ETF 單日贖回逾 9000 萬分

在機構大舉出逃的同時，全面跟蹤創業板指數的創業板 ETF 當天面臨巨額贖回。統計資料表明，該基金份額已從前一交易日的 79345.49 萬分減少至 5 月 18 日的 70145.49 萬分，單日贖回份額超過 9000 萬分，達 9200 萬分，占比達 11.59％。若按創業板 ETF 全天收盤價 3.157 元計算，其贖回金額已超過 2.9 億元。

A 股重要股東前五月減持 2955 億

隨著股價大幅上漲，包括控股股東、持股 5％以上股東及高

管在內的上市公司重要股東減持又開始多了起來。僅 5 月 18 日中午，就有晶盛機電、壹橋海參及銀禧科技三家披露了減持公告或減持提示性公告。

其中，晶盛機電及壹橋海參均為控股股東減持。尤其晶盛機電控股股東上虞金輪投資管理諮詢有限公司在 5 月 15 日一日內，便通過大宗交易方式合計減持約占公司總股本 2.27％的股份。減持後，控股股東持股比例降至 53.93％。

據 Wind 信息統計，按照變動截止日期計算，年初以來至 5 月 18 日，已有 956 家上市公司出現了重要股東減持行為，合計減持股數約 235.04 億股，減持市值約 2955.24 億元，無論減持股份數量還是減持市值規模，均已經超過了 2014 年全年。

2014 年，重要股東減持的股份合計約為 225.20 億股，減持市值約為 2505.58 億元。

有券商策略分析師認為，對於大盤股來講，滬綜指在技術指標上已經非常難看，開始出現頭部跡象，在這種情況下，需要注意大股東減持可能對股價帶來雪上加霜的影響。

A 股套現途徑浮出水面

5 月 15 日，大陸財經專欄作家肖磊在老虎財經撰文，揭示中國股市三類資本「大鱷」借助股市上漲進行套現的三種操作途徑。

一、國有機構減持「中」字頭股

文章稱，此前不久，A 股大幅上漲，被稱為「瘋牛」。然而，作為 A 股市場國有機構主力的社保基金，2015 年一季度整體大

幅減倉「中」字頭股票,其所減持的股票有:中國石油、中國神華、中國鐵建、中國中鐵、保利地產、中國電建、國投電力、中國遠洋、中海集運、中國北車、國電南瑞、中國南車等,其中前六支股票當季減倉市值都超過了 10 億元。

一季度,作為國有機構的「險資」也對 34 支個股進行了不同程度減持,總數為 7969 萬股;其中,中小板有 16 支,創業板 8 支。一季度中小板、創業板遭險資減持個股數量占總數的 70%。

據中國基金報,自 2014 年下半年股市上漲以來,中央匯金公司持續贖回上證 180ETF 等藍籌風格 ETF,特別是在 2015 年 4 月份股市加速上漲以來,中央匯金加快贖回步伐,很可能已經完全清倉。

二、大股東高位減持、增發募資

占據 A 股市場重要分量的「大股東」,每次股市上漲,都會出現大股東高位減持和增發募資的情況。據相關統計,至 5 月初,2015 年內發布定增方案的公司有 367 家,預計募資金額合計高達 9337.87 億元,超過 2014 年全年定增總額。與此同時,上市公司大股東逢高套現的現象層出不窮,2015 年前五個月上市公司被減持股份的參考市值規模超過 2400 億元,股東減持額是 2014 年同期的 5 倍。

三、境外機構投資者減持銀行和非銀金融

一季度,QFII 基金減持最多的是銀行、非銀金融和機械設

備類股票。減持銀行類股票超過 180 億元,其中減持恆生銀行約
174 億元興業銀行的股票;減持非銀金融類股票約 30 億元,主要
減持的是中國平安和中國人壽;減持機械設備類股票約 17 億元,
減持 11 億元中國南車和 5 億元中國北車。

統計顯示,當時披露季報的兩千餘家上市公司中,QFII 現
身 203 家上市公司,共持有 52.16 億股,較 2014 年四季度下滑
13%。QFII 一季度從 114 家公司撤退了 18.36 億股,減持總市值
317.99 億元。

第四節

穩增長政策兩天一個
傳言習說股市上萬點

在 2015 年 5 月 28 日出刊的第 430 期經濟觀察文章中，《新紀元》再次報導了北京當局想提升經濟的急切心態，以及面臨經濟危機的深重。作者賀詩成寫道：

陸媒華爾街見聞 2015 年 5 月 21 日報導，從最近密集出台的旨在緩解地方債壓力、放鬆基礎設施融資限制的政策來看，似乎折射出背後中共監管層的態度已經發生巨大轉變：穩增長或已經取代改革成為中共的當務之急。

法興分析師姚煒在最近的報告中寫道，中共政府頭號人物已經暫時從改革轉向了增長，「考慮到中國並沒有放棄經濟增長，我們對當下財政改革立場的放鬆並不感到意外。」

中共近期出台的一系列阻止經濟下滑的措施沒有帶來顯著效果，可能是促成這種轉變的因素。

彭博新聞社報導，前美聯儲主席格林斯潘日前在華盛頓出席一個財政論壇表示，央行最近一次降息是對經濟狀況發出的警告信號。

格林斯潘說：「上周的行動告訴我，他們的情況要糟糕得多。」

中國經濟事實比悲觀預期更差

陸媒匯通網 2015 年 5 月 20 日報導，中國經濟增速放緩，公布的各種數據顯示，中國經濟現實比最悲觀的經濟學家的預期還要差。那些已經顯得悲觀的預期，在中國經濟的事實面前都顯得樂觀起來。

外媒調查對中國工業生產、固定資產投資和零售銷售的預期中值都高於實際值。

平均兩天出一項穩增長政策

陸媒《華夏時報》2015 年 5 月 21 日報導，4 月末，中共中央政治局針對經濟下行緊急開會之後，5 月過去的 20 天裡，中共國務院及所屬部委出台與穩增長文件不下 10 個，平均兩天出台一項穩增長措施，這在往年非常罕見。

從降息到地方債納入抵押品框架，再到新增 5000 億元信貸資產證券化試點規模，以及不得對地方融資平台抽貸、壓貸、停貸，無一不是為解決地方資金的問題。

中國投資協會會長張漢亞表示，「現在的力度一點都不比 2009 年 4 萬億計畫時小，各省都在報專案。」

李克強：中國經濟面臨大壓力

官媒 5 月 15 日報導，李克強表示，中國經濟當前面臨相當大的壓力，政府需要採取更有力的穩增長措施。

報導稱，中國 4 月份固定投資增長疲弱，被李克強認為是一個令人擔心的主要問題。

習說股市上萬點？微信傳聞引股市震盪

就在這樣的心態下，5 月 27 日，微信瘋傳習近平與專職炒股女記者握手，並稱「炒股不錯，好好做！馬上會上一萬點！」該傳聞瞬時引極大回響。

《新紀元》周刊隨後發表文章《習說股市上萬點？微信傳聞引股市震盪》分析了此傳言的真偽。

2015 年 5 月 27 日，大陸微信達人「東方策略孫金霞」在朋友圈轉發短訊，指中共國家主席習近平於杭州視察時，在非正式場合向一名專職炒股的女記者說：「炒股好呀，很快就到一萬點了。」據了解，該女記者就是跟隨習近平視察的大陸第一財經雜誌記者江燕。

江燕在微信以帳號「紡織姑娘」發出訊息指：「和習大大握手了！下班趕到錢江新城……問我什麼行業的，我說是杭州專業炒股的！主席親切地說：『炒股不錯，好好做！馬上會上一萬點！』」

該消息一出隨即在中國證券界引起極大回響。不少網民對這一消息存疑，指是女記者胡謅；但也有人說「我反正是信了」。

當晚 9 時 51 分，該女記者以實名認證帳號澄清沒跟習握手。

第二天 5 月 28 日，連續衝高的大陸股市暴跌，超過 500 支股票跌停。上證綜指暴跌 320 多點，跌幅 6.5％。一些因為聽信了這個傳聞而第一次入場的股民，遭受了第一次失敗的痛苦經歷。

到了 28 日傍晚，中共黨媒新華網在首頁以標題報導稱《中期牛市不變，行情會走更遠》，救市意味明顯。早在 2014 年底，有關「習近平時代：上證 A 股必破 6124 點（胡溫時代），最高看到一萬點」的論調已沸沸揚揚。

從 2014 年底以來，大陸股市持續瘋牛市，在中國經濟增速放緩、企業普遍不景氣下，股市逆向癲狂，令全球投資界側目質疑，但官方不但推出各種措施，引全民瘋狂入市；雖有官媒不時喊「警惕泡沫」、「小心風險」，證監部門也裝模作樣查「造市」，股市間起起落落，漲跌跌替，但完全無礙股市的上漲。

有專家稱，此波牛市是中共高層故意營造出來的「政治市」，目的是為了圈錢，讓地方政府和上市大公司趁機尋求脫困之道，同時阻止資本外流，吸納更多外資，並在此過程中，將社會資金引向新經濟體，實現經濟結構轉型。也有人說，玩這步股市險棋，也是李克強在經濟陷入困境之後，沒辦法中的辦法。

第五節

股市暴跌後 證監會女處長被抓

　　為何習近平有關股市的傳言一發出，股市立馬就暴跌呢？很多人分析，那時因為習的政敵就是故意要和習唱對台戲，要拆習的台。於是人們很快看到習的反擊——馬上就有江派官員應聲落馬。

　　《新紀元》周刊文章《股市暴跌後，證監會女處長被抓》（第435期，2015年7月2日出刊），捕捉到了這個權鬥信息。記者伍彥旭寫道：

　　2015年6月19日，大陸兩市延續18日跌勢大幅低開穿破4500點。6月19日暴跌後的第二天，中共證監會裡就出了事。

　　6月20日，中共證監會官微發消息稱，發行監管部處長李志玲配偶違規買賣股票，因此對李志玲作出行政開除處分，同時，因涉嫌職務犯罪，李志玲已被移送司法機關。

　　大陸媒體財新網報導，此案事發非常突然，證監會誰都知道

李志玲有錢，一年多前紀委就在查她，找她談過幾次話，原本以為沒下文了。直至端午小長假前一天（6月19日）上午，她還被看見照常上班。

知情人士表示證監會裡頗有一些這樣的人，本人並無專業，但很牛，家庭背景也顯得比較神祕。「中紀委調查李，會裡很多人都知道，但一直說她丈夫很有錢，不可能查她丈夫云云。」

2014年4月份，證監會宣布機構調整，發行部和原創業板發行部宣布合併方案。原發行監管部與創業板發行監管部兩部合併，下設9個處室，李志玲為六處處長。

而更早之前的2012年證監會內部機構大調整，前後台輪崗，李志玲是這次輪崗的受益者，擔任了發行部四處處長。

證監會聲稱，對違法行為，發現一起，查處一起，絕不手軟。證監會此舉，或表明李志玲被抓與6月19日股市暴跌可能存在某種關聯。

大陸股市從2014年下半年以來多次出現暴漲暴跌的局面。據港媒報導，中共總理李克強多次就股市大幅波動作批示。

5月28日，大陸股市大跌。6月2日，李克強作出批示：「證券界有鬼，有鬼在內外操控斂財」、「要果斷用法律武器、證券界規則，公開揭露內幕，抓住內鬼，維護證券業正常秩序、股民利益」、「要抓緊、抓實辦理」。

大陸股市本來是一個「政策市」，如果監管層有一幫貪官在裡面大肆斂財，無疑會大大強化大陸股市的管理難度和風險，「瘋牛」很可能會在哪一天突然變成「墜熊」。

第六節

中投董事長被撤
王岐山反腐風暴襲金融界

　　習陣營清理內鬼，很快，《新紀元》報導了《中投董事長被撤，王岐山反腐風暴襲金融界》。表面上看中投董事長是因為違背了習八條，公款消費而落馬，但為何早不公布、晚不公布，偏偏在股災爆發後公布呢？中南海高官要敲打股市搞鬼者的意圖非常明顯。《新紀元》記者張頓寫道：

　　2015 年 6 月 17 日，中共中紀委網站報導，中央紀委會同中國投資有限責任公司紀委查處了中國中投證券有限責任公司原黨委書記、董事長龍增來。龍增來被免去公司黨委書記、董事長及兼任的其他職務。

　　報導稱，龍增來在中共 18 大後，多次在高檔餐飲場所公款吃喝，在公司報銷餐費共計 40 萬 605 元（人民幣，下同），其中通過虛開發票多報銷費用 15 萬 9100 元；多次在北京、深圳等

地公款打高爾夫球，在公司報銷共計 3 萬 4389 元；出版印刷個人詩集 1000 冊，將其支付的購書費 1 萬 7921 元在公司報銷。

據大陸《新京報》報導，自「習八條」實施以來，中紀委直接處理、點名曝光的國企以及金融機構違反「習八條」案件，約七起。跟其他六起相比，對龍增來的通報打破了兩個「紀錄」：一是篇幅最長，其餘六起都是短短一行，幾十個字，對龍增來的通報則近 900 字；二是只有龍增來案單獨通報，且一度登上中紀委官網頭條，中紀委還在標題中使用了「嚴肅查處」四個字。

金融界高官近期頻被調查

這是繼華夏銀行副行長王耀庭 2015 年 5 月 4 日被立案調查、民生銀行原行長毛曉峰 1 月 31 日被帶走調查後，又一起金融界高官被調查。

此前，接近華夏銀行人士對《第一財經日報》透露，王耀庭 2015 年 4 月下旬已經被調查。王耀庭「可能牽扯受賄，好像跟山西那邊有關係，但具體原因還不清楚。」

民生銀行原行長毛曉峰被調查，可能涉中共中辦前主任、中共政協前副主席令計劃案。據報，毛曉峰是令計劃在湖南大學攻讀 MBA 時的系友和同窗，也曾是令計劃下屬。民生銀行內設有「夫人俱樂部」，多名高官夫人只領工資不上班。毛曉峰曾介紹令計劃的妻子谷麗萍在民生銀行旗下公司民生租賃任職三年。此外，中共全國政協原副主席蘇榮的妻子于麗芳曾長期供職於民生銀行，她退休後被民生銀行聘為董事會審計委員會主任。

傳戴相龍被查 引中國金融界地震

習近平當局持續兩年的「反腐」風暴，2015 年已經颳向多個領域，正在衝擊中國的金融業。

6 月 13 日，陸媒《中國證券報》報導《神祕商人車峰被查傳言或屬實，身上揹負紅色烙印》文章稱，車峰此番被調查的直接原因，是涉及 2015 年 1 月落馬的中共安全部原副部長馬建及北京政泉控股實際控制人郭文貴案。

報導稱，車峰不僅是多家在港上市公司的重要股東並至少控有 11 家 BVI 公司，他通過解禁海通證券和中國平安的股票共獲利百億元；而且車峰身上揹負的「紅色」烙印，從坊間到圈內，關於其岳父家的身分並不是一個不能說的祕密。

車峰是中共央行前行長、天津市原市長戴相龍的女婿。據美國《彭博社》4 月 8 日引述知情人士說，戴相龍被調查，主要針對的是其在擔任央行行長、天津市市長和全國社會保障基金理事會理事長期間，疑似利用其影響力或掌握的內部消息為親屬牟取利益。

港媒《爭鳴》5 月號披露，據知，3 月初中紀委、中組部找戴相龍談話，直接告知：他被境外中資機構、金融機構舉報，要他「反思、交代」，「戴相龍當即痛哭流涕」。3 月 23 日，戴相龍帶著「交代書」向中紀委「自首」，舉報了金融界、證券界上層及駐境外中資金融界高層腐敗、黑暗內情。

報導稱，戴相龍的「自首」和舉報，引起金融界震盪。金融界、證券界上層，包括已退離休原高層被中紀委、銀監會、中組部分別約見。包括 14 名前國有商業銀行行長、副行長、中資視

窗公司董事長、副董事長在內的50多名高管被列入首批「名單」。

　　有分析稱，作為中國金融領域的曾經最高官員，如果戴相龍被調查屬實，必將成為習、王反腐運動以來的金融第一案，引發中國金融圈的巨大震動。」

第三章

習江在股市上的
國家級權鬥

從 2015 年 6 月 15 日開始的第一輪股災，陸媒一般認爲是入場資金高槓桿導致暴跌踩踏、證監會捅破泡沫等技術上的原因，導致了這場股災。但是在中國大陸現在還不能公開談論的，是這場股票的暴跌中，無處不在的江澤民陰影。

上证综指　3552.78　+1.30%　45.59　2015-07-09 11:30
深证成指　11392.74　+3.19%　351.85　2015-07-09 11:3

2015 年第一輪股災在習近平當局的強力干預下，上證綜指從 7 月 9 日開始轉穩。（AFP）

第一節

江習在股市上的博弈

在習近平當局的強力干預下，從 2015 年 6 月 15 日開始的第一輪股災，上海證券交易所綜合股價指數（滬指或上證綜指）從 7 月 9 日開始轉穩，直到 7 月 17 日平穩度過 A 股期指交割日後，這場股災暫告一段落。

越來越多的跡象顯示，江澤民、曾慶紅的勢力參與了這次與習近平當局在股市中的金融戰爭。有評論認為，這場股災涉及中共高層權鬥，是江澤民與曾慶紅阻撓習近平繼續打大老虎的行動。

北戴河會議將開始，有關中國經濟的話題將被提上檯面，包括這次股災。

習近平、李克強是否會公開江澤民等在其中的所為，並就造成現在半死不活股市狀態的原因，對他們進行清算，成為了中國政治的一個風向標。

習近平稱抓實體經濟

2015年7月4日的周末，當局宣布暫停首次公開募股（IPO），在7月3日申購的10家公司，則全部接到通知，在7月6日資金解凍後將申購款全部退還到投資者帳戶。大陸微信上還流傳暫停IPO的時間段將是半年。

2015年6月15日以來，滬指不到一個月跌逾30％，股市市值蒸發近4萬億美元，股民也「傷亡慘重」：6月15日至7月8日，21.2973萬個持有市值50萬至500萬元的個人帳戶「消失」，500萬元以上帳戶也「消失了」近3萬個。

財經網在7月15日的文章稱，成都某投資公司郝先生說：「你想身邊連1:1配資的朋友都被平倉了，十年財富的積累就這麼化為烏有，我們判斷至少全國有50萬至60萬中產在這場暴跌中被消滅！」《福布斯》雜誌曾預計，中國中產階層在2014年底會超過1400萬人。如果50萬至60萬名中產消失，這意味著此輪暴跌已經導致了大約3％的中產階層消亡。

7月15日，大陸中登公司公布了一周投資者情況統計表和6月統計月報。數據顯示，與滬指觸及5178.19點高點相比，上周參與A股交易的投資者下滑了21.85％；顯示在當局救助股市反彈後，股民對股市反彈持謹慎態度。

這次股災是中國股市歷史上的一個標誌性事件。

失去了為實體經濟注資功能（IPO）的股市，對當局的經濟影響很大。照海外中文媒體的說法，「這輪牛市承載幾項開建的改革推進，養老金的入市是需要牛市來解決的；國企中國有股份的退出和讓渡給民營資本也是要靠合理牛市來解決的，註冊制和

新興產業的融資更不用說了。在這個時間點上逼停牛市，導致市場信心崩潰，就相當於直接斷了政府規劃的改革路徑。」

7月17日，在同吉林省企業職工座談時，習近平稱，搞好經濟……把實體經濟抓上去。和訊網在18日的評論中稱，這則消息對股市意味著什麼，對樓市意味著什麼，尚有待進一步觀察；習近平的提法，非常值得關注。

中國金融市場的巨鱷們 證監會調查恆生電子

7月12日起，在微信上熱傳一則「2015股災源自杭州」的消息。在消息中，作者稱大陸最大的網路配資平台——恆生電子的HOMS系統因場外配資而成為本次股災核心中的核心。恆生電子的實際控制人是阿里巴巴董事局主席馬雲。

文章稱，「但是後來場外配資的規模是越來越大，上半年很容易就到了1.4萬億，如果國家再不出手，可能整個銀行體系的錢都會通過各種各樣的管道流入股市，到時候再治理更加麻煩，於是監管層終於下決心嚴查配資，但是監管層按照以往治理股市的經驗並沒有考慮那麼多，以往中國股市從來就是一頭待宰的豬，國家想什麼時候宰就什麼時候宰，並不需要看考慮豬的情緒，於是做出了一刀切掉整個HOMS系統的決定。」

這則消息引發更大的注意是在第二天7月13日。當日，證監會突擊恆生電子，其高階主管被約談持續超過三個半小時，負責恆生HOMS系統的相關高管是本次重點約談對象。

恆生電子隨後發表公告，以數據澄清傳聞。

恆生電子稱，從6月15日到7月10日，滬深兩市單邊交易

總量大約是 28.64 萬億（人民幣），同一時期，HOMS 總平倉金額只有 301 億，占兩市單邊總交易的 0.104％。恆生電子稱，從上述數據可見，HOMS 被稱作引發股市震盪的主力的說法是不客觀的，也是非理性的。

對此，馬雲在「來往」發文表示，自己最近一直在全球出差，根本無暇關注股市，自己也已經不炒股好多年了，自己和杭州都「躺槍」了。

馬雲感嘆：「事不關己，高高掛起，事不關己，有人掛你……這節奏你看是繼續呢？還是斷續呢？」

7 月 16 日，恆生電子發布公告稱：關閉 HOMS 系統任何帳戶開立功能；關閉 HOMS 系統現有零資產帳戶的所有功能；通知所有客戶，不得再對現有帳戶增資。

2015 年 8 月 18 日，恆生電子發布公告，接受證監會立案調查。

那麼，什麼是 HOMS 系統？看看鳳凰財經在 7 月 12 日發出的文章中對其的定義。

「2014 年，某銀行改變了這一切。我們都知道我們經濟處在 NB 周期，銀行信貸政策有了調整。某銀行發現，比起實業信貸，股票配資的風險實在是很小，資金完全可控，只要做好了風控，風險也完全可控。於是，對配資業務大開綠燈，敞開供應。信託公司最開始做解決方案，就是用傘形信託的形式，將銀行的資金批發出來，拆分成最少 100 萬的規模，零售給融資人。他們憑藉低利息、規範的操作；瞬間引爆了市場。而信託公司做這件事的帳戶工具，就是 HOMS 系統。他的子帳戶管理系統，能夠把信託帳戶，拆分成多個獨立的帳戶單元，可以獨立的從事證券

交易。對於民間配資業務而言，第一次沒有資金和帳戶的限制，在強大的需求面前，市場瘋了。銀行借錢給信託公司，收6%一年；信託公司批發出來7～9%，配資公司直接給客戶，24%起。暴利吧。」

「分倉單元實現了基金管理人在同一證券帳戶下進行二級子帳戶的開立、交易、清算的功能，其本質是打破了券商和中登公司對證券投資帳戶開戶權限的壟斷權限。更為重要的是，這個帳戶是『閱後即焚』的，不會在金融機構系統中留下一點痕跡！一個交易權限的開通僅僅需要配資公司在 HOMS 系統中做一個簡單的操作，他的交易就會像過江之鯽一樣掩蓋在同一帳戶下其他人的交易中出去，達成目的後，悄無聲息的離開，而他所待過的房間將立刻焚燬（資金清算、帳號註銷），配資公司將搭建一個新的房間（產生一個新的分倉單元）等待新人。第三、配資公司＋HOMS 系統＋信託／民間 P2P 帳戶，已經構成了一個完整的互聯網券商結構！配資公司在給投資者分配完分倉交易帳戶後，能通過信託配資／民間融資，直接讓客戶在自己帳戶上做高槓桿融資業務！這是一個沒有固定辦公場所、沒有牌照、不受監管，但卻能實現幾乎所有券商功能的體系！傳統金融防線失守，原有的金融控制方法均失去了意義！」

HOMS 是恆生電子為私募基金開發的技術工具，2012 年 5 月正式上線，目的是為了適應陽光私募等中小資管機構，提升投資交易管理和風控能力的需要。

據證券業協會此前調研顯示，目前場外配資活動主要通過恆生公司 HOMS 系統、上海銘創和同花順系統接入證券公司進行。三個系統接入的客戶資產規模合計近 5000 億元，其中 HOMS 系

統約 4400 億元，上海銘創約 360 億元，同花順約 60 億元。

阿里巴巴對恆生電子有實際控制權。而購買阿里巴巴股份的包括中國的主權基金和三家著名投資公司：博裕資本、中信資本、國家開發銀行的投資機構國開金融，以及新天域資本。

《紐約時報》的報導稱，這些企業的高層管理人中包括了江澤民的孫子江志成、劉雲山的兒子劉樂飛等人。在投資阿里巴巴的四家中國企業的高管中，都有 2002 年以後在中央政治局常務委員會——中共的最高領導機構任職的 20 多人的子孫。

這點與那篇《2015 股災源自杭州》中的評論符合：「一些背景因素讓證監會很棘手，比如實現場外配資的核心軟件是恆生電子的 HOMS，而恆生電子是馬雲的產業，馬雲的背景你懂得，而且場外配資是暴利行業，很多場外配資都和一些城市商業銀行合作，銀行的背景你懂得，像安邦、平安那種後台很硬的豈是證監會能得罪得了的。」

姜維平：中國股市「超規則」探祕

2015 年 7 月 12 日前後，前香港《文匯報》記者姜維平的文章《中國股市超規則遊戲探祕》在網路流傳，對部分中國的金融大鱷們作了剖析。

文章引用北京新聞界消息人士的話說，目前，車峰、郭文貴兩個利益集團合在一起的總財富已高達 3000 億，已經是富可敵國了，運用所謂的「李克強經濟學理論」，無法解說車峰、郭文貴等人在巧取豪奪過程中的強權、冷血與高超技能。

這些掌控資本市場的權貴大佬們，既掌控證券類的上市公

司，如民族證券、方正證券、海通證券等等；又有在高層監管部門的政策，法規制定者和督察者，如戴相龍等人；也有高層公檢法司等政法系統的保駕護航者，如周永康、馬建、張越等等；更有金融機構巨量資金的及時提供者，如董文標、馬民哲等金融界的大佬們。

他們不會像散戶一樣，拿著自己的血汗錢和保命錢像沒頭蒼蠅一樣，在黑幕重重的資本市場上瞎撞。他們是有組織、有預謀、有計畫、有目標的大規模集團性戰略「圍獵」，無往而不勝。因此，知道他們是怎麼賺成千億富豪的，也就明白了廣大中小散戶們動輒萬億的錢蒸發到哪裡去了。

車峰、郭文貴這些資本巨鱷是提前幾年做局，散戶是看螢幕顯示牌即興發揮。也就是說，提前好幾年，這些巨鱷就開始編織謀取巨額財富的「局」。如郭文貴通過對民族證券的整合，進而利用民族證券和方正證券的整合上市運作，在車峰金融證券行業大佬們的聯合推助下，在不到三、五年的時間裡，郭文貴、馬建和張越犯罪團伙的財富已經超過千億元。即使逃亡海外，仍在竊笑著分享千萬股民們用血和淚凝成的巨額財富的「蛋糕」。

7月14日，海外博聞社披露，除了車峰、郭文貴外，這輪股災中令計劃的弟弟令完成也涉插手，有信息顯示，他們利用恆生電子的一套系統，進行做空。他們這些幕後操盤的總部在上海、杭州。本次股災有利益集團利用政策和內線賣空賺取了數萬億。

此前的報導顯示，令完成曾經與江澤民的兒子江綿恆在生意上有交集，車峰和曾慶紅兒子走得很近，而郭文貴背後就是曾慶紅。

這些內容似乎又被後續的方正證券遭到調查的消息所證實。

方正證券遭立案調查

7月14日，方正證券在上交所發布公告稱，當日收到證監會的《調查通知書》，「因公司涉嫌未披露控股股東與其他股東間關聯關係等信息披露違法違規」，證監會根據《證券法》有關規定，決定對公司立案調查。

該公司稱，立案調查期間，將全面配合證監會的調查工作，並就相關事項及時履行信息披露義務。

此次調查恰逢大陸股市剛經歷過一場股災，中共公安部介入調查之時。證監會此舉備受外界關注。

方正證券第一大股東是北大方正集團有限公司，持股占40％多。方正證券二股東是北京政泉控股。北大方正集團控制人李友現已被抓，政泉控股控制人郭文貴現在流亡海外。

北大方正集團的李友被視為是令計劃朋黨圈中人。自中共前政協副主席、統戰部部長令計劃2014年12月22日落馬後，2015年1月5日晚，北大方正集團有限公司公告稱，公司三名董事：方正集團董事長魏新、方正集團CEO李友、方正集團總裁余麗已於4日應相關部門要求協助調查。被一同帶走的，還有李友的弟弟、方正集團副總裁李國軍。

令計劃在2012年與周永康結成同盟。

傳媒猜測這次股災涉「國家級」權鬥

7月13日，《蘋果日報》李平的評論稱，對於今次中國股災，外界有傳聞指涉及中共高層權鬥，甚至把矛頭指向江澤民、曾慶

紅，稱他們阻撓習近平繼續打大老虎的行動。孟慶豐今次率中央工作小組南下，踩入江澤民、曾慶紅大本營所在的上海，並宣布查出造成股災的犯罪線索，似乎印證早前的傳聞並非空穴來風，也讓人聯想到上海前市委書記陳良宇落馬前，中央調查小組到上海藉社保基金問題揭開蓋子的先例。

中共 18 大後，習近平、王岐山掀起打虎風暴，上海是迄今未有省部級貪官落馬的四個無虎省市之一，這種局面還能維持多久？

7 月 15 日，《蘋果日報》再發《內地股災同權鬥有關》的評論。文章稱，有香港議員在「災後」分析股災，一口咬定，這次是一場大陸「反貪腐」同「貪腐」派對決，講得準確一點，是貪腐派向反貪腐的一次反撲。

這名議員說，股災開始時間，其實早在 6 月時已經開始醞釀。6 月 11 日，中共前政治局常委周永康被判囚終身，拋下一句「服從判決，我不上訴」。整個 6 月，中央無論是減息、降準，其後到 7 月，什麼要救股市招數，統統出齊，但股市仍然跌不停，甚至不少解說股票的都覺得股市怪像連連。

議員說，要有如此龐大的力度，背後一定要有龐大的利益集團可以操控，其財力一定要有「國家級」，由「貪腐派」周永康在 6 月被判刑，股市就開始出現異動，然後股災開始，7 月吞噬不少人財產，時間上實在太巧合。大膽推斷，這次是江系人物為周永康被定罪的一次反撲、報復，要向「反貪腐」大旗手、國家主席習近平還以顏色。

這場股災中，中央連出數以十招下（滬指）都不斷下跌，實在太過不可思議，亦留下太多疑點，「權鬥」猜測實屬正常。

第二節

劉雲山父子操作股市
劉樂飛辭職

2015 年 7 月 21 日晚，一則低調的港交所新聞公告引發外界
關注：新華保險披露，公司董事劉樂飛辭去非執行董事職務。

劉樂飛是中共政治局江派常委劉雲山之子。時值中共嚴查做
空股市者的敏感時刻，劉樂飛「低調辭職」絕不簡單。

2015 年 7 月初，中共 1.7 萬億元「救市」動盪一周，全球各
大媒體的焦點都聚集在中國股市上。從 6 月 12 日滬指達 5178 點
的歷史高位後，A 股三周大跌 30％，蒸發了近 21 萬億市值。7
月 4 日，總理李克強主張果斷救市下，當局一連兩天推出密集救
市措施，包括全面叫停 IPO（新股上市），大陸央行、證監會、
中央匯金公司、期貨交易所、21 個主要券商調集 1.7 萬億元人民
幣救市。

儘管分析師普遍唱好，然而首日救市成效讓外界失望。7 月

6 日周一開盤，A 股高開 8％，但只是曇花一現的高位，上午已有 1000 支股票跌停，尾市在「國家隊」大舉托市下，才勉強回穩，滬指升 2.1％，深成指跌 5.32％。

新華網報「救市無效」引發大跌

7 日，在大批資金托市下，A 股高開 8％，不過再一次掉頭向下。就在此時，11 時半，中共官媒新華網發布市場直播文章稱「救市無效」，引發各界譁然。雖然文章在短短幾個小時後被取消發表，但官媒不同尋常的表態，被視為和習近平當局「救市措施」唱反調。

新華網的「救市無效」，令滬指盤中跌破 3600 點。當天股市拋盤大增，滬指收報跌 1.69％，深成指跌 5.8％。其中 1700 支股份跌停板，但保險類和銀行股則逆市大升，保險類板塊大漲 7.9％，當中中國人壽、中國平安漲停，中國太保上漲 6.98％，新華保險上漲 4.63％。而中行、建行、民行、中信銀行都升停板，部分股價創 7 年新高。

值得留意的是，新華網的背後就是劉樂飛父親、中共政治局常委、江派前台人物劉雲山。而在股災中逆市大漲的股票，中國人壽、新華保險以及中信等，都和劉樂飛有千絲萬縷的關係。

自 2006 年 7 月起，劉樂飛擔任中國人壽首席投資執行官。2008 年 6 月，中信產業基金成立後，劉樂飛離開中國人壽，出任該基金董事長兼首席執行官，同時還擔任中信證券董事。人雖然離開了，雙方的合作並沒有中止。

新華保險 2014 年年報顯示，劉樂飛自 2014 年 7 月起擔任新

華保險非執行董事。

中國人壽減持中信證券

7月7日，中國人壽發表股票交易異常波動通告，稱在7月3日、6日和7日連續三個交易日收盤價格漲幅對比上證綜指漲幅偏離值累計超過20％。

次日，中證監晚上發出通知，即日起六個月內嚴禁所有上市公司持股5％或以上股東、董事、監事及高級管理人員，通過二級市場減持公司股票，範圍涵蓋央企、國企以至所有上市民企。如發現上述人等違規沽貨，中證監將給予「嚴肅處理」。同日，國資委也發布了央企承諾維護資本市場穩定的承諾書。

雖然8日晚中國人壽等央企紛紛發通告同意不減持。不過兩天後，國壽被爆出於7月10日減持所持有的中信證券A股3000萬股，套現逾8億元人民幣，持股量由6.05％降至5.74％。雖然事後中國人壽稱總持股不足5％「不違規」，不過，其公然減持的取態，頗有挑戰習近平當局的意味。

中信證券「1‧19」股災前減持

知情人士透露，劉樂飛和掌控宣傳的父親劉雲山，在股市中聯手，利用內幕消息與操作套取利益，而且早有前科。

2015年1月19日A股崩跌。上證綜指跌7.7％，創7年來最大單日跌幅；深證指數跌6.61％，被形容為「119股災」。此前，1月16日，證監會通報中信證券等12家券商因兩融業務違規被

罰，中信、海通、國泰君安等三大券商被暫停融資融券三個月。
同日，中信證券披露公告，其大股東中國中信有限公司在此之前
四個交易日內，減持了 3.48 億股中信證券 A 股股票，套現金額
在 110 億元左右，持股比例從 20.2％下降到 17.14％。

　　報導指，由於中信證券作為被處罰一方，有條件比市場提前
獲知被處罰的信息，中信證券大股東在其兩融業務被罰消息公布
前拋售股票的做法，遭到市場人士質疑，認為可能涉嫌內幕交易。

　　2014 年，中國股市上證綜合指數由 2300 多點升至 5000 點以
上。這期間，大量上市公司大股東、高管拋售股票套現。此次股
災，中國股市急跌逾三成，市值蒸發 20 萬億人民幣，持股市值
人民幣 500 萬元的大戶減少了 3 萬人，財富大轉手，散戶更叫苦
連天。

　　此次股災遭遇強大沽空壓力，不少媒體都解讀為涉及中共高
層權鬥，習近平一直在藉反貪清理江澤民派系，故江也利用股市
阻擊。目前當局已經把惡意沽空的目標鎖定上海一帶，2015 年 7
月 10 日，中共公安部副部長孟慶豐率跨部門工作組抵達上海，
稱發現個別貿易公司涉嫌操縱證券期貨交易等犯罪的線索。

大陸股市涉江澤民、曾慶紅攬局

　　有分析認為，上海是江澤民的老巢，而國資股一向由江派勢
力掌控，上述消息表明江派正利用大陸股市的暴跌賺錢，這從側
面印證了此前有關江澤民、曾慶紅、劉雲山等江派家族利用數萬
億做空股市的傳聞。

　　接近中共財經高層的知情人士向本報透露，據說各大江派企

業都集體做空 A 股，造成今次大面積股市大跌，不過因補倉不及，據說有把柄已經被習近平當局掌握。劉樂飛等人均是幕後操盤手，劉相關企業在大跌前已經減持了不少股票。

熟悉中國內情的維權律師鄭恩寵評論道：「江澤民、曾慶紅，他們在這事裡攪動，現在國內輿論都不同調，有輿論就指海外搞鬼、香港在搞鬼，有的指是我們的內部發生作用。我認為外資肯定是少數，都是內部人在搞。」他預期當局將趁機清理江派，「目前好多證券公司接受調查，領導在頻繁更換。」

劉從中專生成中宣部長

值得留意的是，根據港交所資料，新華保險董事會披露，劉樂飛辭去職務是 7 月 20 日晚上。當晚，和周永康結盟政變的前中共統戰部部長令計劃被宣布「雙開」（開除黨籍、開除公職）和移送司法調查。「7·20」也是 16 年前中共黨魁江澤民發起迫害法輪功的特殊日子。

劉雲山是中共江澤民集團的前台人物，18 大以來，在中南海高層習、江兩派激烈博弈中，一直利用掌控的宣傳口阻擊習近平。

2013 年圍繞中共勞教制度廢除問題，因涉及江派迫害法輪功的酷刑和活摘器官等罪惡核心，劉雲山密令中宣部不轉不評馬三家勞教所黑幕文章；2013 年 2 月初爆發的《南方周末》事件亦由劉雲山一手操縱，由廣東宣傳部刪除《南周》新年獻詞中的「憲政夢」，令習近平難堪、輿論譁然。

2014 年 6 月 10 日，劉雲山掌控的國新辦拋出的香港白皮書，變相改變港人治港、高度自治的政策，激怒港人，激發香港政改

爭議升溫。

　　劉雲山原本只是一個中專生，能夠爬到現在政治局常委，靠
的是討好當時的中共總書記江澤民，在輿論上配合迫害法輪功。
2002 年中共 16 大召開，江澤民為了維持對法輪功的高壓迫害，
第一次將文宣和政法的主管塞入政治局常委會，分別是李長春和
羅幹。時任中宣部長的丁關根退休，劉雲山成為中宣部長。

劉樂飛成金融大亨

　　劉雲山 1997 年任中宣部副部長，其子劉樂飛因而得以留京，
當時只是分到財政部綜合司工作。隨著劉雲山上位，其子劉樂飛
也開始變身「金融神童」！

　　2004 年，劉雲山把年僅 31 歲的兒子劉樂飛「強力安插到國
內最大的機構投資者——中國人壽保險股份公司，出任投資管理
部總經理，負責掌管超過 5000 億元保險資產的投資運用。」劉
自此踏上國內金融業大亨之路。

　　劉樂飛被視為中國最有錢（權）的大老闆之一。中國百度百
科介紹：這位 1973 年出生的北京中國人民大學畢業生，2011 年
曾被《財富》雜誌評選為「亞洲最具影響力的 25 位商界領袖」，
在這個名單內位居 22 名，是其中最年輕的上榜人士，年齡 38 歲。

車峰案 或牽出劉家貪腐

　　2015 年 6 月 2 日，中共原天津市市長戴相龍的女婿、香港上
市公司數字王國實際控制人車峰被抓。據各方報導，車被調查除

涉及中共國安部原副部長馬建及北京盤古氏投資有限公司實際控制人郭文貴案外，同時他與劉雲山家族有密切關係。車峰的私人飛機儼如劉家的專機。劉妻李素芳和大兒子劉樂飛母子兩人經常「借用」車峰的私人飛機，其中李素芳被指幾乎每年都「借用」30 多次，劉樂飛更借專機去歐洲看球賽。

第三節

劉雲山被政治局猛批六大罪

閱兵之後，劉雲山（中）遭到多名中共政治局委員的「圍攻」，成為名副其實的「政治靶子」，地位岌岌可危。（Getty Images）

　　2015 年 10 月，港媒報導披露，江派常委劉雲山以「突襲」方式擅改習近平「九三」閱兵的觀禮排位，讓江澤民站立習近平左側。

　　閱兵後，劉雲山遭到多名中共政治局委員「圍攻」，被曝六罪責。

死挺江澤民 擅改習閱兵計畫

　　劉雲山是江澤民強硬塞進中共 18 大政治局的常委，其死心塌地為江賣命的很多做法，讓習近平、王岐山及李克強等人非常不滿。最近中南海傳出消息，劉雲山在中共政治局被多名委員圍攻，恐成為習提出的「幹部能上能下」制度實施後最先被踢下的人。有港媒透露，對北京「九三」閱兵的觀禮，習近平原本已有新安排，即江澤民、胡錦濤兩名前任中共總書記排在現任政治局

常委後面，而前任政治局常委排在現任政治局委員後面。

但未料江派常委劉雲山在這個問題上搞突然襲擊，臨時下令將江澤民和胡錦濤的排位排在現任政治局常委前面登樓。

報導說，2015 年 9 月 3 日早晨臨近 9 時，當時習近平與妻子彭麗媛正在忙於接待來賓，劉雲山趁機擅自下令稱：今天閱兵有重大歷史意義、重大政治影響，是特殊情況，按特殊處理。

劉雲山要求將兩名中共前「黨和國家領導人」江澤民、胡錦濤的出場觀禮檢閱還是要按過去所行程式。劉雲山還特意叮囑下屬要按他的意思辦。

據稱，當江澤民、胡錦濤排在現任政治局常委前面登樓，並站立在習近平的左手一側時，對習近平來說，這是突發性和不正常的情況。

報導猜測，這或許是習近平在登車檢閱三軍時顯出疲態跡象及疑似心不在焉狀態的深層原因。

劉雲山此舉，顯然是對習近平閱兵的一種政治「突襲」，其目的是死挺江澤民，把胡錦濤拉過去「陪綁」，藉此給江澤民集團的大小餘黨打氣。

據報導，閱兵之後，劉雲山遭到多名中共政治局委員的「圍攻」，成為名副其實的「政治靶子」，地位岌岌可危。

劉雲山被曝六罪責 遭八人抨擊

據《爭鳴》10 月號報導，9 月 15 日，中共中央政治局常委會通過一項決議，因違反若干中共政治「紀律」和政治規矩等行為，責成現任政治局常委、中央書記處常務書記劉雲山進行「反

思」和提交檢查報告。

報導稱，劉雲山存在六大罪責：

1. 阻止、反對中共《人民日報》、《求是》等各級黨媒點名批判周永康、薄熙來、郭伯雄、徐才厚、令計劃等落馬高官。

2. 未經審議許可，擅自以書記處名義向中共中央政治局、常委會提交意見報告。

3. 未經審議許可，擅自以書記處名義轉發和批發中共中央部委、地方黨委的工作指示報告。

4. 擅自修改、篡改中共中央巡視組對中央部委和地方黨政巡視意見報告。

5. 7月底，中共中央書記處向政治局提交120多人的準省部級候選官員名單，其中有70多人未經中共中央書記處討論。

6. 至今未就家屬子女經濟來源和財產作出申報的兩名政治局常委之一，另一人是張高麗。

出席擴大會議的有中共中辦主任栗戰書，中組部長趙樂際，中共國家副主席李源潮，中共軍委副主席范長龍、許其亮，中共北京市委書記郭金龍，中共中央政法委書記孟建柱，中共中央政策研究室主任王滬寧等八名政治局委員，加入對劉雲山的批判。

有關劉雲山與習近平不咬弦的傳聞早已傳開。劉雲山把持著思想意識形態和宣傳口，時常給習近平當局製造「麻煩」，暗中搞亂。

強推「新聞道德委員會」監控媒體

2015年9月24日，中共中宣部、中國記協召開「新聞道德委員會試點工作交流研討會」，以加強新聞職業道德和提升新聞

從業人員整體素質為名，要求年內在大陸建立省一級「新聞道德委員會」。

英國廣播公司（BBC）曾在 2014 年 2 月 25 日引述分析人士評論稱，在大陸各地增設「新聞道德委員會」實為增強媒體監控，試圖以「整治新聞敲詐和假新聞」的罪名進一步封殺批評中共腐敗現象的媒體聲音。已落馬的中共前政法委書記周永康、原軍委副主席郭伯雄、徐才厚等，均是貪腐淫亂之輩。

對於中宣部的「新聞道德委員會」，網友「陽光金沛」說：「道德委員會的委員們的道德如何評定？看看現有的人大代表是否能代表人民？我們的新聞連底線都沒有，還有道德嗎？」

比如 2015 年 6 月 1 日晚上 9 時 30 分，遊輪「東方之星」在中國湖北監利縣長江大馬州水道傾覆。

事故造成 442 人死亡，僅 12 人獲救。6 月 4 日上午，中共政治局常委罕見召開應急處置「東方之星」船難會議。

官媒新華社隨即第一時間發布此消息，大陸媒體、港媒緊隨轉載。但不久，這條消息不但被大陸多數媒體刪除，香港「鳳凰網」等報導也遭刪除。支持習近平的「財新網」則將此消息放在網站首頁和重要位置。

美國《紐約時報》、有線電視 CNN、英國 BBC 均報導稱，在「東方之星」船難期間，中共中宣部限制和阻止媒體採訪船難倖存者，禁止記者到當地醫院和船難現場等。

海外「中國時代數字網」6 月 8 日曝光中共中宣部最新密令。此項密令禁止所有媒體報導諾貝爾和平獎得主、緬甸反對派「全國民主聯盟」領袖昂山素季訪華和《穹頂之下》紀錄片獲生態獎，有關「東方之星」宣傳卻要求採用中共新華社正面宣傳通稿，船

難救援期間和罹難者「頭七」前後控制娛樂節目及長江旅遊廣告，以及加強對採訪記者個人微博微信管理。報導還附有密令的電話記錄圖片，記錄日期是 6 月 5 日。

對於邀請昂山素季訪華的媒體報導，海外博聞社 6 月 6 日披露，習近平不僅下令中共中聯部負責這項外事活動，還親自批示道：不但要請，還要公開宣傳。

劉雲山家族深涉中信證券案

因涉嫌違法證券交易，自 2015 年 8 月 25 日至今，劉樂飛擔任執行董事、副董事長的中信證券已有半數高管遭警方調查。

大陸《時代周報》9 月 8 日報導引述深圳某券商高層披露，作為大陸股災救市的主力，從中信證券救市時買入股票的情況來看，也確有內幕交易嫌疑。

做空 A 股一般通過同時操作現貨和期貨來實現。一北京不願署名的私募人士透露，因 QFII 和或剛通規模有限，境外資金可通過地下錢莊和貿易方式兩大途徑進入 A 股，並靠大手筆買賣做空股市。數名基金、證券人士認為，如果中信證券與境外基金有關係，很有可能是通過私人關係洩露市場交易信息，讓境外基金獲利。

時政評論人士陳思敏曾發文評論稱，中信證券至少聯手三家著名國際對沖基金做空 A 股，包括 Citadel、Man Group 等。

香港《東方日報》9 月 18 日消息，現任中信證券董事長王東明即將退休，劉樂飛原本很有機會接任其董事長一職。

劉樂飛早年曾在中共財政部工作，隨後投身證券、保險和股權投資等領域，憑藉劉雲山強大的政治背景，劉樂飛在短期內身

價倍增。

報導稱，中信證券半數高管遭警方調查，外界指其背後有政治鬥爭陰影。劉雲山之子劉樂飛擔任中信證券副董事長，中共第五代領導人劍指何處，似乎不言而喻。

9 月 23 日，大陸新浪財經援引美國彭博社報導，據不願具名的知情人士披露，中共官方初步調查顯示，有證據證明，中信證券不僅存在涉嫌利用事先獲知政府救市措施牟利的行為，還涉嫌引導救市資金為其牟利或進行利益輸送。

9 月 24 日，香港「東網」發表署名馮海聞評論文章稱，中信證券作為國有控股第一大證券公司，在大陸股災時大發國難財，對中共當局來說無疑是一場「經濟政變」。

劉雲山父子惡意做空股市

此前，有傳聞稱劉雲山父子捲入了惡意做空中國大陸股市。

9 月 15 日晚，中信證券公告，中信證券總經理程博明等 3 人因涉嫌內幕交易、洩露內幕信息接受調查。上個月包括中信證券董事總經理徐剛在內的 8 名高管因涉嫌內幕交易被警方帶走。

至此，中信證券涉嫌內幕交易風波已有 11 人被調查，即中信證券最高管理機構的執行委員會有一半人被查。

劉雲山的兒子劉樂飛是中信產業投資基金管理有限公司董事長兼 CEO，兼中信證券董事。不過，也有外媒報導稱，2014 年 3 月，劉樂飛已被任命為中信證券副董事長。

港媒《東方日報》報導，程博明和徐剛都被視為劉樂飛的手下大將。習近平陣營矛頭所向，似乎不言而喻。

　　報導說，劉樂飛是金融玩家。早年在中共財政部工作，之後轉入證券、保險、股權投資等多個領域，憑藉其強大的家族背景，遊走於各大金融崗位。

　　有業內人士踢爆，若沒有劉雲山的暗助，以劉樂飛的專業能力，怎麼可能有這種點石成金的能力？股權投資圈一度流傳，劉樂飛是投資圈一霸。

　　報導還表示，中信證券在大陸這輪股災救市中，不僅大發國難財，還圖謀利用金融危機引發政治危機，習近平遂指令公安部直搗中信證券這個做空中國的大本營。

「能上能下」先拿劉雲山開刀？

　　港媒報導說，今次中信證券窩案還在發酵，值得注意的是，早前中共通過了官員「能上能下」的規定，一些故意唱反調的高官，很可能成為先行先試的「樣品」。劉雲山家族命運如何，不妨拭目以待。

　　6月26日，習近平主持召開中共中央政治局會議，審議通過《關於推進領導幹部能上能下的若干規定（試行）》。

　　6月30日，有海外媒體報導稱，規定重點不在「能上」，而在「能下」，顯示當局要藉此建立起一套新的官員流動制度，重點要藉此拿下那些已經上位、無才無能礙手礙腳者，特別是身居高位的庸官。

　　大陸學者潤濤閻發表的分析文章《習近平需要在換屆前改組現常委》表示，打掉兩名原中共中央軍委副主席徐才厚、郭伯雄之後，習近平基本掌握了軍權。

接下來最重要的是在形式上廢除江澤民、曾慶紅定的潛規則，包括「七上八下」、常委只在換屆時更換，而不能在「全會」時更換。

文章說，習近平上台後成立了十幾個小組，就是設法讓江澤民塞給他的七常委裡的幾個江澤民嫡系去「打醬油」。

這幾人中至少有一人需要在換屆（19大）前被免職，以表明習近平可以廢掉江的潛規則。這幾個常委在習近平身邊晃悠本身就嚴重影響習近平的心情。

具體操作是把他們打成「老虎」，還是因能力不行而下台，要看哪個辦法更能穩定局勢。如果按照「能上能下」的套路，說他們沒能力當常委，幾乎無人不認可。

據報導，劉雲山多年來一直飽受海內外媒體詬病，在中國網民中口碑極差、形象不佳、只會玩弄權術。中共18大前，劉也是遭非議最多的人，黨內外對其劣評如潮，強烈反對其「入常」。

劉雲山被各民主黨派、無黨派人士點名炮轟。民主黨派四度上書反對劉進常委；民主黨派中央聯署反對劉雲山列常委候選人。據知，當時劉雲山的富豪兒子忙於幫老子運作，博取「入常」機會。

有評論說，假如說操縱股市還只是經濟問題，那擅自改變閱兵登樓的站位安排，這就是「政治錯誤」，假如習近平雙管齊下，兩相治罪，劉雲山的麻煩就太大了。

第四章

徐翔被抓
姚剛落馬內幕

2015 年 11 月 1 日，大陸最著名的對沖基金投資人徐翔被抓。11 月 13 日，證監會副主席姚剛被查。徐翔背後涉及三股江派既得利益舊勢力；姚剛則被認爲違規審批、參與經濟政變、和令計劃家族及北大方正等有眾多瓜葛。

證監會副主席姚剛 2015 年 11 月 13 日被查。證監會「內鬼」或是造成近期中國股災的重要原因。（大紀元資料室）

第一節

張育軍徐剛被抓
王岐山內控 320 金融子女

江派「金融幫」面臨滅頂之災

2015 年 9 月 16 日晚，中紀委網站通報，中共證監會主席助理張育軍因「涉嫌嚴重違紀」，正接受調查。

張育軍落馬，證明 2015 年 6 月以來大陸之所以發生股災，以及隨後的「國家隊」救市失敗，部分原因是證監會存在「內鬼」。

有傳聞稱，江澤民和曾慶紅家族調集大量資金，通過惡意做空，在股市上發動金融戰爭，企圖搞垮大陸經濟，最後逼習近平下台。如果傳聞屬實，從現有跡象來看，江派常委劉雲山家族也是參與了這次倒習陰謀的。

7 月 6 日，李克強大舉救市。7 月 7 日早上，劉雲山掌控的

新華社罕見聲稱「救市無效」，引發香港股市大跌。

7月27日，大陸股市滬指再次大跌，跌幅達到8.48%。當日，新華社又在其經過認證的Twitter帳號上發帖稱「崩潰再現！」

8月25日晚間，新華社發布消息稱，中信證券徐某等八人涉嫌違法從事證券交易活動已被公安機關要求協助調查。

財新網的報導稱，中信證券徐某即為中信證券執行委員會委員、董事總經理徐剛。

8月26日，港媒披露，徐剛是劉雲山之子劉樂飛的馬仔。劉樂飛擔任中信證券的副董事長，徐剛就是他的直接手下。

就在張育軍落馬的前一天，9月15日，中共官媒報導，當日中信證券股份有限公司總經理程博明、運營管理部負責人於新力、信息技術中心副經理汪錦嶺等人因涉嫌內幕交易、洩露內幕信息被調查。

9月16日，財新網報導，張育軍1985年至1988年就讀於中國人民銀行金融研究所，與前一天被查的中信證券總經理程博明是同學，都是中共證監會首任主席劉鴻儒的學生。

在2015年6月股災發生之初，曾有傳言稱，中共現任證監會主席肖鋼可能與國內外機構勾結，通過做空大陸股市賺大錢。雖然尚無任何證據證明這一傳言的真實性，但是張育軍的落馬，不得不讓外界疑竇頓生：作為張育軍的頂頭上司，肖鋼是不是也參與了張育軍的「違紀」勾當，或者根本就是張育軍上線，也是證監會的「內鬼」之一呢？

如果江澤民、曾慶紅和劉雲山這三大家族攪和在大陸股市之內，他們要想在股市大興風浪，拉攏肖鋼也是在「情理」之中的事情，也必須拉攏肖鋼，否則他們還真弄不出什麼大動靜。

現在中紀委抓了張育軍，表明習近平已經在鐵腕反擊，這恐怕會令江澤民、曾慶紅和劉雲山都十分惶恐，因為張育軍很可能了解他們在大陸股市「搞事」的核心內幕。

江澤民在金融界的馬仔們，也就是江派「金融幫」，現在面臨滅頂之災，他們或許會像周永康的「石油幫」一樣，在不久的將來全軍覆沒。

巡視組進駐三大金融機構 反腐戰無退路

港媒《爭鳴》雜誌 2015 年 10 月號報導，中共政治局決議 9 月 14 日起，中紀委巡視組進駐銀監會、證監會和國資委三大金融機構。巡視組組長都由一名中紀委常委擔任，組員配備有中組部、最高檢局級官員。中組部長趙樂際宣布，中紀委巡視組組長、副組長均參加所進駐部門的黨政領導工作。

報導稱，巡視組進駐前，王岐山專門為這三個巡視組舉行會議並放話稱，這一仗打響就沒有一寸退路，要為維護金融、國資運營正常秩序勇往直前。王岐山的講話 9 月 15 日已經下達至省部級。

進駐一天後，即 9 月 15 日，中共外匯管理局副局長李超調任證監會副主席，原證監會副主席莊心一被免職。

進駐兩天後，證監會主席助理張育軍因涉嫌嚴重「違紀」被查。證監會兩天內三名高層發生變動，引發外界對北京當局對金融業反腐深入的猜測。中共黨媒人民日報海外版微信公號俠客島稱，張育軍落馬是金融系統反腐的一個標誌性開始。

此前 8 月下旬，證監會發行部三處處長劉書帆，證監會處

罰委原主任歐陽健生涉嫌內幕交易、偽造公文印章被要求協助調查，被指證監會「內鬼」或是造成近期中國股災的重要原因。

經濟領域 320 名官二代被內控

報導還披露，9 月 13 日，中共中辦、國辦下達通知，以中紀委為首的七個部門，召集在經濟、金融領域管理層任職的中共高層官員官二代子女、已退休離休高官官二代子女，即刻進京開會。官二代三批人共 320 多名，未經中紀委、中組部、公安部共同批准，一概不准出境。

報導稱，首批被內控的有現任中共政治局常委劉雲山的兒子劉樂飛，已退休中共政治局常委李長春、吳官正、曾慶紅等的子女 7 名。另外，現任中共副國級官員及已離退休副國級官員子女 20 名；現任中共省部級及已離退休省部級官員子女 270 多名。

報導稱，這些官二代進京後接獲通知，即日起未經中共中紀委、中組部、公安部共同批准，無論因公因私，一概不准出境。

這些被內控接受調查、審查的 320 多名高官子女，均受到上述三部門的若干限制。一是即刻交出護照、出入境工作護照及假名、代名證件；二是在規定時間內到有關部門報到，接受調查和配合有關工作；三是如要離開所在工作、居住地區，要事先打報告獲得批准，但必須按時返回；四是不准和有關案情人員交往或間接交往；五是不准對外界披露有關案情和個人情況。

被內控的官二代高官，還被要求正確認識和對待中紀委等機構的措施和反腐敗新階段面臨的複雜性等。

習、王金融業布局反腐

2015 年，習近平、王岐山的「反腐」風暴正在衝擊中國的金融業。1 月底，大陸民生銀行行長毛曉峰被中紀委帶走。5 月，華夏銀行副行長王耀庭被證實接受調查。

4 月，中共前央行行長戴相龍被傳接受調查，美國《彭博社》引述知情人士說，戴相龍被調查，主要針對的是其在擔任央行行長、天津市市長和全國社會保障基金理事會理事長期間，疑似利用其影響力或掌握的內部消息為親屬牟取利益。

此消息還未被證實，但戴相龍的女婿車峰已被證實於 6 月 2 日在北京被抓。

8 月下旬，主力救市的中信證券被曝賊喊捉賊，「內鬼」、「內奸」傳聞不斷。隨後，包括中信證券總經理程博明、中信證券董事總經理徐剛等 11 人因涉嫌內幕交易、洩露內幕信息被調查。

而中共現任江派政治局常委劉雲山的兒子劉樂飛是中信產業投資基金管理有限公司董事長兼 CEO，也是中信證券副董事長。

有報導稱，劉雲山父子聯手做空股市。也有報導稱，中國股市持續暴跌，江澤民集團幾大家族涉惡意做空，摧毀市場信心。他們的目的是搞亂股市令中國經濟形勢惡化，對習近平進行「逼宮」。

香港《東方日報》報導，中信證券在大陸這輪股災救市中，不僅大發國難財，而且不顧政治大局，圖謀利用金融危機引發政治危機，習近平遂指令公安部直搗中信證券這個做空中國股災的大本營。

報導表示，劉樂飛是金融玩家，憑藉強大家族背景遊走於各大金融崗位，而程博明和徐剛都被視為劉樂飛的手下大將。因此習近平陣營矛頭所向，似乎不言而喻。

中國資本市場
「敢死隊舵主」被抓

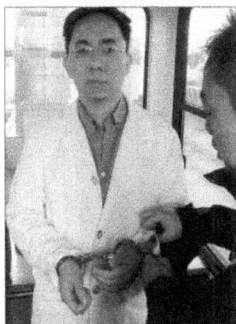

2015 年 11 月 1 日徐翔被捕。消息稱，徐翔憑藉與上海高層的特殊關係，瘋狂地搞內幕交易。（資料圖片）

　　2015 年 11 月 1 日是個星期天，上午 10 點 33 分，在上海與寧波之間的必經高速公路上，交警寧波支隊突然下達關閉指令，稱因臨時交通管制，G15 瀋海南接線、杭州灣跨海大橋所有進口都已關閉，請過往車輛注意繞行。在繁忙時刻出現這一意外，令司機們很懊喪。直到 40 分鐘後，官方才取消管制。

神祕的封路抓人

　　畢竟是網路時代，當天晚上微信圈上就傳出照片稱：大陸最著名的對沖基金投資人、澤熙投資公司的控制人徐翔，在寧波杭州灣跨海大橋附近被抓。只見畫面上一個頭髮有點蓬亂、嘴角有點歪斜的中年男子，身穿一件白大褂上衣，毫無表情、毫無反抗

地被人用手銬帶走。第二天早上新華社證實了徐翔被捕的消息。

據《中國經營報》報導，11月1日上午，徐翔從上海出發前往寧波參加其奶奶100歲生日，而在其返回寧波的路上，高速公路實施了臨時管制。

看到徐翔被抓的照片，人們注意到他穿著一件白大褂，不過後來有人證實，他穿的是世界頂級名牌：阿瑪尼的白色休閒西裝。

有網友說，能把世界名牌當白大褂來穿，也只有大陸土富豪了。也有人說，徐翔很聰明，這張照片含蓄的告訴我們：中國金融市場「有病」。

還有傳言說，11月1日的抓捕行動非常隱祕，也非常「酷」。為了抓一個人，居然封鎖了整個杭州灣跨海大橋！這說明徐翔涉案至深，問題嚴重，幕後黑手背景強大。抓捕經濟犯罪要上演封堵公路大片，這樣的情況很少見，由此可見「徐翔的後台很硬」。據說，徐翔案牽扯中南海三大幫勢力。

地球村不大。第二天，不少國際媒體的頭版頭條都給了徐翔。英國《金融時報》報導說，中國資本市場「敢死隊」領軍人物、中國對沖基金經理徐翔因涉嫌內幕交易被捕，對外界來說感覺很突然，但對於業內人士來說，「這只是一個流傳已久的垮台預言終於變成現實」。

「敢死隊」是指圍繞浙江寧波的一個鬆散的基金經理群體，當中的徐翔因喜歡大手筆和大膽的賭注，以「敢死隊隊長」的名號著稱，但其他寧波人也很瘋狂，比如徐翔的敢死隊隊友之一、敦和資產管理公司董事長葉慶均，綽號「中國的索羅斯」，他通過押注大豆，把他的10萬元房屋按揭轉變成100億元的財富。

「寧波漲停板敢死隊」總舵主

1977 年 2 月出生在寧波的徐翔，從小喜歡掙錢。1993 年，18 歲的徐翔放棄了高考，從父母那裡借了幾十萬元人民幣去玩股市。到 90 年代末，他和寧波同事因為對高風險賭注的癖好贏得敢死隊的綽號，人稱「寧波漲停板敢死隊」總舵主。

2008 年 5 月 15 日，徐翔在上海成立了上海澤添投資發展有限公司，2009 年 12 月 7 日，創辦上海澤熙投資管理有限公司，註冊資本 3000 萬元，是中國大陸規模最大的陽光私募基金公司之一。隨後從寶山、到浦東，徐翔的公司從遠郊逐漸遷入金融中心，然後又一路向西。如今徐翔在上海湯臣一品買了豪宅，平時上班在湯臣一品對面的東亞銀行大廈，午飯在距離東亞銀行 500 米左右的國金中心。

徐翔善於短線捕獲冷門股、小盤股，集中持股、快進快出、狙擊牛股的方式讓其業績迅速提升，連續兩年徐翔管理的產品均進入陽光私募產品業績前十名的榜單當中。他手下的投研人員全部都是研究員，只有他一個人來做主是否操作。他的父母和妻子都在其公司工作，是典型的家族企業。

據說徐翔非常自狂，一般不願露臉，也毫不掩飾自己的行為，把賺錢當作第一要義。

如今徐翔位列中國胡潤富豪榜第 188 名，估計身家為 140 億元人民幣（22 億美元）。徐翔的澤熙投資管理公司的五個產品位列 2015 年中國回報率排名最高者行列，其中的一號基金，自從 2010 年啟動以來，獲得 3270％的回報率。

徐翔憑藉與上海高層的特殊關係，瘋狂地搞內幕交易，下手

很絕。上海一名對沖基金經理表示：「徐翔被抓只是一個時間問題。只是比預期的早了一點而已。」他說徐翔的內幕交易行為是「一個公開的祕密」。

澤熙投資 內幕交易發國難財

據財新網報導，在上海傑賽律師事務所律師王智斌看來，徐翔的違法事實主要有兩項，一個是從事內幕交易，另一個則是涉嫌股價操縱，發國難財。

據業內人士解釋，「內幕交易一般可能涉及重組前提前獲悉消息買入某公司股票」，在其看來，徐翔一直喜歡押注重組題材股，很可能其中就涉及到了內幕交易情形。而從徐翔的操盤軌跡來看，他押注重組概念股很準。

以康強電子為例，2014 年三季度，華潤深國投信託有限公司 - 澤熙 6 期單一資金信託計畫買入康強電子約 1030 萬股，股價在 8 元附近。而後康強電子從 2015 年 1 月 6 日起停牌，並在 5 月發布了永樂影視擬借殼的重組公告，復牌後股票在 14 個交易日裡暴漲約 237.7%，股價最高達到 46.09 元／股。

同時，有業內人士還猜測徐翔或在前期救市過程中「發國難財」。自 8 月底中信證券部分高管被要求協助調查之後，市場曾傳言澤熙旗下某產品在買賣美邦服飾過程中，可能與中信證券及證金公司之間存在利益關聯。

以東方金鈺為例，其半年報顯示，截至 2015 年 6 月 30 日，華潤深國投信託有限公司 - 澤熙一期單一資金信託持有東方金鈺約 883 萬股，以 6 月 30 日的收盤價每股 53.77 元計算，折合市值

約 4.75 億元。不過僅一個月之後，徐翔旗下產品就退出了東方金鈺的前十大股東，而同期入駐的則是證金公司等代表的「國家隊」。

據一位不願透露姓名的投資公司業內人士稱，一直有傳聞稱在「國家隊」救市期間，有投資機構利用「國家隊」資金高位接盤而為自己的投資產品解套或者牟利，在這期間也可能產生內幕交易行為。這就是在暗指徐翔。

徐翔背後三股江派勢力

搜狐財經則援引知情人士說，澤熙投資長年為高層人士理財，此案可能牽扯到多名部級官員。大陸財經人士則透露，徐翔的私募基金背後涉及多名紅二代及官二代。時政評論員陳思敏分析說，徐翔背後涉及三股江派既得利益舊勢力：

一是被指在 2015 年做空大陸 A 股黑手的中信證券，普遍認為澤熙與中信證券有牽連。而中信證券實權人物、副董事長劉樂飛是江派常委劉雲山之子。

其二是與曾慶紅家族深度關聯的華潤集團，徐翔是其重要合夥人。據《中國經營報》報導，2010 年 7 月，澤熙投資與華潤深國投合作，搭建了密切的夥伴圈關係。

2013 年 1 月 28 日，由澤熙與華潤深國投（出資94％）所成立的「增煦投資中心」，主要參與上市公司非公開發行項目的認購與投資，通過大量持股成為上市公司大股東，除了影響上市公司的股價，進而影響上市公司決策，最終控制上市公司。

其三就是江派老巢上海，徐翔的澤熙總部及最重要的三大資

本平台都設於此，想要在此占有一席之地，徐翔不可能沒有江派勢力與上海官方的通行證。外界認為，徐翔在上海灘的資本市場爭霸一方，沒有江派上海幫的幫襯是不可能。

徐翔被抓其實只是一個開始

新浪網上有專家披露：徐翔為啥總能精準地抓到牛股呢？因為他豢養了一批所謂的調查記者、美女研究員助理，總能在上市公司出台各種利好之前獲得信息。不過有專家質疑說，靠 35 歲以下的男性財經記者、身高 1 米 65 的美女獲得機密信息，「這麼低級的獲取內幕信息的手段？別噁心徐翔了，記者拿到的內幕信息基本很多人都知道了。」人們不禁要問，誰在替徐翔的後台信息源打煙霧戰呢？

中國是世界最大的私募股權基金市場，上海地區更是私募大鱷盤踞的大本營。據路透社報導，大陸私募市場長期由劉樂飛操領，2010 年江澤民的孫子江志成（Alvin Jiang）成為香港博裕基金的創始合夥人。

據調查，中國的 15 間私募股權基金公司，要不是由太子黨所創立，要不就是幕後被太子黨操控。許多合夥人都向路透社表示，只有太子黨才有能力將政治關係轉化為商業交易，而江志成和博裕資本絕對是徐翔案需要首先調查的。

徐翔 20 天內三度進京 原因不明

2015 年股災後，在北京嚴查做空 A 股幕後黑手之際，中共

證監會主席助理張育軍和中信證券總經理程博明被抓，大陸金融界將面臨史上最強勁風暴。陸媒發文深度披露，上海「澤熙系」私募大佬徐翔 8 月中旬以來，20 天內曾經三度前往此輪股市大清洗的心臟。

　　大陸民眾質疑：謎一樣的徐翔如何躲過 6、7 月暴跌並成功抄底？網友「南風海月」表示：若要說既無內幕又無操縱，恐怕連火星上的人都不相信，中國大神們野蠻生長靠的是什麼？

　　證監會發布最有發言權！網友金慧忠說：圈內都知道他是誰的人。紅色資本給他錢，20 買進的股票，權貴一個電話，中信證券可以 40 去把這些股票接過來！徐翔只是馬甲而已。

　　大陸股災在中共前政法委書記周永康被判刑之後的 6 月份開始狂跌，一直到「九三」北京大閱兵，直至國企改革方案公布等幾個時間敏感點都歷經狂瀾。

　　有消息稱，高層已將本輪 A 股股災和金融界內鬼事件定性為一場「經濟政變」，更多詳細，請看《新紀元》新書《股市政變，李克強臨危受命》。

　　值得注意的是，2015 年 10 月 31 日金融系統巡視正式開啟後，11 月 1 日「私募大佬」徐翔則被帶走；而第二天 11 月 2 日，中國農行行長張雲被帶走協助調查。很多人認為，徐翔被抓只是個開始。

第三節

證監會二把手姚剛落馬內幕

2015 年 11 月 13 日晚 8 時左右，中紀委官方網站發布消息稱，中共證券監督管理委員會黨委委員、副主席姚剛涉嫌嚴重「違紀」接受調查。

消息一出便擠滿各大網站顯要位置，但中證監官網卻遲遲沒有更新，姚剛仍位列證監會主席肖鋼之下的第二名。有網友調侃稱，中證監的加班意識與中紀委相去甚遠。

據公開資料，姚剛，1962 年 5 月出生，1980 年以高考狀元的身分進入北京大學國際政治系，後公派日本獲東京大學博士。從 1989 年起，姚剛先後在日本三洋證券、法國興業銀行東京證券公司、法國里昂信貸銀行東京證券公司從事期貨和投資銀行業務。

1993 年，姚剛進入中共證監會，任證監會期貨監管部副主任、

主任，創組中共證監會期貨部；1999 年任國泰君安證券有限公司總經理、黨委副書記、副董事長；2002 年任證監會發行監管部主任；2004 年 7 月任證監會主席助理、黨委委員兼發行監管部主任；2008 年任證監會副主席、黨委委員。

自 2002 年起，姚剛便一直主管發行監管，中國 A 股 IPO 的發審大權一致經其執掌達 13 年之久，一度被業內戲稱為「發審皇帝」。期間，姚剛主導 IPO，力推股指期貨，也主導了股市。

「發審皇帝」落馬的三大原因

儘管官方沒有公布姚剛被查的原因，但匯集各路消息不難發現，至少有三方面因素：一，權力尋租、違規審批；二，做空股市、參與經濟政變；三，內幕交易、和令計劃家族、北大方正等有很多瓜葛。

姚剛是中紀委在四個月內打落的第四個金融領域的貪腐官員，其落馬早有先兆。

2014 年 12 月 1 日，姚剛的下屬李量被中紀委調查。李量於2009 年就任證監會創業板發行監管部副主任，此前在證監會發行監管部任職，其頂頭上司就是姚剛。在姚剛升任副主席後，李量被調去負責創業板發行。李量落馬後，關於姚剛被查的傳言不脛而走。

2015 年 8 月 25 日，姚剛的前任祕書、證監會發行部三處處長劉書帆涉嫌內幕交易、偽造公文印章，被要求協助調查。劉書帆在接受調查時供述，他幫助上市公司通過定增審核、獲取內幕消息進行股市交易，獲得賄款和股市收益上千萬元。

2015 年 9 月 16 日，證監會主席助理張育軍被調查。據澎湃新聞報導，2015 年 11 月 4 日晚間，《中國證券報》預告了姚剛 11 月 7 日的行程。姚剛如約現身後被認為是「闢謠」，但這也成了姚剛最後一次公開露面。港媒報導說，當時的姚剛已經失去了行動自由。

作為證監會副主席的姚剛，一直掌控著企業發行審批大權，而中國的股市是專門給企業上市圈錢的，成千上萬的企業削尖了腦袋也想擠進股市撈錢套現。企業從申請發行上市到最終掛牌成功，除了公開的各種財務成本、時間成本外，疏通發審管道也需大批資金和人脈，這已經成為證券發行的潛規則。因此，證監會發行部和發審委官員的尋租行為屢屢出現。

據說姚剛、李量的膽子很大。據財經 2014 年 1 月中旬報導，從多個國際投行獲悉，證監會自 IPO 重啟以來，所釋放的各項措施並沒有完全獲得投行的認同，同時在國內專家教授群體中也存在著不同意見。但姚剛還是不顧反對意見，一意孤行。結果儘管修改了規則，但 IPO 重啟後，高發行市盈率仍未能消除，而且由於新規首次在 A 股市場推出了老股轉讓制度，在高發行市盈率的推動下，擬上市公司股東頻頻提前套現。

比如奧賽康公布 2014 年 1 月 9 日網下申購結果，發行市盈率 67 倍，老股轉讓募集資金近 32 億元，遠高於新股募集金額 7.84 億元。對此，證監會主席肖鋼在證監會內部會議中大為光火，他沒有讓主管創業板的官員李量落座，而是直接責令其離開會場，立即處理擬上市公司的高市盈率問題。

不過，李量 2014 年 12 月落馬後，姚剛並沒有被查處，相反，2015 年 4 月，姚剛只是被調換工作，其分管的發行工作改由肖鋼

的主席助理黃煒接管，而姚剛被調去分管市場部、期貨部、債權部、人教部（組織部）以及中國結算、期貨市場監控中心和中證監測。姚剛與新上任的副主席方星海互為 AB 角色，其中有任何一方請假，由另一方代為簽字。

換句王岐山的話說，假如此時姚剛收手不幹了，他指使李量幹的那些壞事可能也就一筆帶過了，但由於姚剛接下來參與了江澤民派系發動的股市政變，才給自己招來惡報。

參與發動股災 搞經濟政變

據財新網 11 月 13 日報導，2015 年 2 月以來，姚剛出席的各類活動還能在證監會網站上找到，但 6 月 15 日股市大跌股災後，證監會網站關於姚剛行蹤的消息再也沒有更新。

姚剛曾為證監會最年輕的部級後備幹部。2015 年 7、8 月股災期間，姚剛領導參與救市工作，當時證監會內負責領導救市的還包括另一名副主席劉新華，和 9 月份被調查的主席助理張育軍，劉新華已於 11 月正式退休。用老百姓的話說，中共主管救市的官員都是些「股市漢奸」。

據港媒報導，姚剛落馬兩周前，其被查內幕就已在海外流傳。有消息稱，有比張育軍更大的「股奸」將落馬，此人已被控制。文章還稱，有證監會高官在救市期間把巨額資金轉移到香港和新加坡，與境外合謀做空中國股市，而負責轉移資金的人已被從香港「勸回」大陸自首。

報導引述《證券日報》副總編輯董少鵬表示，2015 年 6 月，有四股惡意做空中國股市的力量「合流」，造成了大陸股市的嚴

重暴跌。這四股惡意做空力量其中一種是潛藏在大陸一些大學、研究院、研究中心甚至政府機關裡的官員和學者。

與北大方正和令計劃案瓜葛

據港媒 2015 年 11 月 13 日報導，證監會副主席姚剛倒台原因，是姚剛及其家屬曾牽涉到北大方正高管腐敗案以及令計劃案。

北大方正高管曾借錢給姚剛的兒子姚亮，用於購入北大方正證券 3000 萬股股票，然後通過他們控制的成都華鼎公司，借錢給中證監投資者保護局前局長、2014 年 12 月受查的李量，用於購買北大醫藥 2000 萬股股票，而透過購入這些股票，姚亮及李量均從中獲取巨額利益。

據此前報導，北大方正高管案涉以令計劃為首的「西山會」，北大方正集團的行政總裁李友等高管，被揭多年來向令計劃家族等輸送不法利益和賄款。

另外有消息稱，2014 年中共組織部門曾欲將姚剛調任天津市任副市長一職，這屬於重用，但姚剛終未能去天津赴任，原銀監會副主席閻慶民在 2014 年 12 月調任天津市副市長。

姚剛是山西人，與令計劃案有瓜葛。2014 年底令計劃被調查前後，令計劃的弟弟令完成（化名王誠）掌控的匯金立方入股的 7 檔股票中有 6 支登陸創業板。在這些企業 IPO 期間，恰是姚剛在證監會主管發行工作。姚剛愛好打高爾夫球，令完成是高爾夫球高手，兩人有共同的愛好。

由於姚剛與令完成的利益輸送，令完成控制私募股權基金——匯金立方，成為創業板瘋狂年代的最大受益者。

令完成瘋狂圈錢 曾與江綿恆聯手

公開資料顯示，自 2008 至 2010 年，匯金立方先後入股樂視網、神州泰岳、東方日升、東富龍、海南瑞澤、光一科技以及騰信股份。這 7 家公司全部於 2009 至 2014 年間上市，其中除了海南瑞澤是在深圳中小板上市外，其餘 6 家均在創業板上市。在 7 家公司順利上市後，匯金立方獲得回報超過 10 億元。彼時，李量負責創業板發行監管。

在匯金立方的投資生意中，最引人關注的莫過於樂視網。2010 年樂視網登陸創業板，彼時所有視頻網站都在苦苦燒錢以爭奪市場份額，而樂視網在這其中，該公司收入和利潤曾被媒體質疑存有「水分」。但樂視網上市暢通無阻，順利過會，其背後隱現的神祕 PE 匯金立方，獲得收益超 3 億元。

匯金立方最為神祕的一次精準投資是入股神州泰岳。2008 年 7 月 14 日證監會第 101 次發審會上，神州泰岳的首次公開發行未獲通過，一年之後的 2009 年 9 月 17 日，神州泰岳再次上會，不同的是，這次由中小板轉戰創業板，終於獲批，成為中國創業板首批過會 7 家公司之一。而彼時李量正好任職於證監會創業板發審委。

而在此之前的 2009 年 5 月 18 日，令氏家族控制的匯金立方以 3564 萬元認購神州泰岳 270 萬股，成為第 11 大股東。五個月後，神州泰岳登陸創業板，當天收盤價每股 102.9 元。2010 年，神州泰岳股價一度超過 230 元。僅僅五個月，這筆投資給匯金立方帶來的帳面收益超過 5 億元。

2014 年 11 月 26 日，財新網發表一篇《令完成的財富故事》，

文中暗示江澤民之子江綿恆與令計劃家族存在利益輸送關係。令完成在 2003 年辭職離開中共新華社下海經商，隨後江綿恆向九洲在線投資近 2 億元。

據一份 2003 年度外資法人企業年檢報表，令完成使用化名「王誠」擔任九洲在線有限公司（簡稱九洲在線）總經理。當時註冊資金為 4.9 億元的九洲在線，成立於 2003 年 7 月。其九洲在線 40％股份是江綿恆掌控的中國網絡通訊集團公司（簡稱中國網通）所持有。九洲在線改名為天天在線。

因承接中國網通寬帶網路和視頻信息平台業務，又有濃重的中共官方背景以及「網上傳播視聽節目許可證」在內 25 項資質，天天在線成為當時中國大陸互聯網類企業中資質最齊全的公司之一。

習王在金融領域反擊江派

作為中國證券行業的第二號人物，姚剛的落馬讓人看到了習近平與王岐山在金融界打虎的力度和強度。2015 年 6 月中旬到 7 月上旬，大陸發生股災，原因是江澤民集團包括劉雲山父子等人的惡意做空。他們圖謀利用金融危機引發政治危機，對習近平進行「逼宮」。隨後人們看到習近平對金融界的「內鬼」發起了猛烈的回擊。

7 月初，公安部副部長孟慶豐帶隊到證監會，排查惡意賣空股票與股指線索；8 月，中共公安部確認，地下錢莊是股市資金違法流出境內的重要管道，並在全中國徹查地下錢莊；9 月，中共最高檢在回應打擊股市惡意做空時稱，會加快審查逮捕、審查起訴的進度，保持對金融犯罪高壓打擊態勢。

　　8月、9月間，包括中信證券總經理程博明、中信證券董事總經理徐剛等11人被調查。中信證券9月15日發布的公告表明，程博明等人被調查的原因為「涉嫌內幕交易、洩露內幕信息」。9月16日，證監會主席助理張育軍被調查。10月23日，國信證券總裁陳鴻橋在家中自殺身亡。據港媒報導，陳鴻橋自殺或牽扯救市期間內幕交易。據悉，此前國信證券涉嫌做空曾被約談。與此同時，中信金石投資公司總經理祁曙光被警方帶走。

　　10月底，習當局進行2015年第三輪巡視啟動，被巡視的31家單位中，有21家是金融行業的，包括人民銀行、銀監會、保監會、中投、國開行、中信集團、光大集團、農業發展銀行、工行、農行、中行、建行、交行、中國人壽，人民保險、太平保險、中信保等。11月1日，上海澤熙投資管理總經理、號稱金融敢死隊舵主的徐翔因內幕交易、操縱股價被抓。11月13日，證監會副主席姚剛被查。

　　據初步統計，中國證券業整頓風暴已經讓至少20名證券監管高官被抓，上百名證券公司經理被限制出境，等待接受調查。

　　有評論說，如果不是這些人膽大妄為，打劫國家隊的救市資金，這場證券業的反腐不會這麼快到來。不過也有評論認為，習近平和王岐山對江澤民集團發起的全面反腐，直接觸動了江派的根本利益，雙方早就勢不兩立，遲早要有一場習江大戰，江派人馬跳出來的最後一賭也是預料中的事，其被打也就順理成章。

中國股市深處的政經絞殺

「中國巴菲特」
郭廣昌內幕

被英國《金融時報》稱做「中國的巴菲特」的復星集團董事郭廣昌，2015年底被當局帶走。許多線索歸納起來，郭廣昌與已經出事的貪官污吏有著千絲萬縷的聯繫。有消息說，郭廣昌的所作所為讓北京高層極為生氣。

2015年6月25日，郭廣昌於浙江杭州。（大紀元資料室）

第一節

「中國巴菲特」捲入七大案內幕

2015 年 12 月 10 日下午，也就是上海第一隻大老虎、上海副市長艾寶俊 11 月 10 日落馬整整一個月之後，大陸的微博、微信圈裡，到處都在盛傳上海復星集團董事長郭廣昌被警方帶走的消息。

機場假照片與美女主播妻

有人表示，看到郭廣昌乘飛機自香港返回上海，在機場被警方帶走，當時其雙手戴著手銬，用衣服蓋著，有人還貼出了一個人被帶走的照片，只見有四名青年男子和一個禿頂男人在一起，男人被三人圍在中間，左右兩男子疑似分別拽住其胳膊，另一男子在他們身後。

12 月 10 日晚 7 時左右，大陸財新網確認，48 歲的上海復星集團董事長郭廣昌確已失聯，尚不清楚是正接受調查還是協助調查。第二天 BBC 中文網也報導說，復星集團 11 日晚間發表公告稱，郭廣昌現正協助相關司法機關調查。

不過也有帖子稱，郭廣昌並沒有禿頂到那種地步，那張照片是假的。後來復星集團表示，10 日當天上午，郭廣昌在上海辦公室上班，下午被帶走協助調查。

郭廣昌生於 1967 年 2 月 16 日的浙江東陽人，復旦大學哲學系畢業後，一直在上海創業。如今他是中共第 12 屆全國政協委員，全國青聯常委、上海浙江商會名譽會長。2015 年，郭廣昌以290 億人民幣身家名列胡潤中國富豪榜第 49 位，人稱「中國的巴菲特」，截止 2015 年 11 月，其淨資產有 7.3 億美金。

郭廣昌失聯後，其妻也引發外界關注。

郭廣昌的妻子為上海電視台《東方午新聞》主播王津元，郭廣昌和王津元是上海復旦大學的校友。郭廣昌 1989 年畢業於復旦大學哲學系，王津元 1995 年畢業於復旦大學新聞系。王津元1995 年復旦畢業後，進入上海電視台工作，曾擔任深度報導節目《新聞追擊》主持人、《七分之一》出鏡記者、人物訪談類節目《角色》主持人等。婚後兩人育有兩女一子，目前有孩子在美國讀書。

郭被查七大原因 高層震怒

事實上郭廣昌「被調查」已經不是第一次。

2013 年 11 月 22 日，「郭廣昌在香港被限制出境」的消息傳開，引發市場恐慌拋售，復星系公司股價紛紛跳水，復星醫藥

A 股一度跌停。復星集團午間回應，稱網傳信息是「完全沒有的事」，並稱「郭廣昌 22 日上午在北京拜訪了中國大唐集團公司董事長陳進行」。郭廣昌也隨後緊急召開電話會議，認為是有人在故意做空股票。

不過這次可能和兩年前不同。無論郭廣昌是協助調查，還是被調查，民間提供很多線索，都把他的危險係數提高了很多，歸納起來，至少在七個方面郭廣昌都與已經出事的貪官污吏們有千絲萬縷的聯繫，這七大因素中的任何一個或七個都同時真實存在的話，都可能導致郭廣昌出事。有消息說，郭廣昌的所作所為讓北京高層極為生氣。

第一個因素：郭廣昌失聯與龔學平有關。據稱，中共上海市前人大主任龔學平被中紀委調查，牽出郭廣昌。龔曾任中共上海市委宣傳部副部長、市委副書記等職，上海很多官員均出自其門下，有中共上海官場地頭蛇之稱，而郭廣昌的妻子據稱也是由龔做媒。

第二個因素：郭廣昌失聯與中共上海市副市長艾寶俊有關。艾寶俊曾任上海寶鋼董事長，之後轉任中共上海市常務副市長兼上海自貿區一把手。早前艾寶俊因腐敗被調查，傳其供出與郭廣昌等的內幕。艾寶俊還被傳與大陸投資界名人徐翔合作做空中國股市。

第三個因素：郭廣昌與令計劃相關。據說，中共上海前市委書記陳良宇垮台後，郭廣昌通過其東陽老鄉樓忠福的關係，搭上令計劃妻子谷麗萍，郭廣昌為此擔任谷麗萍創建的中國青年創業基金會 YBC 的副理事長。而 YBC 事實上是谷麗萍利用公益組織廣結政商朋友、掩蓋權錢交易的主要平台，被指以推動青年創業

為名，行圈地之實。早前樓忠福被查，郭廣昌因此遭牽出。

第四個因素：郭廣昌與令計劃弟弟令完成合作，共同做空中國股市。有消息稱，郭廣昌與令完成同為高爾夫球迷，並與剛剛被免職的中共證監會副主席姚剛關係密切，郭是他們的「錢袋子」，還幫他們打探高層消息。浙江幫商人聯手中信證券，主導做空股市，姚剛則在證監會充當內應。然而，由於中南海高層將股市暴跌定性為經濟政變，這些做空力量一一被當局起底調查。

第五個因素：郭廣昌主導的復星近年向歐美大量投資併購產業，實際上是替中共高官洗錢。最近大陸資本外流加速，中南海高層震怒，下令調查。有業內人士稱，郭廣昌號稱中國巴菲特，「其投資哲學，也是讓人笑笑而已。當年併購南鋼股份，一個當時還很小的民營企業，收購屬於行業頂峰、景氣周期的江蘇效益最好的一家鋼鐵公司，以區區小錢撬動南鋼數百億的資產，如果背後不是大政客支持，這是不可能的。尤其是最近進軍歐洲，收購西班牙保險公司等，對於投資老手看來，一眼就知在轉移資產，可能是充當一些大腐敗官員的白手套，為其洗錢，否則歐洲處於債務危機之中，保險公司持有了大量的次級債券，深不見底，哪裡有收購價值可言，何況是高價收購。」

第六個因素：郭廣昌涉嫌江澤民父子的密友王宗南案。2015年8月，中共上海市友誼集團原總經理王宗南一審被判18年。據稱，在該案判決書中，提及復星集團捲入其中的細節，並點出了郭廣昌，「王宗南曾利用職務便利，為復星集團謀取利益」。

2015年8月11日，上海市第二中級法院對光明集團原董事長王宗南挪用公款、受賄案的判決材料顯示，王宗南在友誼集團與上海復星集團合作成立上海友誼復星有限公司後，利用職務便

利，為復星集團謀取利益，同時，王宗南以比市場價低一半多的價格從復星集團購買了一套高檔別墅。郭廣昌的復星集團曾對媒體解釋說，2003 年市場極端低迷，給王宗南的低價「處於開發商市場折扣區間。」

第七個因素：攻擊溫家寶。這是最關鍵的因素。《新紀元》獨家報導分析，郭廣昌曾是《21 世紀經濟導報》的老闆，而該報最先攻擊溫家寶，《紐約時報》那篇號稱溫家寶家族貪腐 27 億美金的報導，基本就是以郭廣昌版本為核心擴展出來的。敢挑頭攻擊溫家寶，北京高層能不生氣嗎？這個我們留在後面細談。

郭廣昌的發展過程與朋友圈

郭廣昌出生於浙江東陽一戶農家，1989 年畢業於復旦大學哲學系，1992 年創立復星，註冊資本只有 3.8 萬元。從寒門學子成為上海灘巨富，郭廣昌離不開復旦同窗，他的三位復旦校友——梁信軍、汪群斌、范偉。這個被稱為「中國最佳合夥人」的團隊，不斷交出亮麗成績單，四個同窗好友在復星多元化產業中也扮演著重要角色，梁信軍任復星集團副董事長兼首席執行官，汪群斌主攻生物醫藥業務，范偉則主要掌管房地產。

復星集團控股、參股的公司高達數十家，涉及總市值數千億元，其中上市公司就有 35 家。「2014 年 3000 中國家族財富榜」顯示，郭廣昌個人財富達到 410 億元，位居該榜第四位。

鑒於復星集團在保險業等多領域的投資經驗，《紐約時報》曾把其比做迷你版的伯克希爾・哈撒韋公司；英國《金融時報》則把郭廣昌稱做「中國的巴菲特」。郭廣昌的套路似乎也在學習

巴菲特，2015 年 3 月，復星國際發布 2014 年業績，郭廣昌首次以「致股東的一封信」形式發表了其董事長報告，並表示復星集團正在沿著「保險＋投資」的核心戰略前進。

作為浙江商人的主要代表，郭廣昌的朋友圈少不了江南會、泰山會、華夏同學會、中國企業家俱樂部的人，浙江老鄉馬雲就是其「好夥伴」。2014 年 7 月，阿里處於赴美國 IPO 的關鍵時期，卻遭到多方質疑，郭廣昌在復星發布會上力挺馬雲，稱馬雲未來的目標是做到 10 萬億的企業，有能力代表中國在企業這個舞台上參加「世界盃」，「給馬雲和他的團隊多點時間，多點寬容吧。我想他一定會做好的。」被查前，復星集團官方微博還發了一張郭廣昌與柳傳志、馬蔚華、馬雲、王健林等一起參加法國總統奧朗德早餐會的合影。

失聯 30 小時後現身年會

也許正是因為郭廣昌掌控了 34 家上市公司，而且是著名的浙江商人的頭，國際影響很大，北京方面為了穩定股市、穩定經濟，在把郭廣昌帶走並與外界失去聯繫 30 小時後的 12 月 14 日早上 8 時 30 分，郭廣昌出席了復星集團 2016 年年會，並發表了主題為「復星組織的自我生長」的演講。

據搜狐財經報導，2015 年 12 月 11 日郭廣昌被查時，該報已經獲悉郭廣昌將獲准參加 2016 年的復星年會。在演講中，郭廣昌全程未提及接受或協助調查一事。

在 12 月 13 日晚間召開的電話會議上，復星集團執行董事、副董事長兼 CEO 梁信軍確認了郭廣昌「失聯」後「協助調查」

的傳聞。梁信軍強調，郭廣昌配合司法機關調查「是公民義務，也是很多案件常規的司法程式，並不是公司有問題」，他還稱，復星集團「不會因為有一個人度假和請假而受到干擾」，郭廣昌可以通過電話會議等多種方式參與，不會影響公司的決策，目前公司一切正常。

記者們也注意到，復星國際 11 日早間發布短暫停牌公告的署名是「復星國際副董事長梁信軍」，晚間發布內幕消息及恢復買賣公告時的署名已經換為「復星國際董事長郭廣昌」。

不過很多分析指出，這次郭廣昌出席年會，並不一定說明他就平安無事了，周永康不是在被查期間還笑眯眯地露面很多次嗎？

這些失聯大佬們最後怎樣了？

對於郭廣昌的未來，目前還很難判斷，何去何從，都得看他自己的選擇了。網上有文章列舉了這幾年與外界失去聯繫、被中紀委帶去調查或協助調查的富豪們，有的平安返回，有的至今未歸，有的早已死去（比如四川的劉漢）。

比如 2015 年 5 月 18 日，金花企業股份有限公司董事會發布公告稱，其董事長吳一堅應有關部門要求「協助調查」，第二天公司股票停牌。作為陝西經濟界領軍人物的吳一堅擁有諸多身分：他是陝西省第 12 屆人大常委會委員、中國民間商會副會長、中國工業經濟聯合會主席團主席等。

據澎湃新聞調查發現，吳一堅與令計劃妻子谷麗萍有明顯交集，谷麗萍是中國青年創業國際計畫（YBC）首任總幹事，而吳

一堅兼任 YBC 創業導師。此外，令計劃的弟弟令完成曾在吳一堅旗下高爾夫俱樂部組織的比賽中奪冠。

不過在經歷四個月的協助調查後，吳一堅恢復了正常工作。

吳旭：捲入宋林案 花 13 億自救

類似情況的是協信董事長吳旭。他因資金短缺，2006 年與華潤的宋林成立了一家房地產公司，華潤收取高達 17% 的利息。在經歷了 180 天的調查後，2014 年 11 月 12 日，吳旭現身重慶政協常委會。在給集團員工的信中他寫道：「夥伴們，人生旅程，或平坦或坎坷，命運負責洗牌，但玩牌的卻是我們自己。」

據說為了「撈人」，協信集團賣出了大量房地產，花了 13 億自救。

樓忠福：被調查前想了很多招

與上面兩位相比，自 2014 年 12 月 31 日晚被帶走後，浙江廣廈集團老闆樓忠福至今仍無明確結論。

2002 年，時任廣廈集團董事局主席的樓忠福與北京強勢合力國際會展有限公司合資，而強勢合力的母公司是「趨勢中國傳播機構」，由令家成員之一的令狐劍創辦經營。

樓忠福出資 1000 萬元，強勢合力出資 18 萬元，但雙方分紅按照 6：4 的比例。樓忠福還在令計劃妻子谷麗萍擔任要職的瀛公益基金會和中國青年創業國際計畫成立時捐助了巨額。

有消息說，「樓忠福是非常聰明的人，以他的政治敏感性，

早已經有了心理準備。」「18 大後，樓忠福還專門找算命先生算了一卦，結果是他或有牢獄之災。」

樓忠福的出名還因為他在 2014 年 10 月出版了新書《我要富過四代：樓忠福內部講話》，他在多場宣傳演講中高調宣稱：「我要富過四代，這句話在中國誰敢說，只有我敢。」

不過很快他就被帶走，在中共統治下，他恐怕連一代富豪都坐不穩，還想富過四代，很多人嘲諷他不懂國情，共產黨隨時都會來「共產共妻」的，那些聰明人早就移民國外了，只有民主自由法制的社會，才能保證財富的正常傳承。

郭廣昌是個聰明人，他還會像 13 年前那樣緊跟上海幫嗎？恐怕不會。

第二節

郭廣昌攻擊溫家寶
深陷政治漩渦

受上海幫指使 攻擊溫家寶

　　儘管復星集團董事長郭廣昌在被帶走調查後，2015 年 12 月 14 日現身該公司年會現場，但很多人說，「中國的索羅斯」徐翔已經進去了，「中國的巴菲特」又能堅持多久呢？然而據《新紀元》調查，郭廣昌的主要問題還不是搞內幕交易那麼簡單的經濟問題，很有可能是被捲入了中南海的政治爭鬥中：早在 2006 年溫家寶擔任總理三年、2007 年中南海要召開 17 大時，郭廣昌作為上海的主要商人之一，他入股掌控了設在廣東的《21 世紀經濟導報》。該報最先公開把矛盾指向溫家寶。2012 年《紐約時報》對溫家寶家族的大量負面報導也引用了該文的內容。

　　2003 年全中國富豪排行榜中，首富是平安保險公司的馬明

哲，第三名是寶華集團的老闆、汕尾人鄭建源。鄭建源也是平安保險公司的大股東。2004 年 7 月 1 日，《21 世紀經濟導報》暗示，鄭建源只是一個傀儡，寶華集團的真正神祕老闆是溫家寶的兒子溫雲松。當時這篇報導還沒有點出溫家寶的名字。

當時海外就有評論分析說，「拋出溫雲松可能是上海幫的報復」。此篇報導能夠刊出，可能涉及中共高層權力鬥爭，在溫家寶的「宏觀調控」政策下，經濟受到打擊的上海幫拋此材料以對付溫家寶。《21 世紀經濟導報》雖然沒有指名道姓，但是強烈暗示溫雲松收受馬明哲 73 億港幣的股份。

「中國首富馬明哲案」，是指馬明哲涉及的經濟腐敗案件，涉案金額數以千億計。涉及的官員則直達中共中央政治局。

海外媒體說，胡錦濤已經把馬明哲案的材料轉給溫家寶辦公室。2004 年 7 月中央政治局擴大會上，又有常委把網上有關馬明哲的報導列印大量散發。而曾慶紅、吳官正、羅幹、黃菊、回良玉，上海市委書記陳良宇等人也拿馬明哲的事對溫家寶提出質問。

據說當時深圳市委接到中共中央通知，24 小時監控馬明哲，而溫家方面已經安排調查《21 世紀經濟導報》刊出那篇文章的背景。南方報業集團與上海富豪郭廣昌有關，可能想通過《21 世紀經濟導報》向溫家寶施壓力，也可能上海幫藉馬明哲案報復此前被揭發的上海首富周正毅案。

2013 年也有消息說，薄熙來的親信徐明也被捲入其中。徐明參股成立的上海生命人壽，「請了一個原平安保險的經理來任董事長。這個人是和馬明哲一起創立平安保險的元老之一。而此人離開馬明哲後，就把平安公司的一些內幕捅給了南方報業集團下面的《21 世紀經濟報導》。當時是一個副總編帶著一個記者和此

人會面的。稿子出來後，本來是壓著的。報社只是希望通過收集負面新聞，能夠從平安公司多爭取點廣告費。

但溫家寶當總理後，先施行了段宏觀調控。上海的本地富豪感覺壓力很大，當時的上海市委書記陳良宇也對溫家寶的政策有不同意見。而南方報業的股權裡面有上海富豪郭廣昌的投資。於是，《21世紀經濟報導》記者邱偉的文章就出版了。當時引起轟動。」

等到了2012年10月25日，與薄熙來、薄瓜瓜關係密切的《紐約時報》發表文章稱，溫家寶家族貪腐27億美元，隔天中共常委們就與笑眯眯的溫家寶一起出現在北京的一個展覽會上，以此表示支持溫家寶。據說當時溫家寶就提出要公布溫家所有財產，以示自己的清白，不過，被其他常委否決了。

接下來27日深夜，北京兩名律師代表「溫家寶家人」發出「六點聲明」的傳真，稱：「《紐約時報》報導的溫家寶家人的隱祕財產是不存在的」；「對《紐時》的不實報導，保留追究法律責任的權利」。在此之前的2011年，與溫家寶素有交往的前香港人大代表吳康民，在一次與溫家寶見面後，臨別時溫家寶交給他一個牛皮袋子，吳回到賓館打開一看，是一大疊影印剪報，分門別類，並加上小標題，全部都是媒體釋放的關於溫家寶及其家人的負面材料。

不僅溫家寶被攻擊，當時的副主席習近平也被爆料稱家族貪腐，也是知名的外國媒體曝光的，當時周永康集團還發出威脅，下一個目標就是胡錦濤。

《大紀元》曾獨家報導，2012年5月，在一次中共政治局擴大會議上，溫家寶與周永康撕破臉，要求調查周永康。周永康則拿出江派通過海外媒體散布的溫家寶負面傳言，要求對溫家寶的

妻子也進行調查，並得到曾慶紅的支持。當時溫家寶罕見地拋出
狠話稱：「如果我本人及家人有任何斂財行為，我馬上辭職！」

此前在 2012 年 3 月 14 日，溫家寶在記者會上除了批薄熙來
外，還多次強調哪怕去死，也要「對得起人民，對得起國家」、「以
得到人民的諒解和寬恕」。

有評論指出，18 大後江派一系列高官被拉下馬，溫家寶起了
關鍵作用。如果沒有溫家寶牢牢盯住薄熙來和周永康的罪行，可
能也就沒有後來的骨牌效應，一個接一個的大老虎被抓，因此江
派對溫家寶恨之入骨，江派控制的媒體也一直把攻擊溫家寶當成
了首要任務。

切記宋子文被誣貪污的教訓

《新紀元》在 2012 年就分析說，《紐約時報》報導的數據
經不起推敲，平安公司發行內部股票時，中國大陸連萬元戶都很
少，大陸首富也才幾百萬的資產，溫家寶再貪腐，當時也不可能
拿出上百萬來購買股票，明眼人一看就知是假的。

當時很多人表示，要知道溫家寶是否貪腐、是否是「影帝」
在搞欺騙，只要公開官員財產就行了。網路達人樵夫曾發表文章
說，人們相信溫家寶貪腐，僅僅是因為民眾對共產黨貪污成風的
絕望，認為當今掌權的共產黨高官都是貪官，無一例外，所以溫
家寶也是貪官，再加上出口轉內銷的外媒報導，很多人就信了。

不過他提醒人們，國民黨的財政部長宋子文，曾被海內外
很多媒體報導說是巨貪，甚至美國總統杜魯門都相信了：宋子文
「1943 年 1 月已聚斂了 7000 多萬美元之多」；「他們從我們給

蔣送去的 38 億美元中偷去 7 億 5000 萬美元。他們用這筆錢在聖保羅搞房地產投資，他們有的房地產就在紐約市。」然而後世人們發現，至今沒有找到任何一個宋子文貪污的實際證據，在對其遺產進行調查後發現，宋子文是個難得的清官。

現代史學研究表明，把宋子文說成是貪污犯的高潮有兩個：一是抗日戰爭的重要關頭，二是國共內戰的關鍵時刻；聲稱宋子文「聚斂了 7000 多萬美元之多」，竟然來自日本軍國主義者的惡意造謠中傷；其次是來自中共的污蔑性政治宣傳；第三是來自他的政敵和與他有個人恩怨的個別人；第四是來自分析問題能力極差的記者；第五是不明真相的訛傳訛者。

樵夫還點出了在網路上攻擊溫家寶的主要代表人物是司馬南和孔慶東，而這兩人是薄熙來唱紅打黑的積極支持者，是想讓文革再現的人，而溫家寶是中共高層少有的呼籲民主政治的人，於是溫家寶成了毛左們最恨的人。

第三節

上海幫黑數據庫
郭廣昌事件未了

有消息稱，郭廣昌與前上海市委書記黃菊（左）及上海市委副書記、上海市人大主任龔學平（右）關係匪淺。（新紀元合成圖）

　　2015年12月18日，在經歷了「被帶走」和現身年會之後，上海復星集團董事長郭廣昌出現在紐約，並在美國和加拿大進行一周的工作訪問。不過很多分析認為，這並不意味著他沒事了。

　　據海內外媒體報導，12月14日早上8點半，郭廣昌如期出現在復星集團的年會上，並進行了十多分鐘的發言。當時會場上並未有警察出現，但是保安禁止記者靠近郭廣昌，而郭也在會議結束前匆匆離席，並回到家中。

　　不過可以確認的是，郭廣昌的「協助調查」還沒有結束，否則復星的上市公司早就公告這一消息，而阻止股價下跌了。

大量海外投資 涉及洗黑錢

　　郭廣昌在年會上稱：「復星未來要更加植根於中國」，「要更加條理地打造全球化的平台」。已經在海外投資了 600 多億元人民幣的復星，此前 80％的新聞都和海外業務有關，如今說自己要「更加植根於中國」，有評論稱，他這是在喊話，是在「表忠心」。

　　就在郭廣昌失聯的 12 月 10 日晚上，微信群中就傳出「郭廣昌出事原因四大猜想」，其中一條說：他把錢都轉移到境外了。雖然國內的資產也是天文數字，但國內各種負債遠大於資產。淨資產在國外，「身在大陸、錢在歐美」。還有消息說，郭廣昌幫其他江派人馬把大量黑錢轉出去洗白，是江派金融鏈上的關鍵一環。

　　據財新網統計，復星集團自 2008 年開始向海外發展，截至 2015 年 6 月，復星在中國境外共計投資 36 個項目、共計 98 億美元（約合 632 億元人民幣）。另外，復星集團所控制的上市公司市值為 1800 億元，而「2015 年福布斯中國富豪榜」上，郭廣昌以 463 億元人民幣的身家排在第 11 名。

　　有評論表示，是什麼因素促使郭廣昌突然改變策略，決定放慢海外收購步伐？莫非在「失聯」的這兩天裡有人批評了復星的海外收購戰略？抑或，協助調查的事宜正與某個海外收購項目相關？復星的收購往往都以財團的形式，有不該參與的人參與了？

　　還有人猜測，在協助調查還沒有正式宣告結束的情況下，郭廣昌怎麼會被允許到美國呢？莫非出國本身就是協助調查的一部分，會有人陪著他一起去？

　　《華爾街日報》分析說，如果誰在中國被稱「協助調查」，很有可能是他被正式調查起訴的先兆。雖然郭廣昌的復出表明當

局允許他參與公司運營的重大決策，但是金融分析機構標準普爾卻表示，「後續調查」可能對復星日後資金申請和收購產生消極影響。

上海人大主任龔學平給郭廣昌做媒

據《世界日報》報導，郭廣昌畢業於復旦，他的發家與一名復旦學長有關連，此人就是龔學平，最高曾任中共上海市委副書記、上海市人大主任。據說陳良宇當上海書記後十分張狂，但遇到龔學平也要讓上三分。

大約在 2000 年，郭廣昌結識了後來是上海電視台主播的王津元。當時郭廣昌婚姻出現變故，而王津元還是復旦大學的在讀學生。傳聞說王被郭廣昌用一輛嶄新的 BMW 追了半年才成功，實情是龔學平出手介紹的。

龔學平不但是郭、王的媒人，還可能是王津元進入東方衛視的推手。王津元復旦大學畢業後到上海電視台，一直擔任新聞記者和節目主持人，在大學同學勞春燕離開東方衛視轉進央視後，王津元就被調入東方衛視。2011 年陸媒報導說，王津元和郭廣昌育有三個孩子，老大女兒即將青春期，老二是兒子在幼稚園，老三女兒當時連路都還不會走。

郭廣昌被調查的原因目前有多種傳聞，香港《太陽報》的報導稱，其中之一是中紀委調查原上海人大主任龔學平而將其牽出。龔學平是江派人馬，曾經長期在上海宣傳部門任職。

不過郭廣昌拜在龔學平門下相當低調，如果龔學平在北京不鬆口，郭廣昌不會有這場困厄，也就是說，是龔學平的招供牽出

了郭廣昌。

郭廣昌曾經搭上黃菊

然而也有消息稱，龔學平的地位還不夠幫助郭廣昌迅速坐大。據港媒報導，真正讓郭廣昌在商海中脫穎而出的，是上海市教育系統的一名官員。當時這名官員給時任上海靜安區長寫了一張條子，請他對郭廣昌的復星公司多多關照。這名區長大手筆，馬上就辦，給復星公司批了 1500 畝地。這才是郭廣昌真正的第一桶金。

這件事使得這名官員和郭廣昌關係上了一個層次，由此，郭廣昌還搭上了時任中共中央政治局常委、國務院常務副總理、原上海市委書記黃菊。

文章說，此前搞實業的郭廣昌領悟到了：在中國發財的捷徑，哪是此前所認為的搞什麼高科技？而是接近權力、借助權力。這才是一本萬利。

在郭廣昌被「要求協查」的那段時間中，大陸《財經》雜誌原副主編羅昌平以微信公眾帳號「平說」發表舊聞，重提被判刑 19 年的前福禧投資集團董事長張榮坤的經歷。2006 年張榮坤因非法取得上海社保局 32 億元資金以收購滬杭高速上海段的經營權而被拘捕。2008 年 4 月 7 日，張被判刑 19 年。

文章對比兩個上海富商的經歷，並在導言中寫道：「郭、張的財富路徑略有差別，但基本屬於同一軌道。」「赤富，也就是與紅色權力最近的富豪，是他們共同的底色。張榮坤發家奇蹟比小說更精彩，只是十年一輪迴，鐵打的權力，流水的金主。」「建

立、穩固並擴展這種灰色關係,正是張榮坤的長項。」

對比張榮坤 暗示郭廣昌是政治案

「1998 年前後,張榮坤結識時任上海市委副書記、副市長陳良宇的祕書秦裕。因受賄 682 萬元,秦裕於 2007 年 12 月終審,被判處無期徒刑,賄款中即有 39.9 萬餘元來自張榮坤。」

文章還提到,「通過秦裕等人的管道,2000 年間,張榮坤與王維工(黃菊的祕書)結下私交。此後多年,王維工成為張榮坤政商經營最重要的恩主之一,亦是受其賄賂金額最大之官員。」

在郭廣昌被帶走要求「協助調查」期間,羅昌平將張榮坤案翻出,並且點明兩人的發家軌跡類似,基本都是依靠「上海幫」發跡,暗示官方會像處理張榮坤那樣處理郭廣昌。

羅昌平還表示:郭廣昌目前的狀態似乎接近於監視居住,他原來是人大代表,現在是政協委員,監視居住屬於司法強制措施,如果是全國人大代表就得走人大程式。監視居住原來只能在家裡,三年前修法突破了這一條。參與公司決策並不奇怪,黃光裕幾乎全程都實現了,很多公司文件都是其本人監內簽署的。這些只是猜測,仍需權威通報。

郭廣昌供出黑數據庫 曝上海幫洗錢

關於郭廣昌被查的主要原因,2015 年 12 月 13 日網上文章《進去一個,失眠一片》稱,郭廣昌已把黑數據庫供出來了,暗示郭廣昌為上海幫洗錢的事被查出來了。

　　文章說：「同樣是身家千億的富豪，和湧金系的老闆魏東比起來，郭廣昌的骨頭實在是太軟，連一個周末都沒熬過去，就把黑數據庫供出來了，內容很細，時間、地點、項目、原因、聯絡內容、利益輸送方式、內外帳務處理、交易記錄文件、財務憑證、銀行流水、電子單據、錄音、截圖都有，黑數據庫中的人可真多啊！

　　那些還在徒勞無效地干涉司法全力營救聲援同情郭廣昌的民營企業家你們也醒醒吧！薄熙來、令計劃『組織政治活動集團』當年的計畫是如果將來『非組織政治活動』成功了，讓王立軍把東北、北京、上海、浙江的所有民營企業家的財產全搶光，然後分別交由徐明、郭文貴、郭廣昌、樓忠福代為打理。」

　　如今徐明突發心臟病死在獄中，郭文貴外逃美國，樓忠福被帶去調查一年了仍沒有結果，喜歡打太極拳的郭廣昌，這次得靠什麼輾轉騰挪才能化險為夷呢？也許如實交代、棄惡從善才是最佳選擇。

第四節

當代浙商群像素描

中國改革開放後，浙江商人活躍於商界，不少是海內外富豪榜有名的風雲人物。浙商以「抱團、敢闖、實幹、聰明」聞名。

阿里巴巴馬雲、娃哈哈宗慶後、萬向魯冠球等；以及近日被抓的「私募一哥」徐翔，與上海復星郭廣昌，他們有一個共同的身分——浙商。

2015 年 11 月 1 日，澤熙投資管理有限公司總經理徐翔被抓；12 月 10 日陸媒報導，上海復星集團董事長郭廣昌失聯；12 月 11 日，馬雲旗下的阿里巴巴集團對外宣布即將收購香港《南華早報》。徐翔、郭廣昌和馬雲有一個共同的身分：浙商。

浙商一般指浙江籍的商人，實業家的集合，唐代以後，中國的經濟重心南移，江浙一帶成為中國經濟較為發達的地區之一，商品經濟較為發達。清朝末年及民國初年，浙江商人成為中國民族

工商業的中堅之一，為中國工商業的近代化起了很大的推動作用。

中國大陸改革開放之後，浙江商人活躍於國內外商界，目前為中國國內除台商之外最活躍的商幫。粵商、徽商、晉商、浙商、蘇商一道，在歷史上被合稱為「五大商幫」。

馬雲：中國的喬布斯

2015 年 12 月 11 日晚間，馬雲旗下的阿里巴巴集團執行副主席蔡崇信致《南華早報》讀者的公開信中，公開阿里巴巴集團即將收購香港《南華早報》。信中，蔡崇信表示阿里巴巴入主《南華早報》後會保持「編輯獨立」。但是，有港媒報導，《南華早報》編輯部聽聞收購消息後，傳出驚嘆聲，所有人都停下手頭的工作，無心幹活，他們擔心編採自主會受干預，尤其是政治新聞。

南早集團當天也對外公布向阿里巴巴一家附屬公司出售《南華早報》，不過須待若干條件達成後方可坐實。有人估計，交易金額高達 7.8 億港元。

公開資料顯示，馬雲，1964 年 10 月 15 日，出生於浙江省杭州市，中國大陸企業家，亞洲首富，現任阿里巴巴集團董事局主席兼首席執行官、淘寶網、支付寶的創始人。2011 年，《華爾街日報》評選馬雲為「中國的喬布斯」。

2014 年 8 月，彭博社認為馬雲擁有 218 億美元淨資產為中國首富。2014 年 9 月發布的胡潤百富榜中，馬雲家族以 1500 億人民幣財富首次問鼎中國首富。2014 年 10 月《福布斯富豪榜》中馬雲以 1193 億人民幣登頂中國大陸首富。同年 12 月，彭博億萬富翁指數（Bloomberg Billionaires Index）顯示，身家達到 286 億

美元的馬雲超越李嘉誠的 283 億美元登頂亞洲首富。其超半數的
財富來自其阿里巴巴 6.3％的持股，這些股份目前價值 163 億美
元，此外馬雲還持有支付寶近半數股份。2015 年 2 月阿里巴巴成
立 10 億港幣創業基金，助香港青年創業。

1982 年，馬雲高中畢業，參加第一次高考，數學考了 1 分。
1983 年，第二次參加高考，還是落榜，數學考了 19 分。隨後替
三家雜誌社踩三輪車送書，白天上班，晚上上夜校。1984 年，第
三次參加高考，數學考了 79 分，終於考上了杭州師範學院外語
系外語外貿專業的專科。1988 年畢業於杭州師範學院（現杭州師
範大學）外語系英語專業，獲英語學士學位，之後於杭州電子工
學院（現杭州電子科技大學）任英語教師。

1991 年，馬雲初次接觸商業活動，創辦海博翻譯社。頭一個
月，收入 700 元，房租高達 2000 元。他於是利用轉手小商品交
易的方式，從廣州、義烏等地進貨，成功養活了翻譯社，還組織
了杭州第一個英語角。

1995 年，馬雲在出訪美國時首次接觸到因特網，回國後和他
的妻子，還有同為老師的何一兵於 1995 年 4 月創辦網站「中國
黃頁」，專為中國公司製作網頁，其後不到三年時間，他們利用
該網站賺到了 500 萬元。1997 年，他為中國外經貿部開發其官方
站點及中國產品網上交易市場。

1999 年馬雲創辦阿里巴巴網站，2003 年祕密成立淘寶網，
2004 年創立獨立的協力廠商電子支付平台支付寶。

2006 年馬雲成為中共央視二套《贏在中國》評委，還用中國
雅虎和阿里巴巴為《贏在中國》官方網站提供平台。2013 年 5 月
10 日，在淘寶 10 周年晚會上宣布，馬雲卸任阿里巴巴集團首席

執行官（CEO）一職。

2015 年 4 月 3 日，馬雲向母校杭州師範大學捐贈 1 億元人民幣，設立「杭州師範大學馬雲教育基金」，主要用於資助教育研究與教育創新。

2015 年 9 月，習近平訪美時，三大互聯網巨頭阿里巴巴的馬雲、騰訊的馬化騰、百度的李彥宏跟隨出訪。馬雲控制的阿里巴巴集團已投資有社交網站、網路電視、視頻平台、紙媒等媒體。

馬雲的妻子張瑛，係浙江嵊州市甘霖鎮人。張瑛在杭州師範學院讀書時認識了馬雲，大學畢業後，馬雲在杭州電子工學院（今杭州電子科技大學）執教，不久之後兩人結婚。婚後兩人育有一子一女，在加州大學伯克利分校上學。

馬雲熱心東方神祕文化和宗教。2011 年與李連傑一起創立太極禪文化國際發展公司，開始致力於面向全球推廣太極文化。2013 年同演員趙薇一起去拜訪「氣功大師」王林，引發公眾對王林的關注，造成王林非法行為曝光。馬雲經營自己企業時強調太極拳的原理。他認為無論是人亦或公司，要想長期生存就要像太極拳一樣動作緩慢。

宗慶後：娃哈哈集團董事長

2013 年 9 月 18 日，港媒首先曝出大陸前首富、娃哈哈集團董事長宗慶後在 9 月 13 日被砍的消息指，當天清晨宗在杭州住家附近遭人砍斷左手 4 手指的肌腱。報導認為，宗慶後被襲擊可能不是打劫而是遭到報復。

據悉，傷人者是一名中年男子，該男子隨後被刑拘。據審查，

該男子 2013 年上半年借了 3 萬元來到杭州找工作，因年紀較大，一直沒有找到。在電視節目上看到過宗慶後幫助農民工的訪談，也想得到宗慶後的援助，在其公司安排一個工作，便到宗慶後的住處附近找到宗慶後，因未如願，於是實施了違法行為。

公開資料顯示，宗慶後，出生於 1945 年 10 月，浙江省杭州市人，娃哈哈集團創始人，1991 年至今擔任杭州娃哈哈集團有限公司董事長兼總經理。2010 年的胡潤百富榜中成為中國首富。

宗慶後祖父曾是張作霖手下的財政部長，父親在國民黨政府當過職員。

1963 年，初中畢業後，為了減輕家庭負擔，宗慶後去了舟山一個農場，幾年後輾轉於紹興的一個茶場。1964 年，在浙江紹興農場任調度員。1978 年，宗慶後母親退休，33 歲的宗慶後得以回到杭州，頂替母親教職入工農校辦紙箱廠做推銷員。1979 年，在杭州光明電器儀表廠負責生產銷售管理。1982 年，在杭州工農校辦廠做業務員。1986 年，任杭州市上城區校辦企業經銷部經理。

1987 年，宗慶後靠借來的 14 萬元承包連年虧損的杭州上海校辦企業經銷部，並開始蹬三輪賣冰棍。1989 年，創建杭州娃哈哈營養食品廠，任廠長。1991 年，拿出 8000 萬兼併杭州罐頭食品廠成立了娃哈哈食品集團公司。

1994 年，娃哈哈兼併了重慶涪陵地區受淹的 3 家特困企業，建立了娃哈哈第一家省外分公司涪陵公司。此後，娃哈哈邁開了「西進北上」步伐，先後在全國 29 個省市自治區建立了 160 多家分公司。

1996 年，宗慶後瞄準瓶裝水市場，娃哈哈純淨水誕生。有經濟學家曾認為，娃哈哈純淨水的出現，是宗慶後搭建商業帝國最

重要的一塊磚。1998 年，娃哈哈推出「中國人自己的可樂」——
非常可樂。

1996 年達能與娃哈哈成立合資公司，達能出資 4500 萬美元
加 5000 萬人民幣商標轉讓款，占合資公司 51％股份，娃哈哈集
團占有 49％的股份。雙方合作十多年來，達能先後從合資公司裡
分得了 30 多億的利潤。

2006 年，達能派駐合資公司的新任董事長范易謀發現，宗慶
後在合資公司之外建立一系列由國有企業和職工持股的非合資公
司，這些非合資公司每年也為娃哈哈帶來豐厚的利潤。范易謀認
為這些非合資公司的存在拿走了本應由合資公司享有的市場和利
潤，因此要求用 40 億收購非合資公司 51％的股權。宗慶後拒絕
了達能的收購請求。

於是，達能發起了一場針對宗慶後和非合資公司的全面訴
訟，但最終以國內、國外數十起訴訟以達能的敗訴而告終。

2010 年，宗慶後首次榮登胡潤全球百富榜中國榜首。2012
年 10 月 12 日，《福布斯》發布 2012 年福布斯中國富豪榜單，娃
哈哈董事長宗慶後以 100 億美元的淨資產重新登上首富的寶座。

2013 年，宗慶後接受記者採訪時表示全家人已經註銷了美國
綠卡，自己已經沒有美國綠卡和任何外國國籍，也沒有移民計畫。
2015 年以 103 億美元位列福布斯華人富豪榜第 18 名。2015 年 10
月 24 日，被聘為浙商總會第一屆理事會榮譽會長及顧問。

宗慶後的妻子施幼珍和女兒宗馥莉是宗慶後生意上的「左膀
右臂」。除了女兒「30 歲沒談過戀愛」被媒體炒過一陣吸引了大
家眼球外，妻女的活動都顯得比較悄無聲息。

在國外求學多年，學成回國接管娃哈哈的宗馥莉，2013 年 8

月 29 日在接受外媒採訪時表示，和當局花費精力打交道讓她倍感頭疼，並表示真的有可能把企業整個搬到國外去。她直言不諱地說：「李嘉誠都搬出去了，我為什麼不可以搬出去？」

魯冠球：萬向集團創始人和董事長

2015 年 9 月 17 日，美國保爾森基金會宣布，習近平 9 月 23 日將在西雅圖參加中美企業家座談會，與會者包括 15 位美國公司首席執行官和 15 位中國公司首席執行官。

在公布的名單中，阿里巴巴的馬雲、騰訊的馬化騰、百度的李彥宏；中遠集團的馬澤華、中國建築的官慶、中國銀行的田國立、工商銀行的薑建清；萬向集團的魯冠球、聯想集團楊元慶、新奧能源的王玉鎖、雙匯集團的萬隆、伊利集團的潘剛、海爾集團的梁海山；以及玉皇化工的王金書和天津鋼管集團的李強。

北京日報社微信公眾號「長安街知事」發表文章指，在隨團訪美的企業家中，來自浙江的汽車企業萬向集團董事局主席魯冠球雖對外界而言有點寂寂無名，但他早在 2012 年 2 月，時任國家副主席習近平訪美之行中，魯冠球就是隨行企業家之一。而在習近平之前，2011 年時任國家主席胡錦濤訪美時，魯冠球亦是隨行出訪人員。

2001 年，魯冠球收購納斯達克上市公司 UAL，並將 40 多家海外企業攬入企業帝國版圖之內。在 2013 年新財富中國富豪榜上，魯冠球以 235 億財產排名 14。

2010 年中共兩會期間，時任國家副主席習近平參加浙江代表團全體會議，當時官媒報導中點了浙江團三個發言代表的名字：

浙江省委書記、省長和魯冠球。

2013年「五一」前夕，在「全國勞模」座談會上，習近平曾提及其在浙江工作經歷，並高調評價魯冠球「依法合理」、「一直保持務實低調」。

公開資料顯示，魯冠球，1945年1月17日生於浙江省蕭山區寧圍鎮農家，萬向集團創始人和董事長。2015年胡潤排行榜中，魯冠球以370億人民幣身價列第37位，他與馬雲、宗慶後被稱為浙商三大領軍人物。

1969年7月，魯冠球帶領6名農民，集資4000元，創辦寧圍公社農機廠，現已發展成為大陸520戶重點企業和國務院120家試點企業集團之一。資產近百億，員工1萬3000多名，擁有國家級技術中心、國家級實驗室、博士後科研工作站。

1979年，魯冠球看到《人民日報》的一篇社論《國民經濟要發展，交通運輸是關鍵》。他判斷中國將大力發展汽車業，決定砍掉其他項目，專攻萬向節。萬向節是汽車傳動軸和驅動軸的連接器，像一個十字架，大的長度近一尺，小的長不過一手指，四個頭的橫斷面平光如鏡子，磨掉一根頭髮的六分之一就得換新的。魯冠球夢想造轎車，但他事業起步是從汽車底部這個不起眼的零件開始的。

1983年3月，魯冠球為了獲得自主創業、自主經營的權力，魯冠球以自家自留地裡價值2萬多元的苗木作抵押，承包了廠子。1984年，魯冠球以企業名義打報告，要求實行股份制，沒批准，他就土法上馬，搞內部職工入股。

1985年被《半月談》評為全國10大新聞人物，各種光環便不斷地落到魯冠球頭上，萬向也隨之成為第一家上市的鄉鎮企

業，第一家進入國務院試點企業集團的鄉鎮企業，第一家擁有國家級技術中心的鄉鎮企業，第一家產品進入美國通用汽車公司配套生產成的中國汽車零部件生產商。

1992 年，魯冠球提出「花錢買不管」，和政府明晰萬向產權。他將企業淨資產的一半 1500 萬元劃給寧圍鎮政府。後來，當地政府的一家客車廠瀕臨倒閉，寧圍鎮政府以股權換得萬向的援手，最終政府的股份變為三分之一。

1994 年，魯冠球創辦的集團核心企業萬向錢潮股份公司上市。2001 年，企業實現營收 86.36 億元，利潤 7.06 億元，出口創匯 1.78 億美元。

2013 年新財富中國富豪榜，魯冠球以 235 億排名第 14 名。2015 胡潤百富榜，魯冠球及其家族以 650 億元位列第 10，財富比 2014 年增長 65%。

除了上述五人之外，現代有名的浙商人士還有：海外——張忠謀、殷琪、董浩雲、邵逸夫、包玉剛、曹光彪、董建成、王德輝、陳庭嘩、吳光正、李達三、邱德根、安子介等。

大陸——楊元慶、丁磊、陳天橋、李書福、馮根生、徐冠巨、宋衛平、邱繼寶、黃巧靈、王均瑤、王陽元、鮑岳橋、求伯君、任正非、沈國軍、江南春、葉立培、周成建、樓忠福、吳鷹等等。

第五章「中國巴菲特」郭廣昌內幕

中國股市深處的政經絞殺

第六章

人民幣貶值
資金外流加劇

人民幣基礎貨幣的超常規大幅增長，意味著人民幣的內在價值被嚴重稀釋，面臨越來越大的貶值壓力。2015 年以來，外匯占款多月出現了負數，說明國際熱錢和外商直接投資（及其利潤）在加速流出中國。

2015 年投資者加速逃離新興市場，資本淨流出 7350 億美元，其中 6760 億美元從中國流出，約占資金外流總額的 92%。（AFP）

第一節

經濟支撐不住 人民幣大幅貶值

　　2015 年 8 月 11 日，央行主動下調人民幣中間價超過 1000 點，為此，離岸人民幣匯率應聲大跌。中國經濟持續下滑，迫使中共政治局會議重心轉到經濟問題。股市救市未果，中國經濟需要救火的範圍正在擴大。分析認為，相對於樓市、股市和債市，救人民幣才是當務之急。

人民幣中間價暴跌千點

　　中共央行自 2015 年 8 月 11 日起以「完善人民幣兌美元匯率中間價報價」為由、讓人民幣重貶之後，11 日、12 日人民幣兌美元匯率中間價分別比上一日出現了接近 2％的貶值，報 6.2298 元，為歷史最大降幅。

此舉將人民幣中間價下調了 1136 點，創下中間價歷史最大單日降幅，香港離岸人民幣匯率應聲大跌。

英國《金融時報》報導認為，在眾多提振經濟和股市的手段花樣翻新都不大奏效的時候，北京當局只好讓貨幣貶值。這一重大舉措表明，最新數據顯示 2015 年 7 月貿易同比下降 8.3％後，央行希望提振出口這一中國經濟的關鍵引擎。

8 月 10 日，高盛研報表示，中國出口連續放緩很可能拖累 7 月工業產品增速，人民幣將承受更大下行壓力。然而，是否允許人民幣走低，還要看官方的態度。

投資者已經看空人民幣

2015 年 2 月 23 日，《華爾街日報》以《投資者準備迎接人民幣貶值前景》為題報導說，為了吸引資金流入、推動經濟上漲，中共政府多年來一直引導人民幣匯率走高。然而，人民幣出現的疲弱徵兆，迫使那些機構投資者不得不考慮北京方面可能會讓人民幣貶值以應對經濟增速放緩的問題。

報導稱，從年初到 2 月下旬，人民幣貶值大約 0.8％，2014 年全年下跌了 2.4％，創下 2005 年以來人民幣最大的單年跌幅。

法國資產管理公司 Carmignac 中國分析師 Haiyan Li Labbe 稱，作為持有 A 股頭寸的投資者，他們需要考慮人民幣貶值的風險。該公司預計，人民幣兌美元 2015 年將下跌 3％，因此正在考慮購買外匯期權來對沖投資組合所面臨的人民幣進一步貶值的風險。

鋒裕投資（Pioneer Investments）駐波士頓的外匯策略主管烏

帕德亞雅（Paresh Upadhyaya）對人民幣前景表達了看跌觀點。烏帕德亞雅說，自 2005 年 7 月中國取消事實上的釘住匯率制以來，2014 年是人民幣兌美元首次出現年度下跌的年份。這標誌著人民幣走勢的一個重大轉折點。他表示，中國收支帳戶出現創紀錄的外流，加大了人民幣匯率的下行壓力。

資金外流形勢嚴峻

從跨境資本流動的變化可以觀察人民幣貶值的壓力。

中國國際收支表上的國際儲備變動額在 2012 年第四季度至 2014 年第二季度連續七個季度為負，儘管該指標在 2014 年下半年為正，但在 2015 年第一季度再度減少 802 億美元。

此外，從外匯占款增量來看，2015 年 1 月至 4 月，外匯占款增量累計為負 1891 億元人民幣，表明金融機構在淨出售外幣，這表明居民與企業存在人民幣貶值預期。

從 2014 年第二季度起，中國已經出現持續的資本與金融帳戶逆差以及短期資本淨流出。2014 年第二季度至第四季度的短期資本淨流出分別達到 555 億美元、536 億美元與 1016 億美元。這說明從 2014 年第四季度起，短期資本正在加速流出中國。更需關注的是，中國國際收支平衡表中的淨誤差與遺漏的不斷增加，反映出隱性資金外流增多。

中國國際收支平衡表中用以保持收支平衡的淨誤差與遺漏項目自 2010 年以來已累計達到負 3000 億美元以上，而 2014 年第三季度則創下了負 630 億美元的紀錄。這種資金外流有進一步加速的趨勢，這類資金外流很難用監管手段加以控制。

經濟能否保七成疑問

經濟成為中共高層最關切的問題。中共政治局年中會議轉變了以往偏重政治上反腐「打老虎」的取向，對經濟下行壓力加大和金融風險上升的憂慮明顯加重，與此前「緩中趨穩、穩中向好」的樂觀表述形成反差。

中國國家信息中心經濟預測部主任祝寶良表示，會議定調出現一些變化，主要是擔心經濟下行和金融風險，尤其是擔心股市成為一個金融風險的引爆點。

中國國際經濟交流中心研究員王軍表示，從會議傳達的信息不難看出高層對2015年中國經濟增長底限7%可能守不住的憂慮。

救人民幣是當務之急

陸媒《第一財經日報》特約主筆張庭賓2015年8月11日撰文表示，隨著A股暴跌，除了股市，中國經濟須拯救的範圍更廣了。

文章認為，人民幣基礎貨幣的超常規大幅增長，意味著人民幣的內在價值被嚴重稀釋，即人民幣面臨越來越大的貶值壓力。2015年以來，外匯占款多月出現了負數，說明國際熱錢和外商直接投資（及其利潤）在加速流出中國。

而外匯資產出現負值缺口的原因，可能是部分熱錢攜帶投資、利差和匯率三種利潤外流，外商投資相對壟斷後的利潤不斷外流，以及權貴資本外流。這三種資本外流已經基本上把中國這些年來的物質財富換來的美元外幣貿易順差吃光了。

文章表示，相對於救樓市、股市、債市，救人民幣才是當務之急。

第二節

人民幣是否會
像金圓券一樣崩盤？

　　2015 年 9 月，人民幣貶值引發的國際市場動盪餘波未了，從中共官方公布最新經濟數據來看，中國經濟依然下行，製造業通縮已經超過 42 個月，投資數據降至 15 年來最低點，外貿數據也不景氣。2015 年中國經濟增長速度極有可能跌破 7％。

　　對中國經濟繼續惡化的擔憂，促使投資者、中國富裕階層加速將資金撤離中國。為堵塞資金外流通道，中共實施了諸多新的措施，包括對遠期售匯徵收 20％的風險準備金，加強對個人購匯的管制以及對地下錢莊的打擊。

　　然而，這次人民幣貶值引發的風險似乎並非技術層面的問題，也不單純是經濟層面的問題，而是市場信心問題。

　　對於關注中國局勢的人士而言，一種預感正在逐漸加強：中國即將發生一場巨變。在這場巨變發生之前，人們都在踟躕觀望，

不敢對中國市場貿然投資。

或許，人民幣貶值會成為這場巨變的一個引線。

市場信心崩潰

2015 年 8 月 11 日，人行突然宣布引導人民幣中間價貶值的決定。市場對人民幣的貶值迅速作出反應，引發全球資本市場和亞太各國貨幣連鎖下跌。

這樣的結果是北京當局始料不及的。分析認為，人民幣貶值釋放重要信號，也就是中國經濟健康狀況堪憂，這使外界對中國經濟放緩的擔憂有所加強。

國際清算銀行（BIS）9 月 13 日發表的報告認為，中共政府 2015 年 8 月引導人民幣貶值的決定震動了市場，投資者加劇了對中國及新興市場經濟體增長前景的擔憂，並擔心中國經濟、金融危機最終將波及全球。

BIS 指出，對中國和新興市場的擔憂持續打擊著投資者情緒。2015 年上半年，新興市場經濟體融資放緩已經暗示了未來將有進一步市場動盪。新興市場經濟體的銀行貸款規模在 2015 年一季度下降了 520 億美元（經匯率調整後）。

BIS 說，「全球金融市場過去幾個月來遭遇了多次打擊，其中許多來自中國。」中國市場的脆弱性越來越成為投資者聚集的焦點。

法國經濟部長馬克 8 月在柏林表示，中國近期的市場動盪可能會使中國在未來 6 到 8 個月的處境非常艱難。RP Tech 代表董事倉都康行認為，中國經濟困境或許會持續 10 年以上；日本經

濟新聞編輯委員吉田忠則也說，人行誘導人民幣貶值的背後原因
是中國經濟面臨嚴峻的局面，依靠刺激舉措僅能勉強避免中國經
濟進一步惡化。

英國《金融時報》報導認為，市場更深層次的擔憂是對中共當
局實現經濟轉型、掌控經濟的能力產生懷疑，如果中共不能主導
經濟從投資驅動到消費驅動的轉型，將可能發生經濟和政治動盪。

美國金融危機專家、哈佛大學經濟學教授肯尼斯‧羅格夫
（Kenneth Rogoff）認為，中國有潛在的金融危機風險。而金融危
機可能導致社會崩潰，發生政治危機，這才是最可怕的事情。他
說，近期天津發生的爆炸危機將是給中國金融帶來麻煩的一種因
素。爆炸摧毀了中共政府的公信力。

市場對中共政府可以說信心全失，或許有些人可能預感到中
國將會發生一個巨大變化，在這個變化出現之前，誰也不願意對
中國市場投資，都在等待和觀望。一個備受懷疑和令人止步不前
的市場，應該說是毫無動力的，中國經濟活動可以說處於極其疲
弱的狀態，勉強維持不倒而已。

中國經濟增速很可能會破 7

中國經濟是以投資為主導而驅動。然而，從中共官方 9 月 13
日公布的數據來看，2015 年前 8 個月投資增速降至 15 年來最低。
許多外媒報導認為，新公布的投資數據表明，中國經濟的許多領
域持續疲弱，加上股市震盪衝擊金融業增加值，2015 年中國經濟
增速破 7% 概率增大。

《華爾街日報》報導稱，由於外界擔心中國經濟放緩的情況

比預期更嚴重，近期有關中國經濟健康狀況的疑問令全球市場感到不安，影響很可能更大。

不少投資者對中國的擔心是其經濟要比 GDP 數據顯示得更弱。

中國資本加速外流

中國經濟持續疲弱，使投資者對中國市場失去信心，資金也在加速流出中國。

國際清算銀行（BIS）的數據顯示，2015 年第一季度，中國銀行業出現了 1090 億美元的資本淨流出，並預計這一趨勢有可能繼續。

花旗集團的數據顯示，在截至 2015 年 6 月底的四個季度裡，中國資本外流總額超過 5000 億美元（不含債務償還部分）。中國的外匯儲備一度達到接近 4 萬億美元，現在則下降到 3.7 萬億美元以下，而且預計年末將進一步降至 3.3 萬億美元。

《華爾街日報》報導稱，人民幣貶值令國內一些高淨值人士後悔沒有早些將資本轉移出去。

英國《金融時報》旗下機構調查發現，在接受調查的中國富人中，六成有在短期內向海外轉移資產的計畫。

最近中共警方在徹查地下錢莊。據大陸一些專家學者分析，中國每年通過地下錢莊流出的資金至少達 2000 億元人民幣。

《華爾街日報》報導稱，如果人民幣進一步貶值，抑或中國經濟會顯示出新的疲弱跡象，則未來資本外逃現象可能加重。

中共加緊資本管制

人民幣貶值增加了投資者對中國經濟放緩的擔憂和對中共當局管控經濟和金融能力的懷疑，在濃郁的避險情緒催促下，資金加快了出逃的速度。

分析師和知情人士透露，為干預人民幣匯率，北京方面已投入多達 2000 億美元，但效果似乎並不明顯。為此，中共只好採取收緊資本管制的措施，堵截資本外流管道。

根據一份官方通知，隸屬人行、負責管理中國外匯的外匯管理局（外匯局）近期責令各金融機構加強對所有外匯交易的檢查和管制。

新浪財經 2015 年 9 月 9 日援引知情人士的消息透露，中共外匯局上海分局下發通知，要求加強銀行代客售付匯業務監管。其中被稱作「螞蟻搬家式」的個人分拆購匯被加強監管受到了廣泛關注，外管局要求各家銀行對可能的分拆交易提高警惕，必要時拒絕購匯申請。

專家認為，這主要是防範國內資本快速外逃。

根據外管局的規定，五個以上不同個人，同日、隔日或連續多日分別購匯後，將外幣匯給境外同一個人或機構；個人在七日內從同一外匯儲蓄帳戶五次以上提取接近等值一萬美元外幣現鈔；同一個人將其外匯儲蓄帳戶內存款劃轉至五個以上直系親屬等情況，均被界定為個人分拆結售匯行為。

人行開始干預人民幣離岸市場

中共對個人和企業可以購買或出售的外匯金額長期實行管

制，但隨著中共希望擴大經濟影響力，正在為人民幣加入國際貨幣基金組織儲備貨幣籃子而努力，人民幣在世界各地的使用越來越廣，中共的外匯管制近年在一定程度上失效。

與資本交易存在限制在岸人民幣（CNY）不同，在離岸市場上，中國本土以外的投資者可以自由買賣人民幣。人行8月11日將人民幣兌美元匯率中間價下調近2％之後，海外投資者加速拋售人民幣，CNY和CNH的匯率差出現擴大。

根據日本經濟新聞中文網2015年9月14日報導，為阻止人民幣過度貶值，繼干預國內外匯市場之後，人行又在離岸市場進行買入人民幣、賣出美元的外匯干預，以牽制投機者拋售人民幣，阻止資金加速流向海外。

在人民幣貶值的背景下，中國企業為了避免因人民幣貶值而造成的匯差，大幅增加今後賣出人民幣買入美元的匯率預約，從而導致拋售人民幣的壓力加大。

不過，從市場收回大量的人民幣後，資金供需變得緊張，銀行間同業拆放利率上漲等，抵消金融放寬效果的擔憂也浮出水面。

分析認為，人行出手干預人民幣進一步貶值的舉動可能是為習近平9月下旬即將與美國總統奧巴馬舉行的首腦會談掃清一些阻力。

瑞銀首席中國經濟學家汪濤表示，外界早就預期中共會收緊某些外匯管制，不過，僅僅依賴這些管制來捍衛人民幣「不是長久之計」。

流動性枯竭的危險

中共對資金外流應該是非常擔心的，因為現在非常缺錢。中

共為救樓市、地方債和股市消耗了很多資金，加上資金外流，中共外儲在快速縮水。由於外儲是中共發鈔之錨，外儲的縮水應該說限制了中共印鈔的能力，它不能再像過去那樣通過超發貨幣來應對流動性緊張問題。

現在中國出現的問題是生產領域的通縮和消費領域的通脹。製造業通縮顯示其資金緊張，活力不足，這使中國經濟創富和創匯能力大大降低；消費領域通脹是人民幣貶值帶來的相應後果。

股市泡沫的破滅使中共不可能通過股市為企業打通直接融資之路，而外儲的減少限制了其印鈔能力，所以它只有限制資金外流，盡量讓錢留在境內。

目前，中共的處境很難，一方面它的經濟活力非常疲弱，過去常規的刺激措施不再像過去那樣效果明顯；另一方面，由於外儲降低，它不能再像以前那樣可以肆無忌憚的超發貨幣了，那會使人民幣貶值更加嚴重，並進一步加劇資金外流。在經濟嚴重失血下，印鈔只能使經濟加速惡化，通貨膨脹一發不可收拾，那樣的結果不僅是經濟全盤崩潰，更將是社會和政治危機。因此中共只好堵塞資金外流通道，以此避免全社會面臨流動性枯竭的危險。

金圓券的故事

人民幣會重蹈金圓券覆轍的說法並不是新聞。

2014 年，一篇題為《2016 年人民幣將重演 1948 年民國金圓券的故事》的文章在網路流傳。

2015 年 9 月 7 日，人行公布外儲數據的同時，也公布了黃金儲備。從公布的數據看，人行黃金儲備有所上升。

有人認為，中共之增加黃金儲備，意圖可能是在必要時動用黃金儲備穩定貨幣。然而，從民國政府在大陸統治晚期金圓券崩盤的事實來看，黃金儲備可能不是萬能的。當時金圓券崩盤，國民黨政府並不缺少黃金儲備，而是民眾對國民黨政府的信心已經失去。

因此，動用黃金儲備穩定貨幣的假設建立在一國國民對政府依然信任的基礎上。

美國經濟學大師米爾頓‧佛利民在《貨幣的禍害》一書中曾說，紙幣之所以具有價值，是因為所有參與交易的人相信，別人在交易時會接受它。說白了，貨幣之所以值錢，是因為人們相信它有價值。這在信用貨幣時代尤其如此：貨幣是建立在一個國家以其綜合實力做信用擔保的基礎上的。

目前，中共早已將國家信用透支殆盡，對中共行將滅亡的預期越來越成為社會的主流，因此，市場對人民幣貶值的預期透露出的信號實際上是對中共的不信任。

中共這次因人民幣貶值引發的危機不僅是經濟、金融危機，更是中共政權的危機。一旦中共政權危機降臨，無論是外匯儲備還是黃金儲備，也無論採取何等措施阻止資金外逃，都救不了中共的命。

金圓券的故事是為前車之鑑。

第三節

李克強斥地下錢莊
規模達 6 萬億

李克強斥地下錢莊無阻營運 16 年

2015 年 9 月，有港媒報導，自 1 月 25 日以來，中共國務院 9 月 2 日第三次召開打擊地下錢莊非法、違法洗錢活動專項會議，中共央行、財政部、外匯管理局、銀監委、國資委、證監委、公安部和四大商業銀行負責人出席會議。

李克強在會議上怒斥地下錢莊是金融機構部門屬下的機構部門，是黑吃黑，是金融系統和政府部門腐敗墮落的事實和鐵證。

李克強指責，為何地下錢莊自 1999 年開始光天化日之下暢通無阻違法犯罪運營了 16 年？

報導披露，2015 年 7 月 24 日至 8 月 14 日三周內，中國大陸人民幣外流超過 8240 億元，其中 70％以上是通過地下錢莊外流

出境。

報導稱，大陸有 21 省（區）、直轄市、香港、澳門地下錢莊十分活躍，在大陸 120 個城市中約有 3350 多個運營點進行「地下」人民幣、外幣匯出境活動。地下錢莊與所在地區國有商業銀行、發展銀行、城市銀行及境外國營公司、中資企業、中外合資企業有隸屬關係網。

目前，大陸地下錢莊從業人員有 12 萬至 15 萬，其非法違法運營利潤達 4 ～ 15％不等。2000 年至 2004 年，地下錢莊運營規模是 4500 億至 8000 億元；2007 年至 2012 年達到 3 萬億元規模，2013 年至 2014 年高達創紀錄的 6 萬億。資金流入流出之比是 4:6。

習近平親信出手打擊地下錢莊

2015 年 8 月 24 日，大陸 A 股遭遇「黑色星期一」，滬指重挫 8.49％，創八年以來最大單日跌幅，報收 3209.91 點。券商股全線跌停，兩市逾 2000 股跌停。至此，滬指失守年線，抹去 2015 年全部漲幅，三天累計跌幅創逾 18 年來最大。

當天晚上，中共官媒新華網報導宣稱，中共公安機關將從即日起至 2015 年 11 月底，在全國範圍開展打擊地下錢莊集中統一行動。

據報導，習近平的親信、中共公安部副部長孟慶豐在布署會上稱，2015 年 4 月，公安部會同中共央行、國家外匯管理局等部門開始打擊利用離岸公司和地下錢莊轉移贓款活動。孟聲稱，廣東、上海、遼寧、浙江、新疆等地公安機關連續破獲一批重案，並搗毀地下錢莊窩點 66 個，抓 160 餘人，涉案金額達 4300 餘億元人民幣。

孟慶豐表示，地下錢莊不但涉及金融、證券、涉眾等經濟犯罪，成為各種犯罪活動轉移贓款的通道，還成為貪污腐敗分子和恐怖活動轉移資金的「洗錢工具」和「幫凶」。一些「灰色資金」通過地下錢莊跨境流入流出，對大陸外匯管理和金融資本市場造成衝擊，危及金融安全。

曾慶紅兒媳涉千億洗錢案 或被針對

2015 年 5 月 29 日，有海外中文媒體披露，曾慶紅的兒媳蔣梅捲入了一宗千億元的洗錢案。

報導稱，自在北京期間結識了曾慶紅之子曾偉之後，哈爾濱仁和房地產老闆戴永革不僅在澳洲為曾偉購買最好的房產，還將仁和集團 40% 股份無償轉讓給曾偉妻子蔣梅。隨後，戴永革在中國大陸各地承接地鐵工程沒有失手過。

2010 年，戴永革將澳門賭場作為洗錢工具，與蔣梅商討後，決定在大陸各地成立地下錢莊，專為中共高官、大陸富人提供境外轉移資產服務，手續費為總額的 1%。如果所得收入 1 億元，其中 4000 萬歸屬蔣梅。

在深圳、珠海、大連、北京、上海、長沙等地，戴永革與蔣梅等人通過大規模非法集資洗錢，違法獲利和轉移資產超過 1000 億。

6 月中旬起，大陸發生股災，滬指在三周內暴跌超過 30%，市值蒸發超過 20 萬億人民幣。有傳聞稱，江澤民家族和曾慶紅家族在惡意做空股市。習近平親信徹查地下錢莊，被認為很可能針對涉及洗錢大案的曾慶紅家族。

第四節

「別讓李嘉誠跑了」
洩露中南海祕密

新華社：「別讓李嘉誠跑了」

2015 年 9 月 12 日，新華社旗下的《瞭望智庫》發表了一篇國資委商業科技質量中心研究員、智石經濟研究院副祕書長羅天昊的文章，題為《別讓李嘉誠跑了》。

據中金網盤點，從 2013 年以來的兩年時間內，李嘉誠拋售許多大陸地產套現，包括：盈大地產出售北京盈科中心，套現 72 億港元；和黃與長江實業出售上海陸家嘴東方匯經中心，套現 71 億元；和黃與長江實業出售廣州西城都薈廣場等項目，套現 26 億元；長江實業 ARA 基金出售南京國際金融中心大廈，套現 30 億元。此外，長江實業與和記黃埔重組後將房地產業務拆開單獨成立一家公司，其他業務則是全部轉移到註冊地為開曼群島的公

司名下。據說，李嘉誠還啟動了長江基建和電能實業的合併項目，合併完成後將退市。

李嘉誠的名字在大陸婦孺皆知，其經商理財的故事也成為時代傳奇。12 歲跟隨父母從廣東逃到香港的他，白手起家後成為香港首富，2015 年 3 月他在《福布斯》全球富豪榜排名第 17，坐擁資產 333 億美元。有人說他的個人經歷就好像一部人生哲學書。中共官方二十多年來一直高調宣傳他的「愛黨愛國」，沒想到在習近平訪美前夕，官方卻發表《別讓李嘉誠跑了》一文，有學者評論說，「對於同胞李嘉誠，比毛著《別了，司徒雷登》對美國人司徒雷登的殺傷力還大。」

作者批評李嘉誠當年在大陸靠中共當權者的扶助獲得巨額財富，而今在大陸經濟衰退時卻持續大規模撤資，是過橋抽板，喪失了道義高度，他不應該一走了之。文章說：「李嘉誠最近 20年在中國獲取財富的性質，不僅僅是商業那麼簡單，因為在中國，沒有權力資源，是無法做地產生意的。所以地產的財富，並非完全來自市場經濟，恐怕不宜想走就走。」

文章直言在中國的房地產市場要發家，全靠權力關係：「低買高賣，確實是市場經濟，但是，地產、港口等產業，恰恰是中國最不市場化的產業，沒有權力的扶助，哪裡來的機會？合作時藉權力，賣出時說市場，似乎雙重標準，讓人難以淡定。」

其實這篇文章早在一個多月前就發表在作者的博客上，引起海內外學者議論紛紛，此時中宣部官員們卻還允許它轉載於新華網。不過，12 日當天晚上《瞭望智庫》就刪除了此文，但第二天9 月 13 日，新浪財經又刊載了羅天昊的全文，隨後此文被大陸多家網站轉載。

靠中共扶持成為香港首富

1989年「六四」學生運動被武力鎮壓後，當時外資企業大舉撤資中國，中共非常孤立。在曾慶紅等上海幫的動作下，李嘉誠率先在上海圈地買地，搞實業投資，成為港商在大陸的最大投資者。儘管李嘉誠並沒有開發最早在上海購買的那塊地，但等他出售地皮時，價值已增加了幾十倍。

江澤民當政時期，李嘉誠家族在大陸的生意一直紅火，胡錦濤上台後江澤民垂簾聽政，李家在大陸的商業未受到影響，但習近平在2011年上任不久，李家就開始拋售大陸資產，並逐步將投資轉向歐洲。

文章分析了李嘉誠成為香港首富的過程：在英治時代，香港還算是一個健康均衡的社會，從香港的流行文化，即可知香港是一個市民化、平民化和多元化的社會。在經濟領域，香港雖然是全球知名的自由港，貿易發達，但是，實業亦非常發達，其精工製造，一度全球聞名。

但是從上世紀80年代開始，確定香港「回歸」的《中英聯合聲明》簽訂後，大陸「精英治國的理念」亦被移植到香港。成為北京重點倚重對象的不是香港的升斗小民，而是香港的華商領袖。實際上形成了一種對於香港上層人士的「招安」政策。

李嘉誠就是其中最典型的代表。他雖然在1958年即進軍地產，但是一直以實業為主，直到1980年收購英資第二大銀行和記黃埔之後，才開始大規模擴張。李嘉誠在1978年受到當時的國家領導人接見後，在香港可謂通行無阻。政治地位的提高，亦使其商業擴張順風順水，特別是在地產領域，此後，李家財富大

部來自地產行業。

文章說，在大陸，很多基礎設施建設亦有李嘉誠的身影，如深圳的鹽田港，大陸方面即交給了李嘉誠。還有「香港國際會議展覽中心」等眾多香港地標性建築物，無政府人脈，是絕對辦不到的。香港前 10 名商業大家族，過半從事地產行業，可見，其財富的來源，並非為香港創造了真實的財富，而是部分建立在權力經濟、土地經濟之上。

文章分析指出，香港富豪榜的前幾名竟然全部為地產商，顯示了香港產業的畸形。而這種畸形產業的背後，隱藏著香港社會結構的畸形，而豪族的出現，以及貧富極端分化，則嚴重危害了香港社會的活力。

作者還稱，香港在回歸後其實是在後退，過度依賴房地產業，製造業衰亡，中產階級縮水造成社會失衡：「正是社會領域的失衡，導致香港經濟結構出現不平衡。而這種不平衡，不僅造成今日香港經濟低迷，更造成了香港社會生活和精神文化的整體退化。表現最明顯的，就是香港電影產業，自從九七之後，香港的電影就乏善可陳了，變得嚴格的管制，使很多電影失去了風韻，而香港社會的崩潰，使香港電影失去了根基與活力，那種草根性的情懷，大眾性的娛樂，相容並包的氣度，是建立在平民文化和多元文化的根基之上的，失去了這兩點，也就失去了活力之源。」

文章最後部分對改變香港低迷狀態提出建議：再造大眾社會，重塑平民精神，而非僅僅是經濟領域的努力。從國家對香港的倚重程度的變化來說，亦須逐步削弱香港豪族地位。不客氣地說，大商人已經不再是社會穩壓器，失去了其利用的價值。

作者總結說，北京方面需要對香港採取的新政策，說白了，

經濟上，加大開放，政治上，打壓富豪，收買底層，擴大政權根
基。在此大勢之下，此前的香港豪族，從被關照的對象逐步淪落
為被疏遠的對象。李嘉誠乃人中豪傑，能見一葉落而知天下秋，
而且提早行動。

「別讓李嘉誠跑了」洩露四大祕密

　　按理說，這還算是一篇資料蒐集得不錯的文章，只是觀點有
些偏頗敏感，從而引發了各界熱烈的討論。第二天（2015 年 9 月
13 日）晚上，長和發言人回應說，集團沒有撤資，屬正常的商業
行為，李嘉誠也無奈地表示：不會跑，也不能跑。

　　一位海外學者調侃說，官方怎麼這麼賴皮呢？生意人就是趨
利避害，尋求利潤最大化。當年你給了人家好處了，但人家也給
了你很多好處。沒有李嘉誠帶頭到大陸投資，大陸最急需的資金
從哪裡來呢？就好比妓女和嫖客的關係，當初你姿色好，有人來，
現在你年老色衰了，人家要走了，你能哭哭啼啼地說你不要走嗎？

　　很多評論分析說，新華網刊登這樣一篇文章，暴露了很多北
京高層的祕密。

　　第一，此文洩露了很多官場潛規則：比如該文毫不掩飾地說，
地產商的財富並非來自完全市場經濟，而是要得到官方在基礎設
施、港口、地產等領域的大力扶持。這等於說，中國在基建等產
業完全不按市場經濟走，而是系統性、全面性、行業普遍性的官
商勾結，與自由經濟的平等競爭背道而馳。

　　第二，香港如今的高房價、地產業的畸形發展，是因為當初
北京提出「港人治港」的港人，不是指「香港的升斗小民，而是

香港的華商領袖」，也就是說，北京故意扶持一些港商，利用操控港商來操控香港。這種「招安政策」的實施，破壞了香港的社會結構平衡，導致貧富懸殊日益嚴重，中產階層受損日益嚴重。

　　第三，當初中共中央善待李嘉誠等港澳商人，是出於對其商界領袖身分的看重，而不是因為他「愛黨愛國」。如今香港回歸快 20 年了，這些大商人已經失去了利用價值，於是官方要開始打壓富豪，換取民心。李嘉誠就是看穿了這一點，才撤離大陸和香港。

　　第四，做生意講求的就是兩廂情願、買賣自由，官方如此害怕李嘉誠離開以及由此加劇的資金外流大潮，只能暴露中共面臨的經濟問題多麼嚴重，否則官方也不會「出此下策」，招人罵。

「讓李嘉誠走」 《人民日報》下屬打圓場

　　也許是為了補過，三天後的 2015 年 9 月 15 日，中共另一大喉舌《人民日報》旗下的《證券時報》又刊文《讓李嘉誠大大方方走，天塌不下來》，文章只從單個企業發展方向可能不斷調整的角度談，沒有進一步分析促使李嘉誠撤離大陸的深層經濟大環境和大氣候。

　　文章稱，李嘉誠頻繁重組旗下資產，在世界範圍內重新進行布局，意圖不外有三：產業調整、區域調整和家族財富傳承，人們應該理解李嘉誠，他只是在進行企業內部調查，加大歐洲投資，相應就得減少大陸和香港投資。「歐洲難有暴利機會，但勝在投資回報穩定，且法律風險極小。如果隨便編個理由不讓人走，其他房企是否會感到害怕？」為了顯示其大度，文章稱，「讓李嘉

誠大大方方走，天塌不下來」。殊不知一葉知秋，走了一個李嘉誠，千千萬萬個小李嘉誠也會隨風而去，撤資潮洶湧而來。

摩根大通 2015 年 7 月公布的一份報告指，在此前五個季度裡，中國資本外逃規模達到 5200 億美元，相當於抹去了自 2011 年以來中國吸收的全部外資。而僅 2015 年第二季度，投資者就從中國撤出 1420 億美元。

中共這幾十年的所謂經濟繁榮，大多建立在外資投入的這種「輸血模式」上，一旦撤資，停止輸血，中共這具殭屍很快就會倒地。面對撤資潮，據說北京當局非常著急，下令嚴查地下錢莊，整頓外匯管制等，在某些經濟官員的眼裡，李嘉誠「帶頭跑路」，就像當年「帶頭投資」，一旦其示範效應放大展現，真的會讓某些人感到天要塌了一樣。

李嘉誠事件突顯中共的流氓匪性

回頭再看《瞭望智庫》的《別讓李嘉誠跑了》的邏輯，李嘉誠藉共產黨的權力發了財，現在共產黨需要錢，李卻跑了，能讓他跑了嗎？這是典型的共產黨邏輯，只要你沾上它，你就欠了它了，你賺的錢也就打上了中共權力的印記，這個錢雖然在你那裡放著，可中共要用，你必須乖乖的拿出來，至少不能隨意帶走。

就好比大陸 80％以上的中國人，上小學時都戴過紅領巾，加入過中國共產黨附屬組織「少年先鋒隊」。一旦你舉起拳頭宣誓：「為共產主義事業奮鬥終身」，這一句話就把自己賣給共產黨了，哪怕是 28 歲後所謂超齡自動退團退隊，但這句誓言確沒取消，在神靈看來，你還是共產黨的一部分，你的一生還是屬於共產黨

的。凡是中共幹的所有壞事，都有你一份。於是，現在大陸有接近 2 億 5000 萬民眾在《大紀元》網站上用真名或化名宣布取消這個誓約，結束與中共的賣身契約，乾乾淨淨做人，做中華兒女，不做馬列子孫。

香港《大紀元》評論說，新華網喊出「別讓李嘉誠跑了」，這是一種殺氣騰騰的土匪邏輯，李嘉誠多年與中共打交道，憑他的聰明，不可能不了解中共的匪性、痞性、強盜流氓性，正是因為看透了中共的匪性，才讓李嘉誠從骨頭裡感到寒意，從而想及早脫身。

《九評共產黨》揭示了中共是嗜殺、嗜血的匪類，其對人命是從來不尊重的，只要威脅到它、或它覺得對其立威有幫助，中共會毫不猶豫地殺人，幾位民營企業家的遭遇就能說明這點。

2013 年 10 月 21 日，從事風險投資的鼎輝投資創始人王功權，被官方以「擾亂公共場所秩序」為由批捕。同年 7 月 12 日，湖南湘西民營企業家曾成杰被長沙中級法院以「非法集資」祕密處死。

這兩件事讓大陸的富裕階層看到中共的所謂法律，不過是為所欲為的迫害工具，在中共的統治下，人身安全都無法得到保障，財產安全更成為奢望。有評論說，「曾成杰之死吹響了民營企業家移民的號角，王功權被批捕開啟大規模移民的閘門」。

人們也許忘記了，1949 年之前那些留下來和中共一起建設中國的紅色資本家、地主、富農等，短短幾年內，重則槍斃，輕則抄家，家破人亡，幾乎沒有一個躲過厄運，今日中國富豪們似乎又面臨同樣的難題了：走還是留？不管個人如何選擇，看清中共的本質、看清當今的局勢，這是做好選擇題的第一步。

第五節

李克強捅破三大黑幕
一個比一個驚心

地下錢莊氾濫

2015 年 9 月 30 日中共公安部官方網站發布公告稱，自 8 月底打擊地下錢莊以來，已查證涉案金額達 2400 億元，75 名犯罪嫌疑人被捕，查獲地下錢莊營業點 37 個。

據香港雜誌《動向》9 月號報導，中共國務院 9 月 2 日召開 2015 年以來的第三次打擊地下錢莊非法、違法洗錢活動專項會議，中共央行、財政部、外匯管理局、銀監委、國資委、證監委、公安部和四大商業銀行負責人出席會議。

國務院總理李克強怒斥，「所謂『地下錢莊』實際上就是金融機構部門屬下的機構部門，是黑吃黑、黑打黑內外皆知的奇聞，是金融系統和政府的腐敗墮落一頁。」李並責問，自 1999 年起，

為何地下錢莊光天化日之下暢通無阻違法犯罪運營了 16 年？

囤地現象嚴重

據陸媒報導，李克強 9 月 23 日主持召開國務院常務會議。會議提及中共官員不作為行為核查問責情況，其中透露了近年來大陸日益嚴重的囤地現象。

據稱，截至 2015 年 8 月底，中國全國各地已處置閒置土地 31.25 萬畝；一些曾經的「地王」、知名開發商都曾存在囤地行為，一些省份清查出的閒置土地逾 10 萬畝。有輿論指，囤地現象背後，牽涉著巨大的政商關係，不是下發一紙公文就能解決的。

據《北京日報》等報導，位於上海南京西路的一個樓盤，近期報價一平方米 8 萬元至 10 萬元。然而，其所在地塊卻是 1992 年首次拿地，「在建」逾 20 年，屢屢停工。這期間，周邊房價從千元起步，相比上漲近百倍。而海南省土地閒置時間最長達 20 多年，期間部分土地的周邊樓價不知翻了多少倍。

香港《東方日報》發表評論稱，中共政府針對「囤地惜售」現象年年都在下發相關的通知、文件，明確要求整治，但結果根本沒有任何改變。原因就在於，在中國從事地產業的人通常都「非富即貴」，很多地產公司的背後都有「太子、公主、夫人」撐腰，有恃無恐，致使相關文件執行不力，形同虛設。

失業率數據不真實

據《德國之聲》分析，一般來講，經濟增長減速將導致失業

率上升，因為企業會縮減生產規模，裁減多餘員工。但中國的情況卻並非如此。中共官方的失業率數據長期一直穩定的「保持」在 4％左右。

2008 年 12 月 16 日，中國社會科學院發布《社會藍皮書》，稱中國城鎮失業率攀升到了 9.4％，已經超過了 7％的國際警戒線。還有人估計中國失業率達到 20％，甚至更高。但 2009 年 3 月份中共人力資源和社會保障部卻公布，2008 年中國城鎮登記失業率僅是 4.2％。中國的失業率 30 年來都在 2 至 5 個百分點波動。

據說，李克強對失業率數據不真實的情況也看不下去了。香港《經濟日報》透露，李克強 2015 年 6 月 10 日主持中共國務院常務會議時，突然在會上提出討論調查失業率。

文章援引知情人士的消息表示，李克強要求有關部門擴大統計範圍，把調查失業率數據變真；因為很多國家的宏觀經濟政策都是跟著調查失業率走的，就業指標同樣至關重要。

7 月 22 日，中共國家統計局宣布了大陸 31 個省會城市的失業率調查結果。報導還是以一貫的口吻宣稱，「上半年就業形勢總體穩定」，「基本保持在 5.1％左右，波動幅度未超過 0.2 個百分點。」

有經濟學家認為，計算中國的失業率困難重重，比如勞動力的流動性非常強以及非正式行業規模非常大。

不過，據中國勞動關係學院教授王江松認為，中共官方其實是有能力蒐集到真實數據的，但基於維穩的需要而未公布，「如果公布 15％的失業率，那不就是穿幫了嗎？」另外，有地方政府為誇大政績，也會放大 GDP 和虛報失業率。

第六節

多少財富等同 30 年前萬元戶？答案嚇一跳

30 年前的中國，「萬元戶」幾乎是土豪的代名詞。不過，在通貨膨脹的侵蝕下，「萬元戶」已成歷史概念。北京師範大學教授做了一個權威學術研究報告，告訴人們現在多少錢才相當於 30 年前的「萬元戶」，答案相當嚇人。

30 年前 1 萬元相當於現在的 255 萬

現在多少財富才相當於以前的「萬元戶」？最近網上流傳的一篇文章稱，從北京師範大學一教授做的權威學術研究報告中，答案是「255 萬」！255 萬可以在東莞萬科買一套舒適的房子，外加一輛 30 多萬元的轎車，手裡還能有幾十萬的存款。

作者用一些數據說明了 30 年前和 30 年後的物價以及日常支

出的差距。列表於下：

七八十年代	項目	現在
0.12元／斤	大米	4.4元／斤，漲36.66倍
0.02元／斤	大白菜	1.8元／斤，漲90倍
從小學到大學學費為140元	培養一名學生	從小學到大學為15萬，漲1071倍
大約0.98元	看病	平均為90元，漲91.8倍
100平每月扣房租1.2元	房價	100平每月房款至少2500元，漲2083倍
0公里	高速收費	10萬公里，上漲倍數為無窮大，沒法比了
一雙鞋至少穿5年	皮鞋使用壽命	約1年，使用壽命下降5倍

1978年	項目	通貨膨漲後
按國際馬里克期指數，污染指數為0.98	環境污染	2008年污染指數為1580，上漲1612倍
全國有978萬人吃財政飯，平均80個老百姓養一個官	官員數量	2008年公務員有5200萬人，平均25個人養活一個官，上漲了5.3倍
1萬9780元（深圳一個管理進出口的官員創貪污紀錄）	最大貪污金額	近年來由某銀行廣東支行三任行長犯下的大案中，貪污挪用金額高達40億元，上漲20萬2224倍
8%	教育占GDP占比	2014年為4%，下降了50%
7.8%	醫療占GDP占比	2014年為5.15%。下降了34%

老百姓們，看哭了吧？

第七節

中國 2015 年資金外流
6760 億美元

資金流出中國占全球新興市場 92%

　　資金外流成為中國經濟眼下需要正視的嚴峻問題。然而，資金流出中國規模到底有多大？許多研究機構和政府機構都給出過數據。

　　例如，美國財政部在 2015 年 8 月的報告中，認為截止到該年 8 月為止，從中國撤離的資金大約在 5000 億美元左右。而 2016 年 1 月 20 日，全球金融行業組織國際金融協會（Institute of International Finance）發布的報告，更新了這一數據。從中國流出的資金規模為 6760 億美元，這個規模高於 2014 年的 1110 億美元，也高於國際金融協會 2015 年 10 月 5400 億美元的預測。報告預計 2016 年資本外流規模為 4480 億美元，其中可能包含錯

誤和遺漏。

國際金融協會代表超過 500 家全球最大的私人銀行、保險公司、對沖基金和其他金融公司。

對於 2015 年新興市場以中國占絕大部分的資本外流規模，國際金融協會總裁兼首席經濟學家查理斯・科林斯（Charles Collyns）表示吃驚，認為這是聞所未聞的事情。

他認為，中國資本外流 2016 年可能加快（而非減慢）的風險仍然存在，這很可能衝擊世界各地的市場和經濟體，「中國境內的風暴傾向於被全球金融體系放大」。

中國外匯儲備不斷縮水

資金外流引發人民幣貶值和中國外匯儲備的縮減。這幾個問題似乎已經形成惡性循環，互為因果。

2016 年新年伊始，中國給全球市場帶來一場不小的震撼，人民幣兌美元在岸匯率新年開始的一周下跌了 1.5％，人民幣兌美元離岸匯率也下降了 1.7％，在岸和離岸匯率之間的差異達到創紀錄水準。

為穩定人民幣匯率，人行不斷拋售美元，但其代價不菲。2015 年 12 月，中國外匯儲備下降了創紀錄的 1079 億美元，這不僅顯示干預成本的高昂，也反映資本外流的上升。

在過去的 12 個月內，中國外匯儲備累計下降超過 5000 億美元，海通證券分析師米蘭達・卡爾（Miranda Carr）表示，這種情況如果再持續幾個月，中國將燒掉超出峰值水準三分之一的外匯儲備。

此外，2015 年 12 月末人行口徑人民幣外匯占款餘額下降
7082 億元，降至 24.85 萬億元，創有記錄以來最大下降規模；中
國金融機構口徑 12 月末人民幣外匯占款環比下降 6289.82 億元，
至 26.6 萬億人民幣，為第三大降幅。以上指標的下跌也反映了資
金外流的狀況。

中國市場資金面變緊

作為基礎貨幣，外儲和外匯占款的減少必然降低人行貨幣的
投放能力，降低市場流動性。1 月中旬以來，中國市場的資金面
突然開始緊張，儘管從 1 月 15 日到 20 日的 6 天之內，人行釋放
了 7900 億流動性資金，但資金依然是「雨露難求」。

1 月 20 日，全國銀行間同業拆借中心的加權平均數據顯示，
繼 1 月 19 日上漲 18 個基點後，14 天期回購利率早盤再度飆升
19 個基點至 3.01％，創 2015 年 6 月以來最大漲幅。隔夜回購利
率升至逾 9 個月高點。

銀行間隔夜質押式回購最新利率大漲 40bp，達 2.4％，最高
成交價達到 5％。7 天及 14 天回購利率，最新水準分別上漲了
50bp 和 100bp，足見資金的緊張程度。

華東一銀行交易員稱，資金超級緊張，大額支付系統到 5 點
半還未關閉。包括各大行在內的主要供給方出資寥寥，借錢機構
早盤頭寸難平。

中國已投入重金來打壓投機客，但在中國決策者影響力較弱
的市場中，走勢反映出人民幣兌美元預計會大幅貶值。

離岸人民幣無本金交割遠期外匯（NDF）走勢顯示，人民幣

未來一年將貶值4%，而10月中旬顯示的預期貶值幅度只有2%。

一些分析師表示，儘管人行向市場注入了創紀錄規模的資金，但2016年新年以來的幾周內，在岸短期借款成本上漲，顯示資本仍在外流。

2015年中國經濟創下了逾20年來最低增速，並有進一步放緩的可能，而美元匯率有可能隨著美國加息上漲，這些都給人民幣貶值預期增加壓力。只要人民幣貶值預期不變，資金外流可能還會繼續。

誰在做空人民幣？

人民幣貶值預期的升溫，使做空人民幣變得有利可圖。這進一步加劇了人民幣匯率的波動和資金外流的壓力。近期，人行為穩定人民幣匯率預期，對做空人民幣的勢力進行了打擊。

然而，資金逃離人民幣的洪流並未停止，更加嚴重的是企業有減輕債務負擔的實際需求，這個走勢似乎難以阻擋。

根據路透社2016年1月22日報導，做空人民幣勢力似乎不只是境外勢力，更多來自境內機構。在人民幣貶值預期下，國內企業有減低負債的動機，而且投機的盈利機會也較大，做空是具有優勢的。

1月6日，福建省房地產企業中駿置業控股宣布提前償還公司債，「贖回2017年到期的3.5億美元11.5%優先票據」。

人民幣貶值加速，將加重美元債務的負擔。此外，東方航空也表示提前償還。據稱春秋航空等也已開始討論美元債務。

在償還美元公司債之際，為了籌集付給投資者的美元，需要

出售手中的人民幣。此外，為盡早確保所需的進口貨款而拋售人民幣的情況也在增加。然而，做空受到官方嚴厲警告。

1 月 23 日，官媒新華社英文評論稱，在中國經濟深度轉型和重組之際，國際投資者對中國資本市場的看法出現分歧。一些人認為中國資本市場經歷大危機，應該採取投機行為和惡意短期行為。最近的例子就是投機者短期賣出人民幣。

文章表示，中國政府試圖改善市場監管機制和法律體系。魯莽投機和惡意做空將面臨更高的交易成本甚至可能是嚴重的法律後果。

有分析認為，綜合外媒報導和官媒的英文評論，人行的主要對手看來還是來自國內。而這些機構很可能與境外有密切聯繫，不排除他們聯手做空人民幣的可能。

人行緩解資金外流的系列措施

路透社 2016 年 1 月 19 日報導，中國監管層近日要求銀行對人民幣資金池各項業務及產品交易背景進行嚴格審查，為此，人行部分沿海港口城市的分行要求，自 1 月 18 日起，嚴控跨境人民幣資金池業務的淨流出上限，任何時點的淨流出餘額不得大於零。

彭博 1 月 12 日援引知情人士稱，近日部分境內銀行收到國家外匯管理局口頭窗口指導，要求各銀行在近期做好資本項下人民幣淨流出管理，減少短期內人民幣跨境集中流出，減少離岸人民幣頭寸和流動性。

外媒 1 月 17 日還報導稱，人行將自 1 月 25 日起對境外人民幣業務參加行存放境內代理行人民幣存款執行正常存款準備金

率,即境內代理行執行現行法定存款準備金率,以防範金融風險,促進金融機構穩健經營。分析師認為,此舉有助於收緊離岸流動性,提高人民幣做空成本。

路透援引一外資行人士言論稱,2015 年「8・11」匯改之後,人民幣貶值預期上升,引發市場集中購匯。外儲減少和管制收緊,又加劇了貶值預期,繼續刺激購匯,形成惡性循環。人行近期一系列措施的目的主要是打擊投機和穩定預期。

人行措施對離岸與在岸市場波動率的回落發揮了效應,貶值壓力似有消退;而離岸 CNH 市場流動性也快速下降,離岸 CNH 隔夜掉期隱含收益率曾一度觸及 82% 的紀錄。

一名不願具名的點心債券基金經理人說,「對人行而言,或許這是最小的成本。」在人民幣國際化和穩定匯率之間,人行暫時選擇了後者。

人民幣暫時企穩未改走軟預期

人行在 1 月 18 日到 22 日的一周左右保持了人民幣的穩定。習近平高級經濟顧問方星海 1 月 22 日在達沃斯論壇上表示,政府無意壓低人民幣。

方星海承認,北京方面在匯率政策上溝通欠佳,加劇了全球市場對人民幣貶值的焦慮。他說,中國對放棄人民幣盯住美元的政策是認真的。

方星海稱,在調整人民幣兌美元匯率的問題上還有一些工作需要做,這些工作完成後,人民幣匯率將再次穩定下來。

多年來,中國一直實行人民幣盯住美元,2015 年 12 月,人

行暗示，人民幣匯率不應僅以美元為參考，也要參考包括 13 種貨幣的一籃子貨幣。

路透社 1 月 25 日報導認為，北京當局顯然是想讓全球領導人相信，他們無意進一步壓低人民幣以獲得競爭優勢。不過，要金融市場相信這點似乎並不容易。

對於業內人士來說，儘管人行暫時穩定了人民幣匯率，但是，人民幣走軟的市場預期未變，很多人認為人民幣 2016 年還會貶值 5% 左右。這是一個危險的信號。

繼 2015 年 8 月貶值後，人民幣兌美元已累計下跌 3%。這次意外貶值加劇了股市的跌勢及資本外逃。

2015 年中國經濟創下了逾 20 年來最低增速，並有進一步放緩的可能，而美元匯率有可能隨著美國加息而上漲，這些都給人民幣貶值預期增加了壓力。只要人民幣貶值預期不變，資金外流可能還會加劇。

有分析認為，中國近期再次對人民幣進行一次性貶值的可能性較低，因為這可能加劇全球市場動盪，並可能因未能有效傳遞政策意圖招致抱怨。但市場預期北京當局還會允許人民幣下跌。

港幣如金絲雀 對市場反應敏感

英國《金融時報》中文網專欄作家徐瑾 2016 年 1 月 25 日撰文表示，官方的表態有時並不重要，重要的是看市場的反應。香港近期一兩周狀態不佳，幾乎面臨 98 年金融危機以來最嚴重的情況。

她說，港幣對於市場反應之敏感，堪稱礦井中的金絲雀，它

的風吹草動反映的是市場對人民幣的擔心。人民幣主要問題不在於貶值，在於資本外流，這給人民幣匯率以巨大壓力。

人民幣匯率掛鉤資產價格。目前，中國金融格局面臨諸如高槓桿與資產泡沫等各種問題，人民幣匯率在順周期環境已經不斷惡化放大，一旦面臨逆周期環境，宏觀環境的驟然惡化會使問題更加嚴峻。

徐瑾認為，始於 2015 年下半年的金融動盪還沒有結束，它將如何結尾更無人知曉。

第七章

TPP 促習提
「系統性危機」

2015 年 10 月 5 日 TPP 完成簽約，首批環太平洋的 12 個國家
將建立一個全新的自由貿易圈，而中國被排除在外。中共的
政治體制，使改革阻力很大，如果不脫去中共這個外殼，中
國不僅經濟前景堪憂，整個民族可能會失去發展機會。

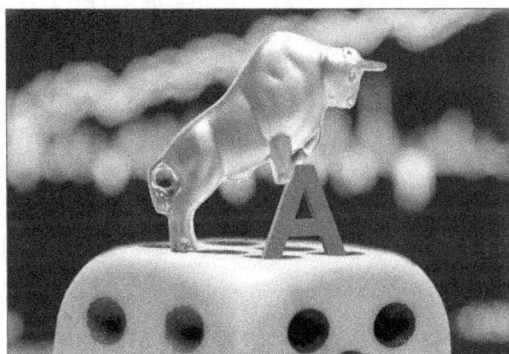

唯有脫離中共這個軀殼，進行世界普遍認同的市場化改革，中國
才有機會加入 TPP 成員國。（大紀元資料室）

第一節

TPP 達協議 孤立中國

TPP 在美簽約

　　美東時間 2015 年 10 月 5 日上午（中國北京時間 10 月 6 日深夜），泛太平洋戰略經濟夥伴關係協定（TPP）在美國亞特蘭大簽約，首批環太平洋的 12 個國家（美國、日本、加拿大、澳大利亞、新西蘭、墨西哥、祕魯、智利、汶萊、馬來西亞、新加坡和越南）將建立一個全新的自由貿易圈。

　　TPP 達成協議，新協議有條件成為世界自由貿易的新規則。中國被排除在外，規模占全球 4 成的巨大經濟圈將應運而生。

　　儘管各國部長已經在會議上達成基本協定，最終協議仍須得到各國國家最高領導層及議會的批准才會正式簽署。

　　TPP 成員國都是 IMF（國際貨幣基金組織）成員，大多也在

G20（二十國集團）中。IMF 以及 G20，對成員國都有匯率方面的要求。

美國總統奧巴馬表示，TPP 協定將給予美國工人應有的平等權利和機會，美國不允許中國等國家來書寫全球經濟的規則。

貨幣專家：中國或被動閉關鎖國

中國知名投資者、貨幣專家、喜投網董事長黃生 10 月 5 日撰文表示，如果 TPP 以及 TIPP 真的達成，中國將基本被排除在世界主要的貿易體系外，中國的貿易地位將一落千丈，甚至可能被動走向閉關鎖國。

TPP 是跨太平洋夥伴關係協議，TIPP 是跨大西洋貿易和投資夥伴關係協議。這兩者幾乎將全球 70％以上的貿易納入囊中，唯獨沒有中國。

TPP 和 TIPP 要求關稅為 0，這基本宣告了 WTO（世界貿易組織）體系的瓦解，因為零關稅將使貿易成本大大降低，而 WTO 體系內的國家因為有關稅成本，將使其貿易缺乏競爭力。

貨幣自由兌換的條件幾乎是針對中國。人民幣國際化剛起步，如果現在中國放開貨幣自由兌換，必然會導致中國經濟大幅度動盪，資本大量的外流。

國企私有化這一條也是針對中國。過去 10 年，中國的國有企業不但沒有弱化，反而越來越大，國進民退，越來越壟斷。要想加入 TPP，就要國企私有化，這對於當前的財富分配給予既得利益階層的國有企業，幾乎比登天還難。

從上面三點來看，中國當前不可能達到加入 TTP 貿易體系的

條件。

　　而今中國被排除在外，中國的貿易數額會大大減少。由於製造成本、商務成本、關稅成本等因素，中國商品價格已經不可能和 TPP 體系內的商品競爭了，這意味著美國等進口大國，可能不會從中國進口商品，這樣一來，中國的貿易順差可能會大打折扣。

　　中國可能從世界第一貿易大國，大幅度倒退為貿易中等國；可能從世界第一貿易順差國，大幅度倒退為世界第一貿易逆差國；可能從世界第一外匯儲備國，大幅度倒退為外匯儲備小國。

　　中國被排除在 TPP 之外，接下來會出現的恐怖一幕將是，大量的外資企業因為在中國生產的產品沒有競爭力而不得不從中國撤退，對當前中國的經濟將造成重大打擊。

陳破空：TPP 對中國影響巨大

　　關於 TPP 對中國的影響，著名政論家陳破空撰文表示關切。其文章稱：10 月 5 日，環太平洋 12 國，經多年談判，終於達成 TPP（跨太平洋關係夥伴協定）。這 12 個簽約國包括：美國、日本、馬來西亞、越南、新加坡、汶萊、澳大利亞、新西蘭、加拿大、墨西哥、智利和祕魯。占世界經濟總量 40％。而更多亞太國家，包括韓國、台灣、菲律賓、泰國、哥倫比亞等，都紛紛表達了要加入 TPP 的迫切願望。換言之，這一協定的範圍將會持續擴大，影響無遠弗屆。

　　消息一出，中國官民震動，輿論沸騰。說法之一，TPP 衝著中國而來，是美國圍堵中國的經濟戰略。佐證之一，是美國國防部長卡特的說法：TPP 對美國來說，猶如增添了一艘「經濟航母」。

佐證之二，是美國總統奧巴馬的原話：「我們不能讓中國這樣的國家書寫全球經濟規則。」其實，奧巴馬說得很客氣、很委婉，說「這樣的國家」，而沒有說「這樣的無賴國家、流氓國家」，而後者，才是他要表達的真正意思。

TPP，與其說衝著中國而來，不如說躲著中國而去。中國在美國的幫助下，於 2001 年加入 WTO（世界貿易組織），美國善意期待北京從此走上「正道」（前總統克林頓語），孰料，北京繼續走邪道，而且越走越邪。

中國入世 15 年間，WTO 訴訟案驟增，其中，絕大多數訴訟案，都因中國而起，而幾乎在所有這些訴訟案中，中國都以敗訴告終。然而，因為 WTO 並無嚴格的懲罰機制，違規者只要暫停某項違規行為，即可逃脫懲罰；而裁定的賠償，也並沒有追溯效力。中國雖然屢屢違規、屢屢敗訴，卻並未付出多少經濟代價。故而有恃無恐。

搭上世界經濟的快車之後，中國有點像一頭野牛闖進瓷器店，把世界經濟秩序衝得亂七八糟。其他國家看在眼裡，怒在心頭。俗話說：「惹不起，躲得起。」於是，新西蘭、新加坡、汶萊、智利這四個小國，痛感中國的危害性，最早起念，要另起爐灶，建立更高標準和更高門檻的自由貿易協定。後來，美國加入，再後來，更多亞太國家加入，最終形成由 12 國達成的 TPP，用一道道「綠色屏障」，將不守規則的中國拒之於門外。

這些「綠色屏障」，不僅包括貨物與服務貿易的自由流通，還包括：限制國營企業，保障環境安全、勞工權益和智慧財產權，實現貨幣自由和信息自由，等等。其中任何一項，用之於中國，都將損及共產黨至高無上的權力和他們念茲在茲的既得利益。中

共不會輕易放棄賴以維繫他們極權統治的四大支柱：一黨專政（壟斷中國政治）、軍隊（聽黨指揮）、國營企業（壟斷中國經濟）、媒體和網路（壟斷中國信息）。

TPP 協定達成後，日本首相安倍發表聲明：「我們與享有自由、民主、人權和法治等共同價值觀的國家聯合在一起。」「假如中國未來也加入這個體系，將是對日本安全以及亞太地區穩定的一個極大保障。」他的意思是，希望中國改革、改變，成為一個自由、民主、人權與法治的國家，從而加入 TPP，那時，一個文明、友善的中國，將使亞洲和世界都會變得更加安全。

展望 TPP 的未來，並非一帆風順，其真正成效，尚有待時間的考驗。其中一個看點是越南。如果越南能夠因加入 TPP 而改革、而改變，成長為一個尊重人權與法治的嶄新國家，那麼其示範效應將不可估量。那時候，中國將備感尷尬和壓力。其實，中國的選擇，只有兩個：要麼改革、改變，跨入文明世界行列；要麼固步自封、閉關鎖國，甘願與朝鮮為伍，淪為最落後國家。

第二節

從 TPP 看美國
和中國誰在搶乳酪

中共體制的「病毒」已對西方社會造成傷害，大眾汽車之所以會造假，與它和中共前黨魁江澤民的密切交往直接相關。（Getty Images）

中國市場這塊乳酪看似極誘人，卻不好碰，因它沾染了中共體制的「病毒」。此前西方社會甚至自以為可以改變中共，現在他們才發現不僅沒能動得了中國這塊乳酪，反而是他們自己的乳酪被中共悄悄碰觸了。

英國《金融時報》2015 年 10 月 10 日的報導描述，國際貨幣基金組織（IMF）在祕魯首都利馬召開的年會上發布的一系列報告，染上了當地鉛灰色天空的陰鬱色彩。

IMF 預測 2015 年全球經濟增長將只有 3.1 %，這將是自 2007/2008 年金融危機及隨後許多大型經濟體衰退以來的最慢增速。該組織還警告稱，全球經濟正被嚴峻的金融風險所籠罩。

美國和德國不久前的數據佐證了這種對全球經濟的悲觀觀點。之前一直頗具韌性的美國勞動力市場 9 月出現放緩跡象，而

德國的出口和工業產值受到中國等新興經濟體低迷的拖累。

　　這裡傳達出的信息是，全球經濟陷入風險，與中國有相當程度的關係。中國似乎成為西方的一個噩夢，他們也在想辦法擺脫這個噩夢。

　　最近，美國主導的 TPP 在 12 個成員國之間達成協議，這是一個全新的貿易協定，將覆蓋全球貿易 40％的份額。而中國不在其中。

　　TPP 沒有中國是非常合理的結果。TPP 的規則是國際通行的規則，而中共體制是國際政治和經濟規則的異數。美國等國一直要求中國改革，是要中國的政治體制、經濟體制與國際通行的規則接軌。這裡暗含西方對中共改良的期待。

　　此前的 WTO（世界貿易組織），就是西方世界希望中共按照國際通行規則進行變革和改良而拋出的橄欖枝。在加入 WTO 之後，中國的經濟實力逐步壯大，與美國等主要貿易國的貿易順差逐年加大，並積累了驚人數額的外匯儲備。中國成為 WTO 最大的受益國。

　　中國經濟加入 WTO 後顯著加速。1978 年，中國進出口總額只有 206.4 億美元，到 2003 年迅速增至 8512 億美元，年均增幅高達 16％，遠遠高於世界貿易的年均增長水準。而加入 WTO 後的進出口增長更為迅速，2002 年和 2003 年的增長率分別為 21.8％和 37％，大大超過世界 4％和 16％的平均水準。

　　此後，中國占全球貿易的份額不斷攀升，2012 年，中國已經超越美國，以 3.87 萬億美元居全球商品貿易總額排行首位。

　　但是，西方的期待在這個過程中卻完全落空，他們發現，中共並沒有按照國際通行的遊戲規則發生改變，中共的邪性也無法

被這些規則改變。無論怎麼樣的改革，只要是在中共體制下，最終還是落在中共的體制之中，還是中共體制的產物，根本無法達到國際社會標準。

這次 TPP 協議在某種程度上是將了中共體制一軍。無論美國和西方社會出於何種目的，這個協議是要隔離中共這個體制。

在與中共打交道的過程中，美國和西方社會可能發現了一個問題，就是西方通行的規則實際上對中共的邪性無能為力，不僅沒能改變中共，西方社會反而受到中共的侵蝕和敗壞，逐漸感染上中共體制的「病毒」。

此時，他們可能如夢方醒，中國市場這塊乳酪看似非常誘人，觸動起來可能也不是很難，畢竟西方在資本市場和商業投資的運作上經驗豐富，技巧純熟，是具有絕對優勢的。然而，接觸以後，他們發現，這塊乳酪卻寄居著中共體制這個「病毒」，而病毒是可以製造瘟疫的。

從古代到今天，人類對付瘟疫最有效的辦法還是隔離。如果不能有效殺滅病毒的話，我們最好遠離它，隔絕它，等待病毒死亡。

美國主導的 TPP 不帶中共玩，也是採取了對付瘟疫的辦法：隔絕病毒。他們要免受感染，這似乎是一個比較可行的選擇。

另一方面，中國要想被國際大家庭接受，必須去除中共這塊招牌，如果繼續掛著中共的招牌對國際社會不僅是個侮辱，更在傳播腐敗的基因。在和中共發生多年政治和經濟交往後，國際社會發現，中共體制正在侵蝕和敗壞國際社會的正常秩序。如果繼續容忍的話，整個國際社會最終會被拖下水。

中共已經動了美國和西方的乳酪

美國總統奧巴馬在 TPP 達成協議後發表評論說，不允許類似中國這樣的國家來書寫國際秩序規則。這是有感而發的肺腑之言。

美國前財長、哈佛大學教授薩默斯（Lawrence H. Summers）在英國《金融時報》撰稿說，眼下全球經濟正面臨自 2008 年雷曼兄弟破產以來最嚴重的險境，這就是需求和增長動力不足的最大風險。而這個險境與中國大有關係。

目前，幾乎所有的國際會議，似乎沒有不說到中國的，像國際貨幣基金組織年會、美聯儲會議，他們都在談中國風險可能造成的影響。

當年美國次貸危機造成的全球經濟和金融危機似乎由中國大規模刺激政策躲避過去了，中國高速的經濟增長帶動了全球大宗商品的需求，中國 2010 到 2013 年澆築的水泥數量是美國整個 20 世紀澆築水泥的數量。

然而，這似乎是一場虛幻的夢境，中國高速發展的經濟開始下滑，而且下滑的方式可能不是溫和的，而是猛烈和突然的。

2015 年 6 月中旬以來股市的暴跌以及中共隨後採取的救市措施，令市場懷疑中共對經濟的掌控能力；特別是 8 月 11 日，人行引導人民幣突然貶值，引發全球資本市場一系列動盪。世界彷彿一覺醒來，發現自己坐在一條獨木舟上，獨木舟正在洶湧的波濤中顛簸起伏。

中國需求的減少對全球經濟的衝擊，顯示西方經濟在受益於中國經濟發展的同時，付出了最高昂的代價：他們已經被中國經濟綁架，在某些方面他們對中國依賴太深，難以自拔。他們此前一直

以為自己是強者，在引領時代和潮流，甚至自以為可以改變中共。現在他們或許有些清醒了，他們沒能動得了中國這塊乳酪，反而是他們自己的乳酪被中共悄悄碰觸了。有些事情似乎走的更遠。

中國這塊乳酪不那麼好碰，原因就是沾染了中共病毒，這對西方社會已經開始造成傷害，並有可能改寫西方社會和經濟規則，這個危險不容易察覺，它是潛滋暗長和默默發生的。大眾尾氣排放造假事件就是一個突出的實例。

9 月 18 日，根據美國環保署的指控，德國大眾汽車公司涉嫌利用軟件控制排放裝置，在尾氣排放測試中作弊。這種被稱為「失效保護器」的「反偵查」軟件能在測試時刻有意壓低廢氣排放，但日常行駛時，其污染物的排放是美國法定標準的 40 倍之高。

此次涉案車輛包括大眾汽車集團 2008 年以來在美國銷售的約 48.2 萬輛柴油車，涉及的品牌包括捷達、甲殼蟲、高爾夫、帕薩特和奧迪 A3 等。

德國大眾公司還承認，涉及操縱尾氣測試的軟件被裝在世界範圍約 1100 萬輛柴油引擎汽車上。醜聞發生以來，大眾公司股價持續下跌，市值迅速蒸發約 1/3。

大眾「造假門」與中共病毒有直接關係。《九評共產黨》總結了中共九大邪惡基因，其中的「騙」排名第二。造假的本質就是欺騙，這與西方商業講究誠信的價值觀恰好相反。誠實無欺成就了西方商業文明的長久興盛。因此，西方正統社會對造假的容忍度非常低。

《華爾街日報》2015 年 10 月 6 日報導，鑑於阿里巴巴所採取的措施仍不足以清除其平台上的假貨，美國服裝和鞋類協會敦促美國政府再度將阿里旗下在線賣場淘寶網列入售假「惡名市

場」名單。這是西方社會對造假的普遍態度。

　　然而，一向以質量和誠實著稱的德國製造商卻出現了造假醜聞，這可不是一件小事，這是西方價值體系遭受侵蝕的明顯證據。

　　大眾汽車之所以會造假，與它和中共尤其是中共前黨魁江澤民的密切交往有著不可分割的關係。

　　正是江澤民將大眾汽車引進中國市場，而大眾在大陸的合資者長春一汽也是江澤民的發跡地之一。

　　江澤民作為一國元首，頭腦中沒有中國傳統的禮義廉恥觀念，卻把「悶聲大發財」當成是最好的東西。對於普通民眾來說，想發財的念頭是可以理解的，但是對於一個掌握國家政治、軍事、經濟等全部大權的首腦人物，這個思想就非常壞，這樣的人會把全部權力用於牟取個人私利，但國家元首是需要對全民族負責的。一旦作為元首的人把權力用於牟取私利，這個國家也就會陷入萬劫不復的深淵，與這個國家打交道的其它國家、團體、機構，如果貪圖其利益的誘惑，自然也會與其同流合污。

　　大眾汽車就是這樣。在商業利益的驅使下，不惜衝破西方對中共的技術封鎖，在中國設廠，甚至連德國也變成中共分化歐美聯盟在歐洲的最早突破口。在大眾和德國的示範作用下，美國的波音等商界勢力推動促成了一件事：1995 年美國宣布，國會每年對中國貿易最惠國待遇的審批將不再與人權掛鉤，美國對中共作出的這種讓步令許多人感到憤怒和震驚。

　　大眾公司的作弊醜聞，引發人們對德國企業的普遍關注。原來，德國大企業作弊或行賄等醜聞已經屢見不鮮。從西門子、德國商業銀行、拜爾，到大眾、奔馳、寶馬，一系列口碑良好的德國企業均被曝光涉嫌行賄受賄、吃回扣或洗錢。

多年前，享有盛譽的德國西門子公司在全球範圍內行賄至少 8 億美元，一些中層經理還涉嫌賄賂歐盟官員。大巴車和卡車製造商德國曼恩集團曾動用上百萬歐元資金賄賂多個國家的決策者，以獲取國家和私人訂單。

奔馳公司曾涉嫌在 22 個國家行賄，大眾公司為了獲得訂單用昂貴禮物、豪華旅遊和舉辦性派對等賄賂辦法作為敲門磚。

不久前，德國軍工企業萊茵金屬集團被不來梅檢察機關罰款 3700 萬歐元，緣由是其涉嫌在向希臘出售防空系統時行賄。在長達 10 多年的時間裡，該公司通過一名希臘中間人和一名前希臘海軍軍官，在推銷價值 1.5 億歐元的防空系統時行賄。

德國企業的道德敗壞和出現這些醜聞與該國同中共的親近不無關係。

中共分化歐美聯盟在歐洲選擇的突破口就是德國。1993 年，德國政府提出以大陸為中心的新亞洲政策，這使中國在 2002 年首次超過日本成為亞洲國家對德最大貿易夥伴。2010 年，德中雙邊貿易額達到 1424 億美元，佔中國與歐盟貿易總額的 30％。

截至 2011 年 8 月，德國在華設立企業 7000 餘家，累計投資項目 7500 餘個，金額超過 180 億美元；對華輸出技術累計近 1.6 萬項，合同金額超過 500 億美元，約佔中國自歐盟技術引進合同金額的 38％。中國是德國機械、汽車、化工等支柱產業最重要的出口市場之一。德國是對華技術轉讓最多的國家、是歐洲各國在華投資最多的國家，也是歐洲各國對華提供發展援助最多的國家。

歐洲議會主席、德國社會民主黨成員舒爾茨（Martin Schulz）就大眾醜聞發表評論說：「（這）在整體上將對德國經濟帶來沉重打擊。」

在中共邪惡基因的腐蝕之下，西方不僅在利益誘惑下對中共妥協，還在重大問題上向中共讓步，甚至「合作」。

2012 年 4 月下旬，中國著名盲人維權律師陳光誠在四名網友的協助下，逃離有上百警察與村委監視的軟禁之地山東省臨沂東師古村，進入了美國駐北京大使館。

中共政法委的黑幕隨著陳光誠奇蹟般的出逃開始被揭露出來，這是中共統治最黑暗和殘暴的一面，一旦曝光，將動搖中共統治根基。

美國就陳光誠事件與中共的談判原本包括一個條件：中共政府聽取他（陳光誠）受虐待的投訴並進行全面調查。

然而，中共以陳光誠家人生命安全脅迫陳光誠不要申請政治避難，而要走其安排的留學之路，這樣一來，中共就從一個惡人形象儼然轉變成一個寬宏大量的「善人」角色，這將美國置於尷尬的境地，也完全模糊、泯滅了陳光誠聲討中共政法委的初衷。這個結果既有中共的狡猾，更有美方未能堅守道義和原則對中共的妥協，成為美國外交的一個敗筆和恥辱。

陳光誠經過十多年努力，付出無數慘痛代價，想要實現的並非個人利益，並非是和妻子、孩子過上好日子，而是維護法律的尊嚴，為他人維護正義。他被非法囚禁 7 年，一直希望以自己的綿薄之力，喚醒民眾的維權意識，去掉那些危害百姓的毒瘤，使中國社會步入正軌。

讓中國加入 WTO，西方國家的想法本來想用世界規則約束和改善中共，使其最後或許能真正地融入國際社會。但是，他們想不到的是，中國經濟獲得長足發展之後，中共掌控全球局勢的野心隨之膨脹，原本貧窮的中共有錢之後，便在對外關係上展開

銀彈外交，此舉在某種程度上開始改寫西方社會的遊戲規則，全世界因此陷入與中共同坐一條船的危險之境。

美國對中共的政策正在發生變化

世界是一個此起彼消的平衡體，中共意圖掌控世界，不會不引起西方世界尤其是美國的警惕。種種跡象顯示，美國對待中共的政策已經發生變化。

在紀念六四天安門廣場屠殺事件 26 周年之際，美國政界再度對中共做出強硬表態。有接近華府的政治活動人士呼籲美國政府對中共採取更有力的約束措施，尤其在人權問題上不能再為中共簽發免費通行證，因為中共已經成為世界通往終極自由的最大障礙。

呼籲者認為，近 20 多年來，中共開始以其自己的方式改變世界，這比世界改變中國要多的多。但是中共改變世界的方式非常不好，它是利用了人性中的弱點和惡的因素，在打交道的過程中，人們不知不覺地被腐蝕了，所以目前世界的自由面臨被中共侵蝕的危險。他認為現在已經到了改變這個狀況的時刻了，美國政府和美國一些學者也在反省這個問題。

此前的 3 月，美國外交關係協會發布一份研究報告，建議美國修訂對華的大戰略，限制中共的經濟和軍事擴張對美國在亞洲和全球帶來的危險。

一段時間以來，中共在南中國海有爭議的區域內進行礁盤填海造島工程，不僅引發亞洲多國的反彈，也引起美國對中共擴張野心的關注。

作為對中共擴張野心的制衡，4 月 27 日，美國和日本簽署了
一套新的防務協議，使兩國軍隊在中國在亞洲的影響力不斷加大
之際能夠加強合作。

很久以來，美國都沒有把中共作為真正的邪惡和威脅來看
待。中共所寄生的國家太特殊，這個國家有五千年悠久的文明，
本來與共產主義這樣的邪說毫無關係，這一點對美國是一個迷惑。

美國對解體蘇聯有一種使命感，為解體蘇聯，曾經親近中共。
時過境遷，中共變成比當時的蘇聯更加邪惡的存在，其邪惡更加
隱祕，是利用人性的弱點對西方國家賴以立足的道德和價值體系
進行腐蝕。

TPP 的簽約，或許是以美國為首的西方國家的清醒之舉，在
隔絕和孤立中共的同時，解體這個邪惡的毒瘤，為人類未來的發
展廓清道路。

第三節

中國對外投資數據中隱藏的祕密

　　中國人想為資產尋找安全的儲存地，不過，美國羅格斯大學（Rutgers）商學院教授康恰克特（Farok Contractor）在《耶魯全球線上》（Yale Global）發文指出，事實上，多年以來，中國個人及企業持有的大量流動資金一直積極地試圖離開中國，並脫離人民幣資產，轉持非中國資產。這種趨勢引發了 2015 年 8 月人民幣在外匯市場的貶值。

　　康恰克特教授列舉了一系列數據證實，中國企業一直以建立子公司的方式使資金轉移更為容易：中國的跨國公司平均持有 36 家國外的子公司或附屬公司，而其他地方的跨國公司平均只持有 5 家。此外，中國直接投資外國的資本有高達 70％流向加勒比海地區和香港。由於中國投資人對每條財經新聞都可能反應過度，預期市場會更波動，出現更多齊漲齊跌的現象。

　　金融市場 8 月出現的全球性恐慌，由於人民幣兌美元匯率突然從 6.2 貶值到 6.4 而更為惡化。中共政府調降所設定的每日參考匯率可能有幾方面原因，可能為提高市場的靈活性，或是為了支持出口商。不過，事實是，多年以來，中國個人及企業持有的大量流動資金一直積極地想辦法離開中國，並脫離人民幣資產，轉而將資金置於曼哈頓或悉尼的公寓、美國股票、新加坡的銀行或乾脆買奢侈品。這已經創造了外匯市場的貶值壓力。

　　簡而言之，因為中國規定，除非是商業需要，否則不允許人民將自己的人民幣兌換成其他貨幣，因此有價值數千億的流動資金無法離開中國。

　　中國的企業或個人不能隨意去銀行要求將人民幣換成美元等外幣。除非客戶能夠有文件證明他是一家進口商、要繳交孩子在海外讀大學的學費，或是中國公司的國外子公司需要資金，否則會被銀行拒絕。

在香港、加勒比海設空頭公司

　　中國公司為了將資金從中國移出，方法之一就是在香港和加勒比海地區成立空頭公司。早在 2011 年，經濟合作與發展組織的報告就指出，中國對外直接投資的資金有高達 57.4％去了香港的分公司或子公司，另外 12.7％去了加勒比海的公司。相比之下，中國公司直接投資歐洲或美國關係企業的資金只占 8.2％。

　　這意味著，2011 年以來每年超過千億美元的對外直接投資當中，高達 70.1％的資金進入了加勒比海地區和香港這兩個小小的經濟體。更有甚者，聯合國貿易與發展會議收集的數據顯示，

中國在境外直接投資的附屬公司數量異常驚人。以全球而言，跨國公司共有 10 萬 3786 家，多數總部設在北美、歐洲和日本。其中有 1 萬 2000 家，也就是 11.6％的跨國公司將總部設在中國。這看起來很合理，因為中國企業在全球的影響力是在增加。不過，中國公司在外國的子公司數量達到 43 萬 4248 家，占全球總量的 48.7％。

每一中國跨國公司有 36 家外國子公司

如果這是真的，中國每一家跨國公司有多達 36 個國外子公司或附屬公司，相對於全球跨國公司平均只有 5 家國外子公司。這些數據揭示了一個隱藏的祕密：中國公司在加勒比海和香港的大量子公司僅僅是空殼公司。許多空殼公司成立的主要原因，是為了在短期內將人民幣換成外幣創造正當理由，也就是為資金持有人打造一個隱密的，而且不是真正用於商業目的資本流出管道。

確實有小部分中資香港子公司將資金回流中國進行投資。香港企業可以被視為外國投資者，享受廉價土地等中國投資人享受不到的好處。其他香港子公司可能是為了不要被視為中國公司而成立。不過很大部分中國對香港的直接投資，以及對加勒比海避稅天堂的多數資金流出是為了讓資金持有人享受稅賦優惠，或是將資金配置於外國銀行、股票或不動產。

在 2015 年，中國買家榮登澳洲和美國房地產最大外國買家。《金融時報》報導，至 2015 年 3 月的這 12 個月，中國買家花了 286 億美元購買美國的不動產，中國人也是紐約、溫哥華、倫敦、

悉尼和奧克蘭的最大買家。幾百戶價值數百萬美元的曼哈頓公寓沒有人住，它們只是外國有錢人的投資。

中國經濟正在放緩，年增長率從 10％以上降到只有 6％或 7％。荒謬的是新聞炒作以及隨之而來的全球性焦慮，透過互聯網和媒體的放大，一個被多數國家期望的 7％年增長，成為賣出資產的理由。同樣荒謬的是，只貶值 3％的人民幣造成的恐慌、拋售和崩盤。

一個全球化的世界是相互關聯的，有充分的流通性，容易出現全球性的集體心態、狂熱和從眾行為。因此，對於更多的驚人消息和市場大起大落要有心理準備。

第四節

增速破 7 資本外流加劇
中國經濟艱難

　　中共官方公布第三季度 GDP 增長 6.9％，這是 2009 年以來中國經濟增長率首次破 7。另外，中國股市動盪，投資者擔心中國經濟下滑加劇了資本外流。知名濟學家吳敬璉表示，中國經濟要實現轉型，唯一的出路是推進改革，通過改革消除制度性障礙。

　　中國經濟增速破 7％是許多經濟學家和分析人士預料之內的事情。但是，中國經濟似乎並沒有結束下滑的趨勢，這不僅令國際投資者擔憂，中國本地的富人因苦於政治和經濟局勢的不明朗，也開始轉移資產的行動，這使下滑中的中國經濟雪上加霜。

　　中共央行干預匯市消耗了巨額外儲，資金外流導致外匯占款下降，基礎貨幣缺口巨大，央行不得不再度採取降息降準措施，以彌補基礎貨幣缺口，向市場注入流動性，提振疲弱的經濟。

　　但是，中國經濟增長模式不再能夠具有足夠的發展動力，人

們雖然知道轉變經濟模式可能是中國經濟的出路所在，但中共體制的存在成為經濟轉型的最終掣肘。

中國第三季度 GDP 破 7

中共「保 7」壓力增大，李克強最近表示，只要能夠保持比較充足的就業、居民收入有所增長和環境不斷改善，7% 左右的 GDP 增速高一點或低一點均可接受。

然而，中國的就業形勢並不樂觀。中共國家統計局發言人盛來運 2015 年 10 月 19 日在回答記者提問時表示，中國 9 月調查失業率為 5.2%，較 8 月的 5.1% 小幅上升。

中國經濟增長放緩對就業市場的衝擊開始顯現，三季度求職競爭加劇，平均 35 人競爭一個白領崗位。

據智聯招聘發布的報告，秋季求職競爭指數上升趨勢明顯，第三季度平均一個白領職位收到 35.4 份簡歷，較一季度的 26.1 以及二季度的 29.3 大幅上升。

人社部長尹蔚民近期也表示，中國每年需要在城鎮安排就業的人數仍然維持在 2500 萬，就業壓力非常大。

此外，當年糧食豐收，糧價大跌，農民收入直線下降。

艾格農業分析師馬文峰說，價格下跌最大的是玉米和小麥，其中玉米主要是飼料，而水稻的稻糠作飼料也會受到影響，主要是飼料環節傳導到價格，同時庫存積壓也有影響。

馬文峰認為，糧價 20% 以上的跌幅直接影響農民可支配收入近千億，按照上半年中國農民 78% 的消費傾向簡單核算，糧價大跌直接影響農民消費市場，或影響到 GDP 的增速 1 個百分點。

實際情況可能更糟

日經中文網 10 月 15 報導，相比表面的統計數據，中國經濟所面臨的實際情況可能更為嚴峻。

2015 年 7 月，三一重工因資金周轉困難，要求對某鋼鐵廠商以實物頂帳，提出用挖掘機等實物來抵付購買鋼材的貨款。

9 月，武漢鋼鐵集團將焊接工和車工等 45 名員工調到化學工業區擔任保安工作。因生產量減少，武鋼有可能進一步對 300 餘名員工調整職位。

山西最大的民營鋼企海鑫鋼鐵在 2014 年秋季宣告破產。9 月，海鑫鋼鐵破產重整計畫獲批，將在另一家鋼企的帶領下重組。中國製造業面臨著需求減少和產能過剩的雙重壓力，行業的重組淘汰才剛剛開始。

中國遭遇大規模資本外流

美國財政部 10 月 19 日公布的覆蓋其主要貿易對象的《國際經濟和匯率政策報告》最新估算結果顯示，2015 年頭 8 個月，中國資本外流規模超過 5000 億美元。

報告認為，7 月以來，中國股市動盪加劇和投資者擔心中國經濟下滑加劇了資本外流，這一狀況實際自 2014 年三季度持續至今，給當前偏弱的人民幣匯率增加壓力。

根據中國國際收支平衡數據，美國財政部估計中國 2015 年上半年在非直接投資的資本外流達到 2500 億美元，而前一年同期不過只是 260 億美元的水準。美國財政部並估計 7 月非直接投

資資本外流達到 700 至 800 億美元，當時中國股市正遭遇更大的不確定性。而在 8 月匯改之後，這種外流的規模可能達到 2000 億美元。

3 個月投巨額資金干預匯市

美國財政部報告表示，中共央行為了阻止經濟減速引發人民幣貶值，2015 年夏季投入巨額資金干預匯市。在 7 月、8 月、9 月這短短三個月裡，央行為支撐人民幣匯率花費了總計近 2300 億美元。

報告顯示，央行 7 月當月投入的資金高達 500 億美元，決定下調人民幣匯率中間價的 8 月為 1360 億美元，9 月為 430 億美元。為了防止人民幣加速貶值，中國拿出了以美國國債為中心的外匯儲備，實施大規模「拋售外匯、買入人民幣」的干預政策。

日經網報導認為，這反映出了因中國經濟前景不透明等，市場上拋售人民幣壓力越來越大這一實情。

英國《金融時報》報導認為，央行這麼做，至少部分是為了應對大批資本流出該國的局面。

央行雙降

2015 年 10 月 23 日晚間，央行宣布減息降準，並取消了商業銀行等金融機構存款利率浮動上限。市場分析人士認為，經濟增長破 7%，工業企業跌幅擴大和通脹低於預期等因素導致央行雙降。在工業通縮得不到根本扭轉和外匯占款還會持續下滑的情況

下，央行的寬鬆政策依然會繼續出台，甚至會醞釀推出類 QE 政策。

雙降不能解決根本問題

興業銀行首席經濟學家魯政委認為，中國三季度經濟增速跌破 7％，工業企業跌幅繼續擴大，產品價格跌幅大於預期是本次減息的主要原因。但是，企業面對的主要矛盾是總需求不足，其總資產周轉率大幅下降，而有效匯率的高低對總需求的縮張關係重大，因此，不動匯率的減息不能夠解決根本問題。

民生證券研究院執行院長管清友也認為，中國經濟的「病根」是有效需求不足（服務業短期不能彌補房地產和製造業的缺口）和有效供給不足並存（馬桶蓋都要海外代購）。中長期來看，雙降解決不了這個根本問題。

他說，前者需要切除壞死細胞（去產能、去槓桿），後者需要培育新細胞（通過制度改革和技術創新創造新增長點），無論哪一點可能都需要三至五年的時間。只要 PPI 沒有止跌回升，就談不上經濟復甦了。經濟體復甦的時候鋼鐵不可能是白菜價，而現在螺紋鋼是一斤一塊錢。

招商銀行同業金融總部劉東亮表示，央行的寬鬆舉動將會持續至 2016 年，屆時 1 年期存款基準利率可能降至 1.0％以下，在利率日益接近極低區間，且利率管制取消之際，不排除央行未來會醞釀推出類 QE 政策。

不過，貨幣政策對實體經濟的刺激作用正在衰減，宏觀經濟的表現持續低於預期。

根據麥格理對量化寬鬆的分析，QE 持續釋放的流動性阻止

了過剩產能（過去 30 年的加槓桿進程所致）的理性化出清，同時又阻礙了需求的加速增長。因此，貨幣流通速度的下降促使貨幣刺激規模擴大至前所未有的水準，而這又會進一步抑制貨幣流動性速度，進而要求更多的 QE。同時，隨著各個國家貨幣競相貶值，全球需求受到壓制，不少國家經常性帳戶盈餘增加，並非因為出口增長快於進口，而是因為進口萎縮快於出口。這意味著全球的需求都在萎縮。

未來 10 年增長靠創新

英國《金融時報》10 月 23 日報導，麥肯錫全球研究所（MGI）10 月 21 日發布的一份報告表示，如果未來 10 年中國想實現 5.5％至 6.5％的普遍增長率預測值，創新對中國經濟增長的貢獻率就需要達到一半。

MGI 表示，中國經濟增長的幾個傳統引擎都在失去動力。MGI 預測，由於人口老齡化，中國的勞動力可能最早在 2016 年見頂，到 2050 年減少 16％。

MGI 稱，如今單位國內生產總值（GDP）所用的資本較 1990 年至 2010 年期間的一般水準高了 60％。生產 1 美元 GDP 所需資本為 5.4 美元，高於 1990 年至 2010 年期間的 3.4 美元。MGI 預測，到下個 10 年的後 5 年，這個數字將升高至 7.6 美元。

投資也可能受到中國日益升高的債務負擔的拖累。MGI 數據顯示，2015 年中國債務對 GDP 的比例為 282％，高於美國和德國等國家的比例。

MGI 預測，在截至 2025 年的 10 年裡，增加生產要素（勞動

力、固定資本和能源）投入對中國 GDP 增長率的貢獻將僅為 3.4個百分點，低於 2000 年至 2010 年的 6.2 個百分點和 2010 年至2014 年的 5.6 個百分點。

因此，唯有創新對未來經濟增長的貢獻率從現在的 30％提高到 35％至 50％，中國才能實現預期增速。

中國經濟出路在於消除體制性障礙

2015 年 10 月 25 日上午，著名經濟學家吳敬璉在清華大學產業發展與環境治理研究中心（CIDEG）成立 10 周年慶典暨學術研究會上發表演講，提出中國經濟轉型過去成效不大的原因在於存在體制性障礙。中國經濟要實現轉型，唯一的出路是推進改革，通過改革消除制度性障礙。

吳敬璉說，中國經濟增長從 2011 年開始進入下行通道。與此同時，需求不振，出口增長緩慢，不少企業經營發生困難。他表示，從實際表現來看，中共一直從需求端看待經濟問題，這是源自凱恩斯主義的短期分析框架。

吳敬璉認為，用凱恩斯主義的短期分析方法看待中國長期增長的問題，存在很大問題。

在這種方法的引導下，全球金融危機發生後，中共 2009 年採取了非常強的刺激政策，想拉升經濟增長速度。2009 年到2010 年只在很短的時期，把這個經濟增長速度從年增長 6％左右拉伸到 8％以上，甚至到了 10％，但是很短暫，到了 2010 年末就開始進入了下行的通道，從 2010 年到現在，幾乎每年或者隔一年就會採用這個強刺激的方法希望拉升經濟增長。

吳敬璉分析說，這樣做產生了兩個負面的結果，一是投資拉動的效果越來越差。特別是到了最近兩年，這個刺激的作用幾乎等於零；另一個方面，因為過度的投資，使得國民資產負債表的負債率即所謂槓桿率變得越來越高。

他說，中國今後要保持持續穩定增長，主要的驅動力量應該是轉變經濟增長的方式，從主要依靠投資、主要依靠投入資源，轉到主要依靠技術進步、靠效率提高。其中的關鍵在於建立一套有利於創新和創業的體制。

吳敬璉認為，關於經濟模式的轉變，已經提出整整 20 年，而經過 20 年的努力，依然沒有太大的成效，原因是存在體制性障礙。要消除這個障礙，就要「在保證不發生系統性風險的條件下，把主要的精力放在切實推進改革上。」

第五節

習提「系統性危機」
經濟面臨二次改革

得益於 1990 年代的改革，中國經濟曾一度高速發展，但目前中國經濟宏觀數據幾乎全線告急，不進行第二次改革不行了。但中共的政治體制，使改革阻力很大，如果不脫去中共這個外殼，中國不僅經濟前景堪憂，整個民族可能會失去發展機會。

有跡象顯示，中國經濟不僅失去動能，還可能處於一種險境。中國經濟要想擺脫險境，不進行第二次改革看來是不行了。但是，這第二次改革遭遇的阻力似乎比上一次改革更大，這次阻力來自中共這個政治體制，來自中共本身，如果不脫掉中共這個外衣，中國不僅經濟前景堪憂，整個民族都會失去發展機會。

由於世界越來越一體化，被中共拖累的中國還可能成為國際社會的風險來源。

也許是看到中共對世界腐蝕性的影響，西方世界開始另起

爐灶,與中共進行切割,這或許是 TPP(跨太平洋夥伴關係 The Trans-Pacific Partnership)應運而生的一個因素。

有評論認為,TPP 的締結意味著中共過去以開放促改革的視窗期已過。此前 WTO 是期待中共開放以促進其改革,而跨太平洋夥伴關係協定(TPP)的設計卻是要求先改革才有入場券。

目前中國經濟宏觀數據幾乎全線告急,顯示中國處在一個歷史發展的關鍵轉折點,問題焦點集中在改革上。

快速增長得益於 90 年代改革

施羅德投資(SDR.L)11 月 9 日的評論稱,投資者即使沒有完全放棄中國,從他們的情緒也可以看出,中國經濟還未脫離險境。這個險境可能來自舊經濟模式逐漸失去動能,過去的改革紅利已經耗盡。而此前中國經濟的快速增長,主要得益於 1990 年代的改革。

報告認為,破產和改革可令產能迅速下降,而另一種較慢的方法是向面臨困境的機構提供無盡的貸款。後者短期內帶來的危害較小,在政治層面上也可能較易接受,可是它將會需要很長時間才奏效。

經濟改革出現兩種聲音

如果改革曾經是中國經濟增長的推動力的話,那麼,目前這種改革可能在中共體制內遭遇到阻力。

《華爾街日報》11 月 9 日報導,中共高層經濟官員 9 月 22

日在中共發改委總部召開一個閉門會議，來自發改委的官員們呼籲繼續採取加大投資的經濟刺激措施，而來自財政部的官員則更希望刺激消費。

報導稱，中共政府官員們認為自由化改革計畫充滿風險。

這些風險包括：放鬆金融管控可能導致資金外逃，但眼下國內迫切需要資金來支援經濟；在最艱難的時候允許公司破產會導致就業減少；在目前壞帳水準已然上升之際，完全放開存貸款利率可能會刺激無節制的放貸。

9月一份官方聲明顯示，中共領導層已決定將實現資本項目開放的時間從 2015 年底推遲到 2020 年底。

習近平釋放經濟改革信號

就在《華爾街日報》刊登中國經濟自由化改革遭遇阻力報導的第二天，11 月 10 日上午，習近平在中共中央財經領導小組第十一次會議上表示，需要針對突出問題和關鍵點推進經濟結構性改革，並談及股市，要求盡快形成一個充分保護投資者權益的股票市場。

習近平兩個月間多次公開談及股市。其中最引人注目的是習近平訪美之前，接受了《華爾街日報》的書面採訪，表示政府救市是為了「解除系統性危機」。

在回應外界擔心中國經濟轉型能否保持穩定增長的擔憂時，習近平表示：「開弓沒有回頭箭，我們會排除萬難，以達至改革的目標。」

陸媒《第一財經日報》引述熟悉宏觀政策的專家觀點報導稱，

許多重大領域的改革已經到了具體單一部門難以推動的階段，未來的頂層設計將更側重於解決具體問題，為將要實現的目標掃清障礙。

中共已失去機會

目前，核心的問題是，經濟的二次改革意味著脫離中共這個軀殼，國際社會包括中國民眾已經給過中共機會使其改良，但中共放棄了這個機會。

英國《金融時報》中文網撰稿人張小彩10月27日撰文表示，對於中共來說，以開放促改革的視窗期已過。此前 WTO 是期待中共的開放以促進其改革，而跨太平洋夥伴關係協定（TPP）要求先改革才有入場券。

張小彩表示，中共當前的牛鼻子是改革，只有進行世界普遍認同的市場化改革，才有可能贏得繼續開放並融入世界的機會，才能帶來經濟的繼續繁榮。

如果把改革的希望寄託於開放所帶來的外力，在當前的形勢下，收穫的很可能不只是失望，還可能有國民財富的流失、改革壓力的消解，甚至是金融危機。

張小彩認為，中國目前面臨三個主要問題：

一、經濟放緩，土地、環境、人力資源優勢逐漸喪失，出口趨降，人民幣貶值預期強烈，由於英、美等國經濟回暖，過去 20 多年中國通過雙順差政策吸納的巨量外國投資正圖謀抽身撤退；

二、中國國有企業改革、法制建設不及預期，這可能帶來世界對中國經濟繼續市場化走向的悲觀預期。代表 1800 家歐盟企

業的歐盟商會認為，歐洲企業已經對中國市場化改革產生「信任危機」；

三、TPP 是外資對中國失去信心之際而開闢的另一個投資場，這不但可能形成一個地緣上接近中國的「低氣壓中心」，迅速吸走在中國的國際資本，還可能因歐美把其全球化的重心轉向 TPP、TIPP 而帶走中國曾經占據的海外市場。目前跡象已經十分明顯，一些有遠見的企業（包括中國企業）已經向 TPP 成員國，如越南遷廠。

以上三重因素疊加，中國過去 20 年吸納的資本正急切尋求全身而退的機會。

張小彩認為，在這種局勢下，中國必須先進行相應的經濟、政治改革，達到入門條件才能夠獲得成員國資格。換句話說，就 TPP 而言，沒有改革，就不再有開放的機會。

經濟寒冬：最新數據幾乎全部下滑

中國國家統計局 11 月 11 日下午發布的宏觀經濟數據顯示，10 月分規模以上工業增加值較上年同期增長 5.6％，低於市場預期，增速比上月下降 0.1 個百分點。這一水準與創出 2008 年 11 月以來最低增速的 2015 年 3 月相同。

此外，從顯示企業生產活動活躍程度的發電量數據看，降幅達到 3.2％，相比上月有所加大。生產低迷所體現的中國經濟減速仍在持續。

固定資產投資 2015 年前 10 個月同比上漲 10.2％，為 2000 年來新低。1 至 10 月，全國房地產開發投資同比名義增長 2.0％，

增速進一步回落，房地產市場的調整仍在繼續。

與工業的疲弱表現形成對比的是零售銷售在 10 月上漲 11％，創下最快增速，成為唯一的亮點。

金融體系錯配 效率低下

據中共人行 11 月 12 日數據，中國 10 月新增人民幣貸款 5136 億元，預期 8000 億元，前值 1.05 萬億元。社會融資規模 4767 億元，預期 1.05 萬億元，前值 1.3 萬億元。二者雙雙創下 2014 年 7 月以來新低。

與此同時，M2 同比卻保持了 13.5％ 的高增長，預期 13.2%。該增速創下 2014 年 6 月以來新高。

據彭博稱，Natixix 亞太首席經濟學家 Alicia Garcia Herrero 表示，儘管人行竭盡全力，但貸款管道並沒有起作用。

中歐陸家嘴國際金融研究院副院長劉勝軍表示，從 M2 占整個 GDP 的比重和最近幾年中共貨幣投放量看，數字都非常驚人，不能說市場缺錢，可能是資金在配置上出現錯誤。

對外經貿大學金融學院博導丁建臣和北京大學金融與證券研究中心主任曹鳳岐表示，2015 年上半年，社會融資總額的增長和銀行信貸的增長是不匹配的，這一定程度上表明資金沒有進入實體經濟，可能到了資本市場上。

中國社科院金融所貨幣理論與政策研究室副主任楊濤分析，貨幣政策和公開市場操作雖然是對流動性的及時調整，但體制內外存在結構性的差異，使資金難以被配置到最需要的領域。

劉勝軍表示，對於實體經濟的刺激方面，貨幣政策已經失靈，

主要問題是中國金融體系效率低下。國有銀行的大部分資源被配置到沒有效率的行業和部門，國有企業占了 75％的金融資源，但對整個 GDP 的貢獻不到 40％，這本身就是金融體系的錯配。

市場自由化或推動政改

日本經濟新聞編輯委員吉田忠則 11 月 12 撰文表示，中國的金融制度改革正在取得明顯進展。人行於 10 月 24 日取消了存款利率上限，在制度方面，銀行今後有權自主決定存貸款利率。在這之後，對於此前通過利率控制市場的中國貨幣政策來說，將面臨未知的世界。

在取消存款利率上限的同時，降低了存貸款的基準利率，從表面上來看，中國仍在利用利率實施貨幣政策。但是，基準利率上下浮動的主要目的是傳遞當局「收緊」和「放鬆」貨幣政策這一意圖，實際上發揮效果的是資金量的控制。

中國為著眼於人民幣納入儲備貨幣，資本移動的自由化也在不斷推進，但如果資金開始跨境自由流動，將難以通過數量進行控制。

在此背景下，人民幣匯率的自由化提上議事日程。目前，為了利率根據供求關係靈活浮動，完善市場將成為課題。不過，從數量調控轉向利率調控的貨幣政策調整是無法回到過去進程的。

猶如多米諾骨牌的各種課題的連鎖反映，是中國開放經濟、走向國際化的必然結果。就算中國政府具有強大的權力，但仍然難以抵擋席捲全世界的資金激流。加速市場化的一系列改革或將通過政府職能的調整，有一天將推動中國政治體制的改革。

人民幣入籃
股市成最大政治

中國在近半年裡發生三次股災，使股民潰不成軍，紛紛撤離股市。分析指，股市若失守，會徹底點燃「超級危機模式」。習近平 2015 年接受美媒採訪時說，政府救市是爲了「解除系統性危機」。股市儼然成爲中共當局「最大的政治」。

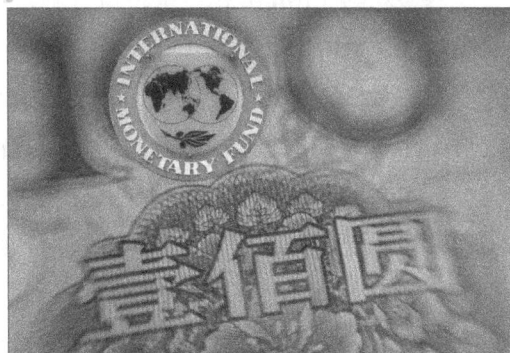

人民幣加入國際貨幣基金組織特別提款權（SDR）貨幣籃子，只是一場事先張揚的「愛情」而已。（AFP）

第一節

中國人民幣入籃是雙刃之劍

　　美國南卡羅萊納大學艾肯商學院教授謝田在《新紀元》周刊（第458期2015/12/10）中分析了人民幣入籃是把雙刃劍。文章說：

　　「國際貨幣基金組織（IMF）執行董事會上個月底決定將人民幣納入特別提款權（SDR）的貨幣籃子，從2016年10月1日生效。到那時，人民幣將成為美元、英鎊、日圓和歐元之後籃子中的第五種貨幣。此前，IMF總裁拉加德一直不斷的在吹風，支持人民幣加入，拉加德也一直在與中共領導人反覆溝通，中共當然也希望加快人民幣國際化的進程。因此，人民幣入籃，不是令外界吃驚的事件。但是，這個看似沒有懸念的事件，對中國來說，卻十足是一把雙刃的劍：中國政府表面的巨大收益和潛在的實質風險。

入籃的意義何在？

美國聯儲會前主席伯南克（Ben Bernanke）指出，人民幣加入 SDR 只具有象徵性的意義，「就像小學生作業完成出色獲得的金色五角星一樣」。約翰霍普金斯大學教授孔誥烽（Ho-Fung Hung）指出，人民幣的所謂「國際交易」，其實 70％都發生在香港！香港直到今天，仍然是中國大陸跟外界金融互動的主要視窗。孔誥烽說，如果撇開香港的影響，人民幣僅占國際交易的 0.8％，連泰銖都比不上。

雖然人民幣在 IMF 貨幣籃子中的權重達到 10.9％，排在美元（41.7％）和歐元（30.9％）之後，超過了日圓（8.33％）和英鎊（8.09％）。但實際上，人民幣在世界經濟和貿易中的真正份量，不僅達不到日圓和英鎊的力度，甚至遠遠不如加拿大元和澳大利亞元。人民幣入籃權重為 11％左右，而中國的人口占世界的比例接近 20％；2015 年第二季度，根據 IMF 的數據，美元在全球儲備資產中占 63.8％，人民幣大概只有 1％。也就是說，號稱世界貿易大國的中國，在世界貿易和金融系統的巨人中間，只能算是半拉個人都不到！離世界平均水準還相差很遠。中國加入 IMF 貨幣籃子，本來希望動搖美國老大的地位，削弱美國和美元的優勢。但 IMF 執行董事會的決定，讓美元的地位幾乎絲毫沒有動搖，中國只是搶去了英國和歐元的部分份額而已。

入籃對中國來說，確實只具有象徵性的意義。對一個經濟上剛剛崛起的國家、一個從世界工廠的加工業賺了很多錢的土豪和新富來說，渴求國際承認、加入富豪俱樂部，是很自然而然的事。對西方國家、掌握著金融規則的舊富來說，承認也就是承認，既

不用花什麼大錢自己破費，還樂得逼迫土豪學會怎樣打領帶、穿燕尾服、交俱樂部會費。但尋求承認的土豪，卻要付出相當大的學費、會費、服裝費等高昂的代價。

入藍意味著什麼？

人民幣被納入國際貨幣基金組織特別提款權這一事件本身的意義主要是象徵性的，但中國當局似乎為此而採取了廣泛的措施，以提高金融市場的透明度，並加強人民幣的可兌換性。如果真的是這樣，它將對人民幣的使用帶來長期的影響。

人民幣雖然被納入 IMF 特別提款權（SDR）的貨幣籃子，但國際貨幣基金組織（IMF）同時指出，人民幣在操作上需要大力完善，必須有充分的深度和足夠的流動性，從而給予外國的基金有充分的機會進行對沖。另外，兌換人民幣的費用，也不能很高。

之前，中共央行針對遠期售匯徵收兩成的風險準備金，這充分顯示出中共政權對外匯風險擔憂的程度。一方面，中共對外匯市場非常擔心、諱莫如深，所以積極儲備外匯、控制外匯；而另一方面，IMF 則要求中國不要干預太多，要讓市場自行決定，要增加流動性。所以，雙方的要求，可以說是南轅北轍、各唱各的調。

中共對人民幣匯率市場的干預，讓使用人民幣的外國企業和外國國家央行憂心不已。誰敢相信中共政府呢？誰能夠相信一個共產黨政權呢？中國央行的利率結構，更是另外一個巨大的難題。人民幣的使用有如此大的不確定性，在國際市場，人民幣的交易費用必然增加，這會極大的減低人民幣在國際市場上的被接受程度。人民幣離岸和在岸市場的差價加大的時候，出於本能，

中共央行必然進行干預，中共幾十年來也一直在進行干預，這也是為金融市場所詬病的行為。

IMF 會讓 WTO 的教訓重演嗎？

人民幣加入 SDR，計畫在 2016 年 10 月生效。未來 10 個月，是 IMF 和中共暗自角力的緊張階段。中共在聯合國與其他流氓國家混在一起，狼狽為奸，為人權惡棍撐腰，為自己迫害人權的行為尋求保護傘。西方社會的政府苟且於中共的淫威和金錢的壓力，不敢發聲，但受到國內民眾的非難。中共在其他國際組織如 WTO（世貿組織）上的不信守承諾，出爾反爾，不按規則辦事，也早已臭名遠揚。中共會不會在 IMF 的 SDR 問題上來一個回馬槍、翻臉不認人呢？IMF 會讓 WTO 的教訓重演嗎？西方應該已經有經驗了，也吃夠了苦頭。拉加德想必會從美國貿易代表處得到足夠的訊息，也不會聽任中共出爾反爾。10 個月的角力最激烈的，一定是 IMF 和拉加德會集中火力，要求中共真正進行承諾的多項改革。

中共加入 WTO 後，根本沒有履行當初的承諾，美國認為中共是在玩弄文字遊戲，甚至明知故犯。美國和西方後悔的是，WTO 沒有剔除成員的辦法。無可奈何之下，美國只有重起爐灶，成立了 TPP（環太平洋貿易夥伴）和 TTIP（跨大西洋投資和貿易協定），並把中共剔除在外。人民幣加入 SDR 後，IMF 會強烈要求中共兌現在國際經濟交易和外匯交易中的承諾，遵守國際慣例。而如果中共再次違約，IMF 執行董事會做出決定把人民幣剔除出去，也不是沒有可能的。

　　人民幣入籃的雙刃特質，正面效應是象徵性的面子工程，反面效應在短期，人民幣大幅貶值、資本大規模外流幾乎不可避免。從中長期來看，人民幣加入 SDR 會迫使中國金融市場進行改革，IMF 所希望的貨幣政策改革、利率改革、匯率改革、國企改革，既需要制度化的保障，也必須能經得起實際操作的檢驗。但這些金融改革一旦起步，必然觸及中共的既得利益集團，中共深層體制的弊端和反對勢力的瘋狂反撲，都會呈現到表面。借用中共一個紅二代日前的話說，衝突已經白熱化了！

金融市場開放或演變成政治危機？

　　許多人認為，加入 SDR 是人民幣國際化的催化劑，的確如此。但人民幣進入 SDR 的過程中，如果習李操作得當，會促進中國金融資本市場的開放，對改革者來說，確實是一個重大勝利。但如果操作不當，政治體制改革繼續滯後，面對江派、毛左的反撲，金融失當會演變成政治危機，中國會面臨其他新興經濟體如阿根廷、韓國、泰國等國已經歷過的危機，使入籃成為中國政治進一步封閉僵化、走向全面倒退的開始。

　　美國紐約州參議員查爾斯‧舒默（Charles Ellis Schumer）認為，IMF 不是在設法阻止中國操縱貨幣，而是在鼓勵中國操縱人民幣匯率。當然，舒默是從美國勞工的利益角度去看這個問題的。但坦率的講，IMF 看來沒有力量阻止中國操縱貨幣，美國政府雖然有這個力量，但近幾年的白宮都沒有這個意願。IMF 是否能夠用入籃作為槓桿，去制止中共操縱匯率，還要看未來 10 個月的發展。中共央行副行長表示，人民幣加入 SDR 不是一勞永逸

的，不符合 IMF 條件時，「也可能退出 SDR」。紅朝需要記牢的是，中國可能不是自己主動退出 SDR，而是有可能被動的被逐出 SDR。改革開放一旦停滯，人民幣作為 SDR 籃子貨幣的地位可能不保。但在當前的中國政經局勢下，經濟中國全面剝離中共，才是現政權能繼續推動改革開放的前提。

中國來的消息表明，這次「入籃」是習李高層的決策，並為此大開金融改革綠燈，中方和 IMF 多次技術談判，擬出了具體的改革方案。從年初開始，中國也實施了一些匯率改革、連續下調人民幣中間價等舉措。當時，國際媒體認為中共是為促進出口而人為的壓低匯率。但是，如果促出口不是中共的目的，其真正目的是接近 IMF 的標準、朝人民幣匯率市場化、交易自由化邁進，那在未來 10 個月的「達標」過程中，人民幣的持續貶值註定會引發匯率戰、貨幣戰。也就是說，中共一方面要迎合 IMF，另一方面還要平息貿易夥伴的不滿。

與美元掛鈎的策略或無法持續

對中共來說最致命的，也是紅朝最害怕的，大概是 IMF 要的方便對沖。中共可能對此覺得匪夷所思，因為這些投資、投機行為直接影響人民幣的穩定，是中共避之唯恐不及的。但對正常社會的跨國貿易和投資來說，這是再自然不過的事。

對沖是什麼意思呢？對沖又被稱為避險、套期保值，英語是 Hedge 或 Hedging，就是利用遠期外匯交易來規避風險，進行遠期避險或遠期對沖。這樣呢，對從事國際貿易、國際投資的企業來說，就可以避免因匯率變動而產生的損失和交易風險。雖然對

沖也被投機者加以利用，但對沖對減低商業風險的意義，對國際
投資的益處，顯而易見。

世界外匯市場以美元做計算單位，所有外幣的升跌都以美元
作參照。美元走強，即外幣走弱；外幣走強，則美元走弱。所以，
一旦允許人民幣對沖，中共奉行已久的和美元掛鉤的策略就無法
進行，而人民幣的漲跌一旦超過一定的限度，必然引起中共內部
的恐慌，進而引發中國經濟的恐慌，會導致中共在驚慌失措中，
眼睜睜的看著自己的政權被金融風暴所吞沒。這就是紅朝最怕出
現的夢魘！

IMF 對讓人民幣入籃，顯然放寬了標準，他們希望到 2016
年 10 月時，人民幣可以達到「自由使用」的標準。「自由使用」
還不等於自由兌換，只是說一種貨幣被廣泛使用。但中共「十三
五」規劃說，人民幣在 2020 年才能實現自由兌換！

經濟中國剝離中共的繼續

謝田繼續說，正如筆者在《TPP：經濟中國剝離中共之始》
的四篇系列文章中所指，人民幣納入 SDR 籃子，是經濟中國剝離
中共的繼續，並且是國際社會也捲入了從經濟上對中共的剝離。
因為，入籃對中國百姓來說，從長遠看一定是好事，但對中共來
說，可能是迫使中共放棄對貨幣和經濟的控制權的外在因素。如
果經濟中國能夠剝離中共，使得臭名昭著的中共干預經濟、干預
外匯市場的劣行銷聲匿跡，中國的經濟和金融，會出現突破性的
進展。

中國經濟目前正在急遽放緩，信貸市場泡沫正在破裂，2014

年中國有超過 5000 億美元的資本外流，這時，試圖在 10 個月內放開人民幣自由使用，即便不是自由兌換，也風險巨大。中共的如意算盤是，人民幣的儲備貨幣地位是一種催化劑，會引導世界各國央行買入人民幣資產，提高其儲備中投資於中國的比例，所以對中國、對人民幣有利。但是，即使部分國家政府出於政治目的或受中共脅迫這樣做了，這對人民幣的影響也微不足道。因為，更大規模的國際金融資本、私人資本、跨國企業，不會因為「入籃」就對人民幣另眼相看，因為他們清楚的知道人民幣的本質。相反，入籃鼓勵中國民眾放棄人民幣、更積極的尋求外幣資產，會使中國出現大量資本外流。中國的外匯儲備必然因此驟減，人民幣大幅貶值的壓力會是空前的。到那時，中共出不出手？審判前的大考，即將來臨！

第二節

打擊中信等舊財閥
習李王藉 SDR 破局

據說中信的很多「內鬼行為」都是在劉樂飛指使下進行的。劉雲山父子也被指聯手惡意做空股市。（大紀元合成圖）

據大陸財新網 2015 年 12 月 4 日報導，中信證券執行委員會中又有兩人被公安帶走，他們是中信證券投行業務負責人陳軍和國際投行業務負責人閆建霖。

中信證券八位執委只一人沒事

陳軍和閆建霖現年都是 46 歲，據說，陳軍在中信證券十多年。閆建霖 2006 年加入中信證券。

至此，中信證券八名執委會成員中，董事長王東明退休，六人涉案。除陳軍和閆建霖外，涉案的另外四人分別為：中信證券總經理程博明、負責經紀及研究業務的徐剛、負責資金運營及另類投資及風險管理工作的葛小波和負責資本仲介業務的劉威。

特別引人好奇的是，中信證券八名執委，六人被抓，一人退休，還剩一人是誰呢？

2015年6月中旬到7月上旬，江派為了在經濟上搞垮習近平，從而阻止習抓捕江澤民和曾慶紅，江派控制金融界的既得利益集團搞出了大股災。習當局救市時，委任中信證券等國有大公司為救市主力，哪知中信充當「內鬼」，不救市，反而暗中吸血，結果遭到習的全面整肅。

12月3日，中信證券公布了新一屆董事會候選人名單，10名董事暫缺三名候選人，七名候選人為張佑君、殷可、楊明輝、方軍、劉克、何佳、陳尚偉。

殷可就是那個唯一沒被查的執委，其負責國際業務。也許殷可反對當內鬼，才逃過一劫。

據圈內人介紹，被迫退休的中信證券董事長王東明，其弟弟、創辦《財經》雜誌的王波明，都是王岐山的老朋友，30多年前他們一起創辦了大陸的證券行業，如今王東明都「下課」了，還有誰讓王岐山不敢碰呢？

查下屬是為了收集劉樂飛的證據

於是很多人把目光聚集到了中信證券的副董事長、政治局常委劉雲山的兒子劉樂飛身上，據說中信的很多「內鬼行為」都是在劉樂飛指使下進行的。劉樂飛雖然暫時沒事，但很多跡象表明其處境並不妙。

中信證券作為「中國的高盛」，不但在大陸證券界分量重，而且在這次「救市與壞市」的博弈中扮演了最不光彩的角色。

有人猜測，很可能王岐山抓這些手下人去交代實情，目的就是收集劉樂飛作案的證據，一旦各種人證物證齊全了，劉樂飛被判刑也就是鐵板釘釘的事了。或者，王岐山以劉樂飛為交換條件，迫使劉雲山辭職下課，或者招供出江澤民的更多罪行。

劉雲山是江澤民集團對抗習近平陣營的前台人物。劉雲山一直利用其主管的宣傳口不斷造事攪局、對抗習當局。其主管的宣傳口遭習陣營持續清洗，劉的文宣權力在逐步被削減。

據港媒披露，9 月 15 日中共常委會通過決定，責成劉雲山就若干問題處理上不遵守「政治規矩」和「政治紀律」，導致造成政治上重大失誤、消極影響等作出反思並提交檢查報告。

在中共 18 屆五中全會分組討論時，各大組點名要江派前任常委李長春和現任常委劉雲山等承擔宣傳領域敗壞墮落的責任。此前劉雲山也曾多次遭中共高層問責。

劉樂飛推薦人進摩根

就在中信證券執委被抓的同時，不利於劉樂飛的消息從海外也傳回中國。

據《華爾街日報》報導，摩根大通為配合美國聯邦政府賄賂調查撰寫的報告顯示，該行在長達十年的中國 IPO 熱潮期間，曾聘用 222 名中共政商界「精英」推薦的人，被指希望打通在華商貿脈絡，疑以此換取參加國企在港上市的項目。

據報，多達四分之三涉事企業的高管「親信」曾進入摩根大通任職，推薦人就包括劉樂飛。中信集團曾向摩根大通推薦三名候選人進入這家銀行，其中兩名 2010 年培訓生為劉樂飛推薦。

25 家證券金融公司被查

12 月 5 日，就在中信證券的八個執委只剩一個時，陸媒報導說，證監會將對證券期貨機構展開專項檢查，25 家證券、基金、期貨子公司也將被檢查。

此前已經有至少 80 多位金融界人士被抓或自殺，預計更多金融界老虎將被抓。有評論稱，這次習近平、王岐山不是針對某些個體去處理貪腐，而是在向整個金融體系挑戰，比如處理中信證券，真的是連鍋端啊，「接下來恐怕要出大事了。」

人民幣加入 SDR 倒逼資本市場改革

人民幣加入 SDR，大陸官方是一片叫好聲，稱這將大大提高人民幣的國際地位，有利於提升大陸外投資者的信心，促使 A 股出現新一輪上漲，有利於金融、房地產、一帶一路等行業和板塊。

也有專家看到，加入 SDR，只是一個面子上的光榮，實際對中國經濟可能風險很大，這必將加速大陸金融改革和資本帳戶的自由化，人民幣匯率變動也將更多的取決於資本流動和經濟基本面狀況，而非政府的價格控制。

不少人擔憂人民幣放開後，國際大鱷們會乘機做空，攪亂大陸資本市場，但也有很多人期待 SDR 能倒逼改革，就是在亂中破局，真正把中國經濟融入全球體系中。

假如北京能順應時代潮流，真正推行自由市場經濟，就好比 18 屆三中全會李克強推出的改革 60 條，若真能實施，未來中國的經濟將發生巨大變化，這就和政治體制改革遙相呼應了。

第三節

中央經濟會議籠罩多重陰霾

2015 年底中國北方的陰霾困擾居民出行，空氣中刺激的味道不時引人乾咳。據說一種從加拿大洛磯山脈收集潔淨空氣裝瓶儲存，並運送到北京的生意非常紅火。這些在十多年前開玩笑才出現的情景，目前成為現實了。

猶如當前中國上空籠罩的不散陰霾一樣，中國經濟問題似乎也是一片陰沉。近期以來，中國宏觀經濟數據持續疲弱，顯示經濟嚴重低迷。

12 月 8 日，海關總署公布的 1 至 11 月中國外貿進出口數據顯示，進出口總值22.08 萬億元人民幣，比2014 年同期下降7.8％。其中，出口 12.71 萬億元，下降 2.2％；進口 9.37 萬億元，下降 14.4％；貿易順差 3.34 萬億元，擴大 63％。

2015 年前 11 個月，中國鐵路貨運量同比減幅超過 11.63％，

延續 10 個月跌勢。

　　而人民幣納入國際貨幣基金組織特別提款權貨幣籃子的結果，並沒有引起多長時間的興奮，反而導致人民幣持續大幅貶值，市場對中國的擔憂日甚。

　　經濟數據有些枯燥乏味，但它所說明的問題卻非常現實，大約與每個人的錢袋子都有莫大的關係。人民幣貶值，經濟通縮，中國經濟三駕馬車中的出口和投資有些動力不足等等，這些問題似乎還不是最令人頭痛的，中國經濟和政治領域中的一些現象，才是籠罩在中共經濟會議上空的濃重陰霾。

官員不作為　人心下滑

　　此前的胡、溫時代，遭遇過政令不出中南海的難題。而今，這個問題稍微有些轉變，但一些重大的改革舉措仍遭遇官員不作為的重大阻力，造成改革雷聲不斷，落實卻艱難的局面。

　　路透社 12 月 7 日文章分析稱，中國推進改革的速度表面看起來似乎並不慢，一些關乎環境保護、生態資源破壞補償的政策文件，既不乏措詞嚴厲的表述，國家層面或地方層面關於防治大氣污染的條例也不時推出。但實際情況是，城市陰霾越來越嚴重，部分城市重污染天數持續增加。

　　與此同時，中南海的各項改革舉措也是雷聲不斷，但政策落地以及執行效果好壞的反饋似乎無聲無息。

　　文章認為，這裡有經濟自身原因，但官場不作為風氣，以及由此導致的政策落地難，對改革紅利釋放的制約也不可忽視。

　　對此，中共財政部財科所所長劉尚希認為，經濟不景氣不完

全是錢的問題，很多地方有錢有項目，但不願意幹，因為看不準；銀行惜貸，地方政府惜力，都是因為風險大看不準。地方政府惜力是擔心項目一旦出問題，會有官位不保的官場風險；銀行擔心的是壞帳增加的市場風險。

劉尚希稱，官員不作為比經濟下滑更可怕。因為經濟增長速度下滑有周期性和階段性，最怕的是人心下滑。

短期增長和長期穩定的矛盾

英國《金融時報》12 月 9 日發表社評認為，中國目前正搖擺於短期增長和長期穩定的矛盾之間，面對資本流出和人民幣貶值壓力，中國可選擇的路十分艱難。

英媒說，中國錯失了 10 年有利時間達成經濟平衡，那時國際市場需求旺盛、資本快速流入中國；如今，環境變得不利，中國才開始希望逆轉失衡。然而，如果中國借貸成本如市場預期那樣高的話，美聯儲議息的結果將是中國下一個即將應對的挑戰。

中國掉進「中等收入陷阱」？

中國會不會掉進「中等收入陷阱」？星展銀行的大衛・卡彭（David Carbon）給出了自己的說法。

與其他論者不同，他認為中國由消費（而非儲蓄或投資）引導的增長會帶來中等收入陷阱的風險。

日前，「用消費來拉動增長」成為中共官員、分析師和投資者的常用話語。但是，卡彭認為，消費從來沒有驅動過經濟增長：

18 世紀工業革命的時候沒有，19 世紀和 20 世紀美國鋪設鐵軌和
州際公路的時候沒有，亞洲四小龍在 20 世紀和 21 世紀崛起的時
候也沒有。所有這些飛速的增長階段都是大量的儲蓄和投資驅動
的，並將繼續由儲蓄和投資驅動，而不是由購買新衣服、新單車
和商業區夜晚的消費活動驅動的。

然而，「從投資轉向消費」為什麼吸引人？因為這是其他「更
加發達」經濟體所做的，中國也想像其他國家一樣「發達」。

從美國、日本、香港和馬來西亞的經歷來看，當收入上漲，
儲蓄下降時，經濟增長會放緩。這是無法避免的。唯一保持快速
增長的方法是盡可能多的儲蓄和投資。

卡彭寫道，中共政府希望在下一個五年計畫提高收入和生活
水準，以防止中國落入一個「中等收入」陷阱。但是，靠消費拉
動增長是落入中等收入陷阱的最快途徑，雖然中國對此避之唯恐
不及。

中國成本優勢的喪失

中國經濟正在失去成本優勢。

2015 年 8 月，美國波士頓諮詢集團（BCG）發布的《全球製
造業的經濟大挪移》顯示，中國的製造成本已經與美國相差無幾。

全球出口量排名前 25 位的經濟體，以美國為基準（100），
中國的製造成本指數是 96，即同樣一件產品，在美國製造成本是
1 美元，在中國則需要 0.96 美元，雙方差距已經相去不遠。

《紐約時報》8 月初刊登文章《產業鏈大逆轉，中國紗廠登
陸美國》，顯示中國的紡紗業成本比美國高 30%，中國的紗廠開

始在美國設廠。

紡紗業只是中國製造的一個縮影，隨著人工、能源等成本的增長，中國製造業國際競爭力有所下降。

此外，日經網 12 月 8 日報導，中國單位勞動成本超過日本，隨著中國人工費用的上升，日本企業降低了在華生產比例；與此同時，日本企業對越南等東南亞的投資比例從一成提高至三成。

隨著中國與日本的人工費用差距縮小，一直在擴大中國等亞洲產量的日本廠商 TDK 也轉變了方針，該公司社長上釜健宏表示：「與其重新尋找人工費低廉的地區，不如通過日本國內生產來提升競爭力。」

中國的人工費用年均漲幅 10％左右，據日本貿易振興機構統計顯示，從員工平均月工資來看，北京達到 566 美元，上海為474 美元。這雖然大幅低於 2000 美元以上的日本，但如果以生產效率的單位勞動成本進行比較，情況將大為不同。

據 SMBC 日興證券的估算，從中、日以美元計算的單位勞動成本來看，截至 1995 年，日本達到中國的 3 倍以上。但這一差距不斷縮小，2013 年中國反而超過了日本。2014 年中國進一步超過日本。

SMBC 日興證券的高級經濟學家渡邊浩志表示，越是生產高附加值產品，越是需要勞動者具有較高生產效率，在日本生產越有利。

資本外流加速

根據凱投宏觀經濟學家 2015 年 12 月 7 日估計，中國 11 月

資本外流加速，淨資本流出達到 1113 億美元，這個估計與央行公布的外匯儲備減少相符。

由於中國資本外流近期出現加劇的趨勢，12 月 9 日，央行視窗指導暫停機構申請新的 RQDII（人民幣合格境內投資者）業務，以緩解資本外流壓力。

一名中資基金人士表示，最近兩個月，很多中資機構用 RQDII 通道赴境外買債、買人民幣存款證（CD）的規模相當龐大。

據香港外資行一名投資經理初步估算，自 8.11 匯改以來，借助 RQDII 管道流出的各種產品規模有上千億；由於這一業務並不透明，這只是粗略估算。

中國資本外流局面在經歷短暫穩定期後似乎又出現加速之勢。11 月外匯儲備意外大降 872 億美元，至 33 個月新低，並創下 1996 年有數據以來第三大月度跌幅，預計外儲未來可能續降。

此外，中國 11 月央行口徑外匯占款減少 3158 億元人民幣（約 488.85 億美元），創歷史第二大單月降幅，僅次於 8 月的減少 3183.51 億元（約為 492.80 億美元）。

據國際金融協會（IIF）報告，2015 年中國資本外流規模將達到創紀錄的逾 5000 億美元。四季度大陸資本外流可能為 1500 億美元，第三季資本外流則為創紀錄的 2250 億美元。

10 月 19 日美國財政部公布的《匯率半年度報告》顯示，中國前 8 個月資本外流已經達到驚人的 5200 億美元。

近期，來自中國的財富推高了從悉尼到紐約，從香港到溫哥華的房價。

路透專欄作家 James Saft 寫道，資金離開中國或許是擔心人民幣繼續貶值、中國資產價格下滑；或許是擔心被貪污起訴和法

辦。這些人為確保資金安全，通常選擇在倫敦、紐約、夏威夷或者加拿大等地購置房產，甚至會投資藝術品。

由於中國實行嚴格的資本管制，許多湧入全球房地產市場或藝術品市場的大部分資金在技術上可能屬於非法，其通道大概是地下錢莊。

央行官員表示，地下錢莊每年的資金轉移規模在人民幣 8000 億元（約 1250 億美元）左右，2015 年的規模比以往更大。

另據《中國經營報》引述參與過央行、外匯管理局調查地下錢莊的消息人士稱，中國地下錢莊一年的資金規模至少在 2000 億美元以上。

第四節

憂引爆超級危機
股市已成「最大政治」

中國股市發生的三次股災，最近兩次是由人民幣加速貶值誘發的。這兩次股災與以往股災不同，以前投資者總是不死心，總想扳回局面，而最近兩次股災可以說是將市場信心完全打散，股民潰不成軍，紛紛撤離股市，轉投其他資產。

中國股市對於北京當局來說，不僅是一個資本市場那麼簡單，似乎是各種勢力博弈的中心，用「政治市」來描述中國股市的性質，確實非常恰當。

有機構分析認為，中國股市不能崩盤，因為中國沒有退路，一旦股市失守，意味著中國經濟策略的整體潰敗，會徹底點燃「超級危機模式」。

這種超級危機模式意味著全社會的危機，是一場包括經濟、金融、社會和政治的整體危機，因為中國股市不僅反映百姓的

心理狀態（中國股市 80％的交易額來自個人投資者，也稱「散戶」）、反映機構投資者的心態，也反映當局的心理承受狀態，更映射了國際資本市場的動態。

習近平在中共中央財經領導小組第 11 次會議上再次談及股市，要求盡快形成一個充分保護投資者權益的股票市場。2015 年習近平訪美之前，在接受《華爾街日報》書面採訪時也說，政府救市是為了「解除系統性危機」。

因此，在某種意義上說，股市已經成為當局「最大的政治」。

然而，中國股市病得不輕，病在信心崩潰。一般來說，心病要從心上醫，中國股市要想重整旗鼓，需要重建市場信心。

熔斷機制觸發股市暴跌

熔斷機制觸發了股市的暴跌，這使中國股市從年初開始就進入災難狀態，市值蒸發高達 5 萬億美元，給國內投資者帶來了新的心靈創傷，市場信心備受打擊。

2015 年上半年，A 股經歷了空前的繁榮，然而隨著槓桿的激增，2015 年夏天，股市開始進入下跌模式。雖然在國家隊的支撐之下，2015 年底前，A 股還有一波反彈，但進入 2016 年以來，隨著人民幣的持續貶值，A 股再度暴跌，已經接近 2014 年的最低水準。

1 月 18 日傳出已辭職的中國證監會主席肖鋼，17 日在證監會的會議中稱，大量獲利盤回吐，各類槓桿資金加速離場，公募基金遭遇巨額贖回，期現貨市場交互下跌，市場頻現千股跌停、千股停牌、流動性幾近枯竭、股市運行的危急狀況實屬罕見。如

果任由股市斷崖式、螺旋式下跌，造成股市崩盤，股市風險就會像多米諾骨牌效應那樣跨產品、跨機構、跨市場傳染，釀成系統性風險。

A 股「苦日子」已經到來

廣發證券策略分析師陳傑 1 月 18 日撰文表示，近期股市暴跌，市場信心潰散，要重聚人氣需要大量時間。股市在過了 4 年「好日子」以後，要做好持續過「苦日子」的準備。

陳傑認為，從國內外經驗來看，當一個股市泡沫破滅之後，再吹一個新泡沫需要的時間非常漫長。有時即使刺破泡沫的利空因素完全消失，股市也很難在短期內回到泡沫時的水準，原因就在於泡沫的破滅對人心的傷害太大。相比前兩次「股災」，本次暴跌之後「人心的潰散」變得更加明顯。這種信心的潰散，可以從機構投資者和散戶的表現上看到。

機構投資者是 2015 年四季度 A 股市場最重要的增量資金來源，但是年初以後的暴跌使他們辛辛苦苦累積的「安全墊」被瞬間擊穿，很多產品受交易規則限制，不得不全部清倉。

2015 年兩次股災之後，證券市場交易結算金餘額明顯下滑，但從未跌破過 2 萬億元，這說明很多散戶在股災後進行了減倉，但並沒有通過銀證轉帳轉出資金，有隨時「入市抄底」的心理；而本次暴跌之後，證券市場交易結算金餘額已迅速跌破 2 萬億元，這說明很多散戶可能已經「徹底死心」，遂將錢通過銀證轉帳轉出，這些錢要再次回歸股市可能需要等到 A 股再次顯現「賺錢效應」。

中國散戶放棄股市 轉買外幣

近期中國股市持續動盪，中國散戶投資者開始將資金從股市上抽走，轉向基於外幣的金融商品。

中國股市和西方市場不同，成交量的 80％ 來自散戶，近 1 億人擁有股票帳戶。2015 年上半年，中國股市大漲，但此後大跌約 40％。新年 1 月的下跌成為壓倒很多人的最後一根稻草。

比如 22 歲的廣東散戶周俊安說，反正買得不多，懶得跑出去。當時是想高一點賣，但轉眼就跌慘了，現在也懶得管了。他對中國股市已經沒有了信心，現在想買美元。

中國散戶對近期人民幣的加速貶值感到震驚。2015 年 8 月以來，人民幣貶值近 5％。崑山一名在一家銀行會計部門工作的 48 歲女子說，股市亂了套了，還是美元保險得多。她換了價值 50 萬元人民幣（7.6 萬美元）的美元。

黃金需求得到提振

北京一名 24 歲的女性投資者說，黃金是硬通貨，其他可能都是泡沫，美元、債券哪個都抵擋不了國際局勢動盪。

一些散戶還將股市裡的錢轉向理財產品和保本基金。廣州一名王姓女士就向銀行買了各種以債券型為主的理財產品，她在 2015 年的股災中損失了 30％，8 月清倉。

一些散戶已經放棄了獲得投資回報的念頭，更加專注於過年。深圳的 Ivy Li 對中國股市失去了信心，她在股市投資了 10 萬元，1 月 12 日清倉。不過，她還沒有把錢投到其他資產的打算，

準備過年期間去旅遊。她估計今年經濟不太好。

A 股估值仍高

儘管今年以來上海市場的基準指數上證綜指已經累計下跌18％，觸及一年多來的低位，但滬市基於今年預期收益的市盈率中值依然有 24 倍之高。

《華爾街日報》1 月 18 日報導，2016 年中國股市的下挫已經吸引了全球的關注。從目前仍然處於高位的市盈率水準看，中國股市可能還有進一步下跌空間。

規模達到 2.8 萬億美元的深圳市場市盈率水準更加驚人，預期市盈率中值為 33 倍。相比之下，標普 500 指數預期市盈率中值為 16 倍，歐洲斯拖克 600 指數為 15 倍。

交銀國際董事總經理洪灝說，中國是全球估值最高的主要股市之一，（投資中國股市）就像是買彩票，現實情況就是這樣。

投資者對股市開始感到不安。一家中等規模的國有報社發布一條未經證實的消息稱，上海的銀行已不再接受股票作為貸款抵押，這一消息導致 1 月 15 日（周五）後股市突然遭到拋售，上證綜指當日收盤下跌 3.6％。

中共政府干預股市的力度及希望大盤處在何種水準的表態，顯得模糊不清。這與以前的風格迥異。例如，2015 年初，中共官媒刊載了一批社論，就股市前景發表了看漲觀點，推動上證綜指在 2015 年 6 月漲至全球金融危機爆發以來的最高水準。

A 股若失守 將引爆超級危機模式

　　均衡博弈公共研究 1 月 15 日發文表示，中國沒有退路，必須走好股市。中國經濟結構性調整的時期，A 股一旦失守，意味著中國經濟策略的潰敗，會徹底點燃超級危機模式。

　　文章表示，A 股是當前國內唯一能抬升風險偏好的資產，也是擺脫流動性陷阱的依仗。若 A 股失守，勢必進一步惡化國內信用偏好，再次形成類似於股災時期市場流動性枯竭，引發全域性風險。

　　其次，為對沖資本外逃，股市成為匯率貶值、地產以價換量去庫存唯一的預期性影響工具；用股市收益率鎖定貶值外逃動力，是管理層首要的選擇。若任由以熔斷機制為工具、以小資金在滬深 300 中重點突破、引發大盤崩潰的趨勢繼續延續，人民幣匯率將徹底無險可據，無量對沖。

　　第三，A 股為人民幣的回流提供足量資產支撐。若無法扭轉當前市場崩潰態勢，任由市場信心崩潰，一旦 IPO 被再次逼停、註冊制從此了無聲息，國內合意資產匱乏的局面將加劇，伴隨著產能輸出和資本輸出的人民幣，將在國內找不到投資標的，無法回流。

　　陸媒《第一財經日報》引述熟悉宏觀政策的專家觀點報導稱，目前許多重大領域的改革已經到了具體單一部門難以推動的階段，未來的頂層設計將更側重於解決具體問題，為將要實現的目標掃清障礙。

　　在某種意義上說，股市所代表的中國資本市場，已經成為中國最大的政治。

第八章 人民幣入藍 股市成最大政治

中國股市深處的政經絞殺

第九章

農民工也難解
房地產之憂

中國樓市持續下行，庫存量屢創新高紀錄。爲去化庫存，中共出臺對農民進城購房給予財政補貼政策。不過有業內人士擔憂中國出現次貸危機。而欲推行此政策，務先淘汰中國不合理的戶籍制度，否則將成爲窮人救富人的經濟掠奪。

中共當局為救中國經濟，解決樓市危機，推出了農民工購房去庫存的政策。圖為合肥一處農民工工棚。（AFP）

第一節

第二次股災前樓市飄綠
一線藍籌股也不保

大陸樓市跌跌不休，儘管此前一線城市樓市明顯回暖，但仍未能扭轉形勢。隨著經濟不斷下行，加上股市震盪，當前樓市風險盡顯。除西安、成都等二線城市樓盤陷入停工潮外，一線城市廣州、深圳樓市也開始回落，甚至出現退訂潮。

2015 年 8 月，中原監測資料顯示，中國 40 個典型城市 7 月新建住宅成交面積環比下降 5％，一線城市、二線城市及三、四線城市降幅分別為 3％、7％、1％。

如果把中國樓市比作股市，那麼三、四線城市樓市就是小仙股，二線城市為二線股，而藍籌股就是一線城市。

西安 110 億項目項目停工 開發商跑路

當下市場情況是，小仙股已無升值可能，就是一個存量沉放

在帳號裡，且無跡象何時能見「天明」；二線股風險已開始爆發，例如西安、成都等城市的樓盤不斷出事，除項目項目陷於停工潮外，開發商跑路的事情也時有發生。

投資 110 億元的西安城東最大城市綜合體項目佳誠長安集已停工。在過去 3 年裡，開發商陝西佳誠房地產有限責任公司（以下簡稱陝西佳誠）已陸續售出 1000 多套房源，收款逾 6 億元，公司董事長杜旭強疑捲款跑路。

據了解，上述項目覆蓋有住宅、商業、寫字樓、酒店等多類型物業，總占地約 545 畝，總建築面積近 170 萬平方米，規劃有 33 棟樓，規劃總戶數達 9998 戶。不過，在這龐大的樓盤中，僅看到 3 棟建至 10 層的樓房，其餘一片廢墟。

當地知情人士表示，佳誠長安集項目項目停工、開發商失聯，除引發數千購房者維權外，還引發該項目內部員工討要工錢等事件。當地政府人士表示，初步估計長安集、幸福說兩大樓盤已售 1400 多套，涉及房款近 6 億元。

有購房者表示，佳誠長安集及幸福說這兩個項目大約有 1000 多戶業主分別以 40％ 或全款形式共支付了 6 億多元購房款；開發商承諾於 2015 年 8 月底和 12 月底交房；然而，眼看交房日期臨近，工地上還是一片廢墟，隨後聯繫該開發商才得知其已跑路。而安置樓也停工 3 個多月，1600 多戶村民等待 4 年，至今無法回遷。

成都多樓盤爛尾 很難再現好時機

除西安最大樓盤出事外，成都市的項目也頻頻出問題。位於

成都天府二街和益州大道口的華惠·嘉悅匯當下已停工。據了解，開發該項目的成都嘉華美實業旗下三個以華惠為案名的樓盤均已處於停工狀態。

當地調查機構統計資料顯示，目前成都房地產市場包含五龍山嶼府、麥迪森廣場等在內，停工、半停工的商業地產或住宅已超過 30 個項目。

一家香港房地產顧問公司分析師表示，成都房地產市場已經進入了轉捩點，資金鏈條的繃緊甚至斷裂、市場消費不足與嚴重過剩，已經成為壓倒房地產市場的三座大山，而且很難再現 2004 年之後爛尾樓憑藉市場利好翻轉的機會了。

廣深樓市出現下降

值得留意的是，此次危機已蔓延至藍籌股，部分一線城市樓市成交已開始下行，深圳、上海更是發生退房現象。

深圳市房地產研究中心發布報告顯示，7 月深圳樓市成交量已出現近四個月首次回落，新建商品住宅成交面積為 67.43 萬平方米，較 6 月下降 12.3％。

深圳市規劃和國土資源委員會公布資料顯示，7 月深圳一手住宅成交套數 6414 套，成交量環比下降 14.4％。

中原地產資料顯示，截至 7 月底，深圳二手住宅成交面積為 107 萬平方米，較 6 月同期下降了 10％，成交套數環比下跌 11％。

深圳中原研究中心認為，近期深圳二手房市場繼續被大幅看跌，經理指數和報價指數雙雙加速下滑，說明樓市的調整期已經

展開。房價持續近 3 個月的高速上漲期或已結束。

此外，廣州樓市也開始下滑。資料顯示，截至 8 月 2 日，廣州市的一手房成交量已經連續 3 周處於低位，周均簽約在 1500 套左右；而在 6 月 29 日至 7 月 5 日這周，廣州一手房簽約成交量一度達到 2446 套；6 月也成為 2015 年以來成交量最高的月份，達到 9723 套。

中原地產首席分析師張大偉預計，8 月房價漲幅將收窄，主要城市的二手住宅成交節奏也將逐步放緩。

多地現退房現象 入房市需謹慎

值得留意的是，在股市暴跌後，深圳等城市甚至出現退訂潮。7 月，深圳龍華、龍崗、南山等區域逐漸放出一些特殊的房源，如業主股市虧損急賣筍盤，通常比市場價低數十萬左右。而萬科、中海、招商地產部分項目及華僑城片區樓盤，也有不少已交付訂金的客戶要求退房。

據仲介人員反映，有因股市暴跌而虧掉首付的購房者，也有因股市暴跌需要賣房套現的，導致部分區域的部分房源報價下降。

事實上，除深圳外，多地也出現了退房現象。某上市券商房地產資管人士透露，日前在上海、重慶、成都均出現了退房現象。此外，東莞也有類似的情況。7 月深圳客撤離東莞，樓市成交迅速下滑，部分主打深圳客市場的樓盤成交量下降過半，到訪量下降 50 ～ 70%。

分析人士認為，大陸樓市持續不景氣，供應嚴重過剩，房地產已經成為中國經濟的最大風險。而當局不斷出台政策「救市」，

也表明中共對日漸逼近的樓市危機感到擔憂不已。

樓市如股市，風險高積，藍籌股也不例外，入市需謹慎。

第二節

憂三四線樓市崩盤
買房政府補貼 80 萬

中國樓市疲弱，三四線城市更是庫存
壓頂。圖為浙江杭州。（AFP）

　　年末中國樓市疲弱，三四線城市更是庫存壓頂，地方政府頻推出購房補貼等新政刺激市場，其中浙江富陽最高一次補貼 80 萬元。還有不少城市對農民進城購房提供財政補貼。分析人士認為，這表明中共對日漸逼近的樓市危機憂心不已。

　　杭州市富陽區政府 12 月 9 日發布「富陽區促進房地產市場健康穩定發展實施細則」，對在富陽區購買新建商品住房的購房者，提供在取得房屋所有權證後，給予購房款 1% 的補助。

　　據上述細則政策，學歷越高的購房者獲得的補貼越多，本科 3 萬元，碩士 5 萬，博士 15 萬；省 151 人才工程第三層次培養人選、地市級政府特殊津貼人員等補助購房款的 15％，最高不超過 20 萬元；省千人計畫入選人選，省特級專家等補助購房款的 20％，最高不超過 30 萬元；而中國科學院院士、中國工程院院士等國

家級專家人才，實行一事一議辦法施行或一次性補助 80 萬元。

據實施細則，政策從文件發布日開始，一年內買房就能享受這一補貼優惠。

多城對農民購房給予財政補貼

類似這樣的購房補貼還有不少。12 月 4 日，河南省人民政府網站發布「濮陽市人民政府關於支持農民進城購房促進住房消費的實施辦法」（以下簡稱「辦法」），自 12 月 3 日起，濮陽市對農民進城購房予以補貼。

「辦法」顯示，據繳納契稅證明，濮陽市政府對農民所購新建商品住房每平方米補貼 150 元，對第 2 套改善性住房每平方米補貼 100 元，對購買二手房的每平方米補貼 200 元。

農民進城購房首付款比例、貸款利率施行最低標準，由濮陽市財政部門出資 5000 萬元，市政府在市房地產管理中心設立住房擔保機構，施行農民購房擔保，為農民購房按揭款提供風險分擔或緩釋措施。此外，外來人員、濮陽市城區無住房家庭也可享受上述「辦法」規定的優惠政策。

此前，洛陽、駐馬店、濮陽、三門峽、濟源、南陽、許昌及開封等城市，為鼓勵本地農民進城購買商品房，紛紛出台各種財政補貼政策。

據權威人士透露，高庫存已成為阻礙房地產業發展的絆腳石，這也是 11 月中共中央層面時隔 2 年後再次定調化解房地產庫存的主要原因。中共政府計畫推出房地產去庫存措施，包括鼓勵中小城市對在城鎮首次購買住房的農民給予財政補貼和稅收減

免，還研究將農民工和個體工商戶逐步納入住房公積金制度。

中原地產首席分析師張大偉表示，三四線城市推出購房補貼政策，去庫存政策再升級。洛陽、駐馬店等城市為鼓勵本地農民進城購買商品房，已紛紛出台各種財政補貼政策。

數據顯示，2014 年來，累計已經有超過 50 個城市發布了不同力度的購房補貼政策，其中以三四線城市為主。

中共憂心樓市危機

中共國家統計局數據顯示，三四線城市繼續低潮，2015 年 1 至 10 月，非重點城市商品房銷售面積增速比 1 至 9 月回落 0.4 個百分點，拉動全國銷售整體下行。樓市延續分化態勢，三四線城市房價繼續下跌，去庫存的形勢依然嚴峻。

張大偉認為，在土地財政的驅動下，前幾年不少三四線城市大量供地，並在近期形成海量房屋供應是導致三四線城市房子過剩的禍因。多位業內人士表示，在三四線城市中，出現房屋供應嚴重過剩的鬼城不在少數。

據克而瑞信息集團研究中心發布 2015 年中國城市房地產風險排行榜，參與測評的 287 個城市中，風險度前 50 名幾乎都是三四線城市。普洱樓市崩盤肯定不會是個例，未來三四線城市將上演更多的普洱樓市崩盤劇目。

分析人士認為，大陸房地產業持續不景氣，尤其是三四線城市供應嚴重過剩，而這些城市的樓市投資占整個房地產的 80％，房地產低潮直接威脅著中國經濟。2014 年至今，中共當局不斷推出「救市」政策，這表明中共對日漸逼近的樓市危機憂心忡忡。

第三節

樓市高庫存
中央經濟會議推農民工購房

當局推出農民工購房去庫存

2015 年 12 月 18 日至 21 日，中共中央經濟工作會議在北京召開，去化房地產庫存再次成為重點。與此前不同的是，在此次會議中，最高決策層推出了較為具體而有針對性的方案，即農民工購房去庫存的政策。

中國房地產協會一位負責人稱，「這次會議的目的就是為明年的經濟政策明確方向，因此明年的樓市政策也將比較明確，一方面二三線城市圍繞新市民的落戶、購房補貼、契稅減免等政策會集中出現，另一方面與供給端相關的財稅政策也會盡快施行。」

中共住建部一位官員表示，「根據目前全國樓市的情況，去庫存政策手段將主要在二三線城市施行，為避免調控政策再次演

變為對樓市的大規模刺激，未來的樓市政策將側重於針對性較強的政策手段。從這一角度來說，城鎮化進程中的新市民將成為最佳群體。」

業內擔憂農民購房政策

不過在上述政策出台後，不少業內人士表示質疑和擔憂，更有地產行業學者直言鼓勵農民進城買房或成為中國版次貸危機的禍根。

經濟學家陳劍波表示，「一方面目前對進城務工的農民工仍然缺乏政策引導與傾斜，很難令這一群體轉化為有效需求；另一方面在產業配套上仍需完善，給新市民以穩定的收入來源，這才能令其放心購房。」

實際上，有些地方早已開始施行對進城買房的農民給予補貼政策。2015 年 5 月，四川眉山市、安徽宿州市等地均出台對農村居民進城購房可獲得每平方米 200 至 300 元的購房補貼政策。不過，從這兩地的樓市成交情況來看，這一政策的效果並不明顯。

商品房庫存達 85 至 90 億平方米

當下樓市遭遇前所未有的困局，讓當局躁動不安的是樓市高庫存、銷量下滑帶來的經濟放緩。從財政角度考慮，中共政府也不希望樓市持續下行太長時間。

中共國家統計局數據顯示，截至 11 月底，全國商品房待售面積已達到 6.96 億平方米，比 10 月末增加 1004 萬平方米，再次

創下紀錄。

值得留意的是，這個天量數據可能只是冰山一角。12 月 16 日，北師大教授、經濟學家鐘偉在中國寫字樓發展論壇第 12 屆年會上表示，「據我們測算，目前包括可售商品房、在建商品房及保障性住房的可售部分，全國商品房庫存量已達到 85 至 90 億平方米，庫存壓力巨大。」

中共土地財政收入大降

中共國家統計局數據顯示，2015 年 1 至 11 月，全國房地產開發投資增速比 1 至 10 月回落 0.7 個百分點，房屋新開工面積下降 14.7％，竣工面積下降 3.5％，房企土地購置面積同比下降 33.1％，土地成交價款下降 26％。

房地產下滑導致中共當局財政收入大降，尤其是中西部多個省會城市、地級市、縣級市的地方財政受到沉重打擊。受房地產稅收下降影響，多地稅收出現下降，不少地方的土地出讓收入甚至不足往年 10％。

中共財政部數據顯示，2015 年前 10 個月，土地出讓收入同比大降 32.2％。而 2014 年和 2013 年這部分收入分別增長 3.1％和 45％。

公開數據顯示，2014 年土地出讓收入占到地方財政收入的 23.8％；2013 年全國土地出讓收入 4.2 萬億元，相當於同期地方財政收入的 35.5％。

西南某省一位地級市的財政系統人士對陸媒表示，「我們城市前幾年差不多一年有十來個億的土地出讓收入，今年只有一個

億，少了將近 90％。省會等大城市土地出讓收入縮水更嚴重，往年土地出讓金 200 億左右，今年可能就十來個億。」

該人士還稱，現在樓市不好，價格也上不去，「土地拍不出去，出讓金沒有了，還款的來源就斷了，地方政府財政可能會出現危機。」

地方政府債務危機恐爆發

財政收入大幅度減少，地方政府債務危機隨時可能爆發。若能解決二三四線城市的庫存供應過剩問題，可緩解地方政府債務危機的爆發。

中共政府「救市」從來都是被各界批評的，中共最高決策層這次冒大險的背後有很大的壓力或者危機逼迫其這樣做，這些壓力和危機可能主要來自各個地方政府的債務危機，一旦地方政府債務危機爆發，這個壓力會令中共政府無法承受。

有分析人士稱，樓市已經被中共政府認定是支柱經濟，從地方政府出台農民進城購房獲得財政補貼，到中共最高決策層也推出此招「救市」，這表明樓市可能到了危急時刻。因為中國經濟已經徹底和房地產綁在了一起，「救」樓市就是「救」經濟。

農民工能否化解樓市的庫存？

美國南卡羅萊納大學艾肯商學院教授謝田在《新紀元》專欄中也談到農民工化解樓市庫存的問題，下面全文轉載：

2015 年 12 月下旬，中共中央城市工作會議在北京舉行，會

議提出了下年經濟社會發展的「五大任務」，其中之一是「化解房地產庫存」。化解的辦法，一是鼓勵房地產開發企業順應市場規律、調整營銷策略，適當降低商品房的價格。二是，有人把眼光瞄向了中國的農民工，認為中國的農民工有化解樓市庫存的潛力。不管怎麼說，中共當局顯然對樓市泡沫的破滅及其對整體經濟的危險和衝擊，有了新的認識，也意識到了不解決這個問題會埋下的隱患。但讓房地產開發企業調整營銷策略、降低商品房價格，有這個價格和利潤空間嗎？讓中國的農民工去化解樓市庫存，有這個收入和支付能力的可能嗎？

中央經濟工作會議之後，有些中國的地方政府已經開始出台刺激房地產市場發展的「新措施」，房地產「去庫存」似乎正在落到實處。安徽蕪湖政府對應交 4% 契稅的購房者，給予契稅補助 50% 的優惠。這等於是給了購房 2% 的折扣。廣西的北海，則按房款總額 1% 給予財政補貼，這是 1% 的折扣。浙江杭州富陽區，也給予購房款 1% 的補助。

顯然，對已經高度過熱的中國房地產來說，1 ～ 2% 的折扣和補貼只是杯水車薪，不會真正的刺激太大的購房意願。而且，潛在的購房者，那些精明的中國城市居民，一旦發現中共政府支撐不住了，房市大崩潰、房價大跌有了可能，會進一步收緊荷包，等待下一步、更好的機會。

中國房地產的新舉措中，最有「新意」的，是促進農民工購房（以消化庫存），讓廣大的中國農民介入城市房地產的漩渦和陷阱。河南 2015 年 11 月就出台了促進農民進城購房的辦法。政府並要求商業銀行開展農村居民個人住房貸款業務，對購房的農民，政府給予契稅補貼、房款補貼和交易手續費減低。

　　中國房地產的危機，在三、四線城市更甚。因此，過去兩年中，積極促銷的購房補貼政策的中國 50 個城市，也大部分是三、四線的城市。一、二線城市由於地理位置優越，富人聚集，貪官豐富，外加海外華人的需求，房地產市場的壓力稍小，但榮景看來不會太長久，過度建設的後果，最終會吞噬所有貪婪的人。

　　但是，促進農民工購房以消化庫存，從道義上講，就是錯誤的和極端歧視性的。因為，中共當局只是在房地產開發過度、房市低迷、房子賣不出去了的時候，才想起農民工來了！為什麼農民工現在才可以買房？為什麼到現在農民（不是農民工）還不可以買房？在正常國家和社會，所有的城市房地產房源，都是面向所有人的，包括城市居民和農村居民，甚至包括外國人。中共在房地產市場出現危機的時候，向農民工（還不包括所有農民）開放房地產，是他們由來已久的歧視農民策略的延伸，是在用城鄉差別、萬惡的戶口制度歧視農民之後，又從經濟上來誘騙中國農民。

　　推出「農民工化解房地產庫存」高招的紅朝諸公，其實跟「何不食肉糜？」的晉惠帝司馬衷很有幾分相像。司馬衷執政時，有一年發生了饑荒，百姓沒有糧食，只能挖草根吃，許多人活活餓死。晉惠帝聽大臣的奏報頗為不解，問百姓們沒有粟米充飢，為什麼不吃肉粥。中國農民工的收入水準舉世周知，是他們的廉價勞動力支撐了中國世界工廠的低成本。如果中國的城市人口都難以負擔瘋狂上漲的中國房地產，拿著城市人不願接受的低工資、做著城市人不願做的建築雜工的農民工們，怎麼可能負擔得起昂貴的房地產呢？通過加快農民工市民化的方法來化解房地產庫存，十足是當代的「天方夜譚」。

　　中共中央經濟工作會議發布的公告中，一句「撤銷對房屋所

有權的過時限制」，引起了人們的注意，被視為是意義深遠的重大信號，認為這句話包含兩個可能：一是取消對房屋所有權的限制，二是取消房屋所有權 70 年時間的規定。如果這些規定真正實施，應是經濟即將破產的中共政權，不得不放棄對經濟的控制，放鬆對財富（尤其是土地財富）的控制，而不得不把他們侵吞的財富部分歸還給中國人民的結果。這場中國經濟中影響巨大的變革，其實很可能會伴隨著中共在政治上的覆滅而漸漸出現。

城市土地所有權名至實歸，更大規模的農村土地產權問題的解決，也會提上議事議程。如果在這一點上也出現突破，中國的農民和農民工才可能擁有自己的財富。也就是說，如果取消了所謂「70 年的使用權」，真正把土地的所有權歸還中國人民，在這個前提下，中國的農民和農民工成為化解城市房地產過剩庫存的力量，還有幾分現實性可言。如果沒有這個讓共產黨放鬆權力、放棄利益的做法，讓農民工化解房地產庫存，根本不可能。

說起來，中國的農民，包括農民工，真是非常的可憐，是真正值得全世界人民同情的一群人。想想看，中共起家的時候，就是從剝奪地主和農民的土地入手。到如今，因為城市土地資源早已用罄，目前中國開發的房地產都是在侵占城市周圍的農村土地。中共的既得利益集團在從農民手中剝奪的土地上蓋房子，自己賺的盆滿缽滿，到最後房子蓋的太多、賣不出去了，又打起了農民的主意，要失去土地的農民們再次出血、支持當局。

中國的農民和農民工，在暴力威脅下付出了自己的土地；中國的農民工，在經濟壓榨下付出了自己的建設勞動力；而現在，農民們還要拿出最後的銅板，來購買這些讓既得利益者狂撈了一筆、賣不出去的房地產！天下的邏輯最荒唐的，不過如此！

第四節

農民進城置業 首要淘汰戶籍制

中共推出農民工市民化成為化解房地產庫存的重要方式之一，外界分析稱或為窮人救富人的經濟掠奪。圖為安徽省一處農民工宿舍。（AFP）

2015 年 12 月 21 日結束的中共中央經濟會議中，一項推出農民進城置業計畫，廣受媒體關注。

有分析認為，欲推行此政策，務先淘汰中國不合理的戶籍制度，否則讓農民拿錢幫助化解樓市庫存量會成為窮人救富人的經濟掠奪。

中共推出農民進城置業計畫

12 月 21 日，官媒新華社援引中共北京經濟會議公告稱，中國將努力化解房地產庫存以穩定樓市，並將幫助農村人口在城市安居置業。

報導稱，推進農民工市民化成為化解房地產庫存的重要方式

之一，而且被稱作城市工作的一項「突破」。

此外，據官方消息稱，中國還要建 10 個類似北京這樣的中心城市。由於珠三角、長三角、京津冀發展空間趨於飽和，新的中心城市重點將在東北、中原、成渝等幾大城市區域進行培育和發展。

據悉，這個雄心勃勃的城市建設計畫可能會與農民變城市居民的計畫聯繫起來。

中國樓市庫存存量夠賣好幾年

中共國家統計局最新公布的數據顯示，截止到 11 月末，全國商品住宅待售面積 4.40 億平方米。

按照此前中國樓市每年銷售 12 億平方米的速度估算，6.96 億平方米待售庫存需要 7 個月的消化時間。

不過，待售面積還只是顯性庫存。安信證券分析師陳天誠認為，如果將地產商尚未開工的土地、未竣工在建項目計入庫存，中國房地產真實庫存要大很多。

中國房地產數據研究院院長陳晟表示，房地產潛在的巨大庫存才是最可怕的。據他估算，目前包括已竣工未銷售的、未竣工在建的、待開發的，這些潛在庫存加起來不少於 40 億平方米。即使除去每年新開工建設面積，消化它們也需要幾年時間。

中國社會科學院財經戰略研究院近日發布的報告則認為，2015 年房地產市場庫存高企，去化壓力增大，商品住房過剩總庫存高達 21 億平方米，僅現房庫存去化就需 23 至 24 個月。

多家國際著名投行已經公開預警：樓市是中國經濟最大的風

險點之一。

欲農民化解樓市庫存 先取消戶籍制

　　有分析認為，中國是世界上極少數實施人口控制的國家，尤其是戶籍制，公開對中國人口進行了歧視性的劃分。農民的政治權利和經濟權利被人為降低，在一些刑事案件或民事案件的法定補償規定中，農民可能得到的補償大大低於城市居民可能獲得的補償。

　　舉例來說，2015 年 5 月 7 日，在青海打工的河南省新鄉市青年王超傑和另一名工友因下水救人遇難。王超傑是農村戶口，最後計算出的補償金是 19 萬元；另一名遇難的工友是城市戶口，計算出的補償金將近 50 萬元。

　　根據公開資料，中國非工傷死亡的賠償，以河北省為例，城鎮居民的計算方法是：2 萬 2580×20=45 萬 1600 元（河北省2014 年城鎮居民人均年可支配收入 2 萬 2580 元）；農村居民計算方法是：9102 元 ×20=18 萬 2040 元（河北省 2014 年農村居民人均年純收入 9102 元）。

　　在受教育方面，農民也無法與城市人口平等，農村的教育設施簡陋、陳舊，師資匱乏。一旦進入城市務工，其子女可能需要花費比城市居民高出幾倍的費用，才能進入一些民辦的學校讀書。

　　要農民在城市安居置業的計畫，對於許多業內人士來講，是一個利用窮人幫助富人的計畫，這本身就很荒謬。

　　戶籍制是一個以國家權力公然將歧視性政策合法化的制度，目前，社會對取締戶籍制的呼聲越來越高，這個不合理的制度正

在被歷史淘汰。因此，要想實現農民工市民化，首要落實的是取消戶籍制。否則此政策可能成為即將被淘汰的不合理制度的「殘剩價值」，對民眾進行莫須有的經濟掠奪。

多年前股市全流通的改革，也是在不合理規則下推行，成為權勢圈子對弱勢群體的經濟掠奪。

中國股市成立時制度上比較特殊，一家上市公司發行的股票中有很大一部分不能流通（即在交易所公開買賣），包括國家股、法人股等等。一般投資者購買的是可以流通的流通股。這就造成了很多問題。

由於不能公開買賣的那些國家股和法人股等，價格非常便宜，而可以公開買賣的普通股是投資者高價買入的，這種高價，據說換取的就是一種自由買賣的權利。

然而，全流通的實施，令價格低廉的國家股和法人股可以公開買賣，但其持有者卻不需要繳納補差的資金，這等於是從高價普通股那裡直接拿錢，對於普通投資者構成盤剝。

戶籍制度可能即將成為歷史，唯有這個不合理的制度消失了，農民進城置業計畫的政策才不至於成為窮人救富人、掠奪農民的經濟手段。

第五節

房地產問題太大
中共新政或成新危機

過去的十幾年，中共房地產拖經濟增長的後腿，開發商為拿銀行貸款，房價只漲不跌，還越建越多，全國樓市庫存至少需要7年才能消化，中國銀行業壞帳率或達 8.1％。

目前中共房地產問題太大，中共當局的任何新舉措都可能引發另一個新危機。

去化庫存需 7 年

由於樓市庫存居高不下，房地產開發投資持續下滑。中共國家統計局數據顯示，2015 年前 10 個月，房地產開發投資同比下降 0.5％，為近 10 年來首次出現同比下降，1 至 11 月降幅擴大至 1.3％，且存在進一步下降的趨勢。

　　中國指數研究院常務副院長黃瑜表示，從歷史經驗來看，在銷售面積回暖半年左右，新開工回暖。2015 年 1 至 6 月，商品房銷售面積同比轉正，但截至 2015 年 11 月，全國房屋新開工面積仍同比下降 14.7%。

　　房地產投資持續下行主要是因為樓市庫存居高不下。數據顯示，截至 2015 年 11 月底，全國商品房待售面積 6 億 9637 萬平方米，北師大教授鐘偉測算，全國樓市庫存至少為 85 至 90 億平方米。按照過去 3 年平均銷售速度計算，至少需要 7 年時間才能消化。

房地產拖經濟增長的後腿

　　同時，房地產開發投資對於經濟的貢獻率也再度創下歷史新低。社科院城市與競爭力研究中心主任倪鵬飛表示，今年房地產住宅投資同比增幅持續下滑，已快接近 2009 年 2 月的歷史最低值。房地產投資下降直接拖累經濟增長，初步預算，2015 年前三季度房地產投資對經濟增長的直接貢獻率已降到只有 0.04 個百分點，創下 2000 年以來的新低。

　　因此，在 2015 年底召開的中共中央經濟會議上，中共最高決策層以罕見的大篇幅詳講地產庫存，並把去庫存列為 2016 年經濟工作的重要任務之一。會議上給予去庫存的政策包括加快農民工市民化，鼓勵房企降價、取消過時的限制性措施、建立購租並舉的住房制度等。

　　鐘偉認為，去庫存不只是 2016 年的工作重點，也將是未來 5 年乃至更長一段時間的工作重心。他說，過去的 15 年，房地產

行業引領著中國經濟增長，可從 2014 年到 2015 年二季度，已經轉為拖後腿了，「未來 5 年，房地產不給經濟惹麻煩就不錯了。」

為拿銀行貸款房子賣不出也不降價

過去的十幾年，導致樓市庫存嚴重過剩、房價高企的原因是銀行的貸款開放。有分析人士舉例稱，比如以前一個開發商通過某銀行貸款 1000 萬元開發了一個房子，如果還不起那他就倒楣了，因為所有的銀行都是一個體系，你欠了錢沒還就再也沒有翻身的機會。但是中國在銀行改革的基礎上開了一條口子，為了各銀行之間的競爭所以把工行、農行、建行等等全部獨立運營。這本來是好事，可問題是這些銀行都不是私有的，而是國家的。

當一個開發商從工行貸款 1000 萬元後，他只需要用 500 萬來開發房子，然後把售價提升，再把這個開發中的房子按他的售價標準抵押從農行再貸款 2000 萬，然後再用這 2000 萬中的 1000 萬開發一套售價更高的房子來找建行抵押貸款 4000 萬，就是這樣一個滾雪球的瘋狂貸款模式。

房子賣不賣得出去不重要，關鍵是房價要高，不得降價。反正銀行的錢不是私人的，所以稍微疏通一下行長，加上又有「合法的」高零售價的樓盤做抵押，所以自然就越來越好從銀行貸款。這樣造成的結果就是房子越建越多，且房價只漲不跌。因為不能跌，一跌銀行貸出去的錢就再也回不來了。

這可是政府的銀行，所以為了堵住這個資金黑洞，一些被收買的專家、媒體便開始瘋狂製造輿論，用各種輿論手段引誘民眾買房，另一邊中共當局更是頻頻出台新政策刺激市場，進而把這

苦果轉嫁給百姓。

美國南卡羅萊納大學艾肯商學院教授謝田認為，如今中國房地產庫存過高，一個重要原因就是房產價格過高。甚至有些房子的價格比美國的還貴，而中國國民的收入只有美國的三分之一到五分之一。即使對城市居民來說，讓他們來負擔現在的房地產都感到心有餘而力不足，農民就更不用說了。

謝田表示，要讓農民工來消化庫存房有兩個前提，一是就業穩定，收入有保證；二是有一定的經濟能力。然而現在中國經濟正急劇下滑，在公司裁員、工廠關閉、產能過剩的情況下，不少農民工根本沒有固定工作和收入。

謝田還表示，「現在看起來房價很難降下來。一降下來，中國這些地方政府就會紛紛破產，所以呢，他們不敢降，也不可能降。我不知道中共中央政府怎麼能做到讓房價降下來，讓人買得起，除非他們做好準備，讓大量的國企、包括國有銀行和地方政府全面破產，這個也恐怕不是中共願意馬上做得到的。」

此外，由於之前房企拿地價格普遍過高，很多項目的房價基本降不下來。一位全國性大型房企營銷負責人對陸媒表示，「房企銷售是市場化操作，如果庫存無法出清，那開發商肯定早就讓步了，現在一些三四線城市甚至已經是虧本銷售，基本沒有降價空間。」

CLSA：中國銀行業壞帳率或達 8.1%

中共銀監會數據顯示，2015 年三季度末，中國商業銀行不良貸款餘額 1 萬 1863 億元，較上季末增加 944 億元；不良貸款

率為 1.59％，較上季末上升 0.09 個百分點。其中農行不良率高達 2.02％，在維持數年低位運行後，不良率首次突破 2％。

銀監會副主席閻慶民曾表示，「部分地區房地產風險是銀行不良貸款上升的重要原因。」

東方資產近期發布報告稱，商業銀行不良率上升還會持續四至六個季度。並預測在 2016 年四季度末，不良貸款規模為 1 萬 6154 億元，不良率為 1.94％。其中，有一半的受訪者認為其所在地區銀行類金融機構不良貸款率最高超過 3％，甚至有兩成受訪者認為這一數據超過 5％。

法國里昂證券（CLSA）認為，中國銀行業的壞帳率可能高達 8.1％，是官方數字 1.5％的 6 倍之多，這意味著 7 萬 5000 億元的資本缺口，超過中國 GDP 的十分之一。

CLSA 認為，中國房地產部門在新增債務方面最為激進，儘管一線城市的房地產開發商盈利能力較強，幫助提升了整體行業財務狀況，但二三線城市的開發商有著較高的潛在壞帳率。

大陸一位地方銀監局人士曾表示，現在房地產風險主要集中在二三線城市，狀況確實非常糟糕，主要是空置率很高。當企業出現貸款逾期或不良，銀行收回了一些企業用於抵押的商品房，但是在目前市場環境下根本處置不了，這給銀行也帶來了很大的風險隱患。

有分析人士表示，在經濟低潮的現在，民眾還不了貸款斷供進而棄房，同樣會使金融系統出現大麻煩，中共對於房地產的任何新舉措都可能變成新的危機。

第六節

一線樓市暴漲 高槓桿引擔憂

　　為使樓市回暖，近年來中共當局頻頻出台刺激政策，在寬鬆信貸政策、降準減息、降低首付和貸款利率折扣等組合拳下，一線城市購房需求突然爆發，房價暴漲，樓市槓桿也隨之被放大至 10 倍，引發業內擔憂。

　　近年來大陸一線城市房價快速飆升，有分析認為完全是政府過度寬鬆的貨幣政策及場外槓桿資金推動的結果。當前中國槓桿上的房地產市場與去年泡沫破裂前的槓桿上的股市如出一轍。

北上廣深房價大漲

　　中共國家統計局數據顯示，2016 年 1 月一線城市商品房均價同比出現大漲，北京、上海、廣州、深圳分別上漲了 11.3％、

21.4％、10％和52.7％。2月一線房價繼續暴漲之勢，其中深圳新房成交均價再創新高，達到每平方米48095元，同比暴漲72.12％、環比上漲3.4％。

在房價飆漲的同時，廣州、上海等地均出現了排隊買房現象，北京二手市場更是出現購房者自行漲價的現象。北京一位地產仲介人員最近對《證券日報》表示，近期在公益西橋有一套二手房出售，掛牌價為390萬元，第二天早上已有8個購房者預約看房。部分購房者為了拿下此房，自行向業主提出漲價，僅兩天該房就以405萬售出。

此外，一線城市周邊樓市也隨著這波火爆行情而被炒得火熱。如臨近上海的昆山市豪宅均價已達每平方米2萬元；在廣佛交界區域的金沙洲、千燈湖板塊，部分房源價格已經飆升至平方米2萬元以上。

眾籌炒房 坐等升值

一線城市房價的一路高歌引發市場購房焦慮情緒，一些年輕人竟然組團炒房，坐等升值。莊先生是在北京工作的北漂一族，若想在北京買房需連續繳納5年社保和個人所得稅後，才可以擁有在北京購買一套房子的資格。近期他對陸媒表示，「看著飆升的房價，我是真心著急，可是按北京的政策，我需要繳納5年的社保才能買。5年之後，我還買得起嗎？」

莊先生稱，他現在計畫與兩位朋友一起合夥購房，「我有一位好朋友是北京戶口，他還在讀研究生，沒有購房資金。我剛畢業也沒多少積蓄，所以我們與另一位好朋友商量，計畫3個人一

起買一套房，坐等升值。」

據其介紹，他們所購買的房子位於北京朝陽區安華橋附近，是一套 40 平米的二手房，售價近 200 萬元，算上稅費後，每個人出資約 70 萬元。莊先生還稱，「我不知道北京的房子會不會繼續漲，也有人說這是房地產最後的狂歡，但我不能眼睜睜地看著房價將我逼到死角，因而出手。」

實際上，莊先生與朋友合夥購房並不是特例。有業內人士表示，一線樓市供需嚴重失衡，人多地少的問題一直都飽受詬病，尤其是有大量購房者還在觀望，隨時準備充當接盤俠，因此催生出眾籌炒房的情況並不新鮮。

對於一線城市樓市這波飆漲行情，有分析人士認為，瘋狂的透支新政帶來的利好不利於樓市的長期發展，房價的突然上漲，焦慮情緒導致搶房潮的出現，此時應警惕房價的非理性上漲、抑制投機炒房，在地價的不斷推升下，市場高位踏空的風險加劇。

首付貸風險大

隨著房價暴漲，首付貸已成為炒房者的必備工具。深圳一家資產公司總經理近日對《華夏時報》表示，目前市場上首付貸定位不一，其本質截然不同。一種是真實的首付貸，通常與開發商合作，為新房提供首付貸，最低只需一成首付；另一種表面上是首付貸，實際是「套貸」，大多是房地產仲介所為，主要針對二手房，「比如深圳主要集中在關內，他們定位為炒房者提供彈藥，這樣客源多，規模大。」

如何「套貸」在地產仲介中已是公開的祕密，即簽訂兩份合

同，一份真實合同，一份將房價做高的虛假合同，這樣最終幾乎可以首付全免，炒房者只需每月月供。這中間需要先按虛假合同付 30％首付過帳，銀行才會審批按揭貸款，這 30％首付可以通過首付貸的方式從仲介那獲得，等按揭批下來錢回到仲介帳上，購房者只需付短期利息即可。

深圳市房地產研究中心主任王峰表示，「這些炒房的手段使得樓市信貸安全的閥門輕易就被突破，積累了風險。」業內人士稱，無論是一線城市還是周邊，房價的過快上漲或意味著風險臨近，泡沫或加速破裂。近期，上海鏈家發生售房糾紛就是購房金融槓桿風險敞口的集中體現。

民間金融湧入首付貸

首付貸盛宴始於去年（2015）下半年，由房地產仲介、開發商、P2P 平台、小貸公司等主體參與。上述公司總經理稱，由於經濟下行，個人貸款用於經營和消費的風險也在提升，一線城市房價目前來看還是堅挺，被看作是民間金融最好的去處。

以深圳為例，據不完全統計，去年 7 月至今年 2 月，僅 8 個月時間 P2P 行業參與首付貸模式的金額預計近 50 億元。有分析稱，首付貸在一線城市規模到底有多大，很難有一個確切的數字，因為很多公司就算做此業務，也歸於其他業務。

值得留意的是，北上深等地樓市這一波「高燒」也是從去年下半年開始。數據顯示，2015 年深圳樓市成為全國漲幅之首，新房漲幅為 47.5％，上海、北京分別以 18.2％和 10.4％位列二、三位。

　　與此同時，2015 年中國按揭也出現大幅飆升，增長了 2 萬 5000 億元，其中 12 月個人購房按揭款飆升至 38.46%。此外，在過去的五個季度，居民長期貸款比例未曾低過 76%，換句話說，80%左右的居民借貸都是用於買房了。

槓桿風險引發業內擔憂

　　深圳互聯網金融協會祕書長曾光稱，首付貸變相降低了購房者的首付比例，會把不合格的購房者放進來，這樣將形成不良後果。「一是購房能力不足，可能最後形成履約風險；二是把炒房者放進來了，他們希望首付比例越少越好，撬動的槓桿越大，上漲過程中牟利就越大。但一旦房價波動，首付貸的投資者將面臨本金損失，銀行也面臨按揭履約風險。」

　　51 金融董事長李錫也表示，「一旦房價下跌較大，炒房者可以斷供棄房，最大損失為一成首付和供樓款，首當其衝是斷供首付貸，接下來是斷供銀行按揭款，最大的風險留給了銀行。」

　　中投顧問房地產行業研究員韓長吉表示，若從房產仲介或 P2P 平台以首付貸形式購房，能獲得首付價格一半以上的貸款，在銀行貸款和首付貸疊加後，實際槓桿可以放大到 10 倍，遠遠高於去年資本市場頂峰時期場外配資的數額，因此風險較大。

　　他說，首付貸放大了槓桿，吸引了許多投機者，若房價下跌，很可能引發資不抵債。首付貸的風險和房價密切相關，房價上漲速度越快，被高估的程度越大，首付貸的潛在風險就越大。

　　人人聚財 CEO 許建文稱，「首付兩成相當於 5 倍槓桿，再加上首付貸 P2P 相當於讓樓市槓桿變成 10 倍、20 倍，且還款周

期還長。日本、美國都經歷過高槓桿、高房價的階段，最終元氣大傷。」他認為，在深圳等一線城市炒房大熱的情況下，風險必然會被推高。

有分析表示，就目前一線及部分二線城市房地產市場的情況來看，其槓桿率高、炒作的瘋狂、價格飆升已經不遜於去年 6 月中旬泡沫破滅之前的股市了。如果中共政府還是坐視這些城市房價的瘋狂，那麼這股瘋狂之火一定會燒得更旺。中國槓桿上的房地產也會走上去年槓桿上的股市之路。

第十章

地方債及國企改革
難上加難

隨著中國經濟下行，地方債問題越發嚴峻，有專家認為最有可能觸發中國經濟危機的就是地方債。此外，中共中央巡視組在央企遭遇至少五個「萬萬沒想到」。面對江澤民血債幫亡命徒及各省市地方官員，習近平改革阻力之大，可想而知。

中國在已公布地方政府債務限額的 10 個省（區、市）中，有 8 個省級政府債務出現大幅增長。（新紀元合成圖）

第一節

官員不作為
中共收回萬億地方閒置資金

打貪使官員不願投資大項目

習近平打貪的同時，也打破了在江澤民時代形成「以貪腐作為政府運作的潤滑劑」的潛規則，官員們因此沒有了投資大項目的意願，迫使中共當局不得不從地方收回被閒置的財政資金，金額高達 1 萬億元人民幣。

路透社 2015 年 9 月 14 日報導，消息人士稱，中共當局在尋找刺激經濟增長方式之際，收回了高達 1 萬億元人民幣（1570 億美元）的地方閒置財政存量資金。

一些經濟學家認為，2015 年中共官方投資增長緩慢可能與資金大量閒置有關。在當局反腐之際，資金閒置與官員不願投資大型項目心態有關。

1 萬億元人民幣的存量資金約相當於中國 2015 年預期政府總開支的 6%。

習近平的「反腐運動」觸及江澤民時期中共形成的潛規則，即貪腐作為中共官場運作的潤滑劑曾經使中共各層政府對投資和興建大型工程項目非常熱中，這曾推高過中國經濟 GDP 增長。

打破中共官場潛規則，在某種程度上造成中共體制運轉的困難。

在「胡溫時期」，中共政治面臨的最大問題是「政令不出中南海」，結果使地方政府坐大。到了習李時期，這個問題也沒有得到根本解決。有媒體報導稱，李克強發現國務院定下的決策僅在部委就滯留一兩年後才下發。對於中共中央的各種決策，地方政府也是敢於「對著幹」。

例如，李克強上任總理以來，力推政府審批制改革，以求簡化成千上萬個政府審批事項。但是，李克強在調研中發現，審批職能被減掉已經衍生出政府審批的「新方式」。在沒有貪腐潤滑的情況下，地方政府對投資並不熱中。有些項目早已批准並下撥投資款，但地方就是不動工。

為此，李克強發火說，這些地方再不動工，就把批下的錢撤回來，轉給願意投資的地方。

匯豐銀行 2015 年 5 月時估計，過去幾年中國未使用的財政資金達 3.8 萬億元人民幣。

中國進入全面救市時代

2015 年 9 月 13 日官方公布的數據顯示，中國經濟持續疲弱，8 月投資及製造業產出增長均低於預估，中國經濟增幅很有可能

跌破 7%。

　　有分析認為，中國經濟四處著火，從救樓市、救地方債、救股市，到救人民幣，中國進入全面救市的時代。

　　這裡最主要的原因正是中共官場潛規則被打破之後，中共官場進入消極的不配合不作為狀態，致許多政治和經濟政策難以推動。與此同時，投資者處於觀望之中，在新規則沒有建立之前，誰也不敢輕舉妄動。

第二節

地方債銀行壞帳惡化
催債公司火爆

　　不過，中央收回地方閒置資金，並不意味著地方不缺錢，恰恰相反，中國很多基層地方政府嚴重負債，而且隨著中國經濟下行，地方債和銀行壞帳的問題越發嚴峻。在已公布地方政府債務限額的 10 個省（區、市）中，有 8 個省級政府債務大幅增長。銀行業不良貸款不斷攀升之餘，催債公司也公開亮相。而當催債業務沸騰時，往往預示著經濟到了十分差的地步。

多省債務率超風險警戒線

　　2015 年 12 月，大陸已公布地方政府債務限額的 10 個省（區、市）中，除重慶、湖北兩省外，其他省（區、市）2015 年設定的債務限額相比 2013 年 6 月末的政府債務餘額出現大幅增長，其

增幅在 15 ～ 130％之間，其中增幅最大的寧夏甚至翻了一番，其增幅高達 126.78％。

由於每個省（區、市）2015 年新增的債務規模在 200 億元左右，因此各省（區、市）2015 年末的債務限額實際和 2014 年的債務餘額相差不大。換言之，諸多省（區、市）的政府債務規模在 2013 年 6 月至 2014 年底之間大幅增長。

其中，貴州預計 2015 年末的債務率為 207.73％，寧夏和陝西預計 2015 年末的債務率在 111％左右。其他 7 個省（區、市）預計債務率低於 100％，但是浙江的預計債務率也接近紅線。

根據美國信評公司穆迪早前的預測，2015 年中國約有 2.8 萬億元地方政府債務到期。香港大學經濟系教授許成鋼曾表示，中國經濟正在積累一些重大的危險，而最有可能觸發危機的就是地方債。

中國銀行業壞帳率或達 8.1％

實際上，除地方債危機外，銀行業不良貸款也在不斷攀升。中共銀監會數據顯示，2015 年三季度末，中國商業銀行不良貸款餘額 1 萬 1863 億元，較上季末增加 944 億元；不良貸款率為 1.59％，較上季末上升 0.09 個百分點。其中農行不良率高達 2.02％，在維持數年低位運行後，不良率首次突破 2％。

同時，三季度中國四大國有銀行淨利潤增速均不足 1％，股份制銀行增速多為個位數。

11 月下旬，國際評級機構標準普爾發布報告稱，中國經濟放

緩使很多行業供過於求的局面惡化，這會導致未來兩三年銀行的信貸損失快速上升。

東方資產近期發布報告稱，商業銀行不良率上升還會持續四至六個季度。並預測在 2016 年四季度末，不良貸款規模為 1 萬 6154 億元，不良率為 1.94％。其中，有一半的受訪者認為其所在地區銀行類金融機構不良貸款率最高超過 3％，甚至有兩成受訪者認為這一數據超過 5％。

法國里昂證券（CLSA）認為，中國銀行業的壞帳率可能高達 8.1％，是官方數字 1.5％的 6 倍之多，這意味著 7.5 萬億元的資本缺口，超過中國 GDP 的十分之一。

CLSA 認為，貸款企業連續 2 年利息償付率（稅息折舊及攤銷前利潤／債務利息）小於 100％，或連續 2 年錄得虧損，對這類企業的貸款可被視作壞帳。按此方法，批發零售以及製造業部門的潛在壞帳率最高，分別達到 21.1％及 15.8％。

此外，中國房地產部門在新增債務方面最為激進，儘管一線城市的房地產開發商盈利能力較強，幫助提升了整體行業財務狀況，但二三線城市的開發商有著較高的潛在壞帳率。

北京大學中國金融證券研究中心副主任呂隨啟表示，銀行不良貸款率提高和當前宏觀實體經濟整體下滑、企業破產率提高、還本付息能力下降有關。

麥格理銀行此前指，如果利息費用與息稅前利潤之比小於 1，說明企業償債可能有難度，企業一年的利潤都還不足以支付利息。該行研究顯示，當前中國過半商品類企業利潤都不夠償還債務利息。

催債業火熱 預示經濟極差

在地方債危機和銀行業壞帳繼續惡化的情況下，此前悄悄進行的催債行業也因此公開亮相在公眾視野，且生意十分火爆。

不久前，在南京舉辦的一個「向人民匯報」的述職評議活動上，南京多家銀行公開承認與協力廠商催債公司合作向市民追債，事成後甚至還會將欠款的90%分給催債公司作為提成，引起社會譁然。

而中國中小企業股份轉讓系統的網站近期公示了一家名為上海一諾銀華投資股份有限公司（以下簡稱一諾銀華）的公開轉讓說明書。值得留意的是，該公司是大陸首家計畫登陸新三板的催債公司。

一諾銀華的客戶包括：多家國有、股份制商業銀行及汽車金融、小額貸款、融資租賃等機構，中行、農行、建行、中信銀行、招行銀行、浦發銀行及宜信公司等。據知，催債公司一般按單筆壞帳提成收費，傭金比例在 10 ～ 20%不等。

數據顯示，一諾銀華於 2009 年 2 月成立，主業為銀行信用卡個人信貸產品及其他信貸的催告和投資諮詢服務，目前已在全國開設 37 家分公司，員工超過 500 人。2013、2014 年度和 2015 年 1 至 6 月，分別實現營業收入 516 萬、1307 萬和 1516 萬元。截至 2015 年 6 月末，總資產 1920.43 萬元。

中國政經分析人士任中道對《新紀元》周刊表示，催債公司在以前也有，以前是令人看不起的，讓人很討厭的行業，而現在可以進行合法化，這是因為中共的法律本身就存在漏洞，很多公司找法律顧問就是鑽這些漏洞，打法律的擦邊球。就催債公司而

言，說它合法卻又有點灰色地帶，說違法吧但不足以立案偵查，這些公司上市有兩種可能，一是上市融資後用來補虧損，二是可能用來賣殼就撤退了。

有分析認為，催債行業的火熱程度與經濟周期有一定關聯，但有一定滯後性，需等經濟下滑一段時間後催債生意才會火爆起來。當催債業務熱到沸騰時，往往預示著經濟已經到了十分差的地步。

第三節

幾次難產
「萬萬想不到」的國企改革

中共中央巡視組在央企遭遇重重阻力。（新紀元合成圖）

2015 年 9 月 13 日，習近平當局發布《中共中央、國務院關於深化國有企業改革的指導意見》（被稱為《國企改革方案》）。

阻力大而數次拖延

追溯歷史，由於社會主義計畫經濟的因素，目前國有企業依然是中國經濟的主體。據中共官方最新數據顯示，2013 年期末，中國有超過 14 萬家國企，員工超過 6900 萬人。2012 年期末，國企的非金融資產總值達人民幣 55 萬億元，約為中國國內生產總值的 106％以上。

儘管國企是中國經濟的主體，但在過去十年中，國企不論屬於中共中央直接管轄的央企，還是歸屬地方政府的地方國企，

其盈利能力皆是每況愈下。中央國企的經營情況直接涉及國計民生，因此被中共視為機密而無從查詢，但有統計顯示，地方國企的上市公司中，截至 2014 年 6 月，其平均股本回報率跌至13％，累累負債卻高升至 41％，經營績效年年敗退。

20 多年前，朱鎔基在 1991 到 2003 年任總理時，曾提出國企改革。當時對國企的股份制改造中，出現兩大問題：一是國有資產被掏空，二是改制後的國企被特定權貴資本幕後控制著官方股份，壟斷的國企並非沒有能力獲利，而是壟斷的獲利多數落入私人口袋。

面對大鱷與蛀蟲，人們至今還記得朱鎔基當時曾說：「準備好 100 口棺材，99 個給貪官，一個給我自己。」然而，即使朱鎔基退休多年了，中共的國企改革依舊窒礙難行。

2011 年 11 月，習近平上台即提出要深化改革，其中包含國企改革，為此習近平專門成立「深化改革領導小組」，自己當組長。

2013 年 11 月中共 18 大三中全會上曾提出了 60 條改革意見，裡面多項涉及國企改革，然而兩年多過去了，這些改革措施幾乎全無落實，即使習近平親自搞的《國企改革方案》，在 2014 年也遭遇多次拖延和否決，即使當 2015 年 8 月 24 日中共官方下達文件、宣布中共中央政治局常委已通過該方案，不過，直到 20 天後新華社才刊出一萬多字的正式內容。

習近平當局的國企改革方案為何拖了這麼久，答案就四個字：阻力太大。

2015 年 8 月 12 日天津爆炸後，中共官媒《人民日報》發表屬名國平的文章，厲聲宣告：「不適應改革乃至反對改革的力量之頑固凶猛複雜詭異，可能超出人們的想像。」

假如人們不太明白這個「反對改革的力量」有多麼「頑固、凶猛、複雜、詭異」，從國企改革方案的出台過程中就能看出一點端倪：由於各方既得利益集團的阻撓，一個紙面空洞的東西都推得這麼難，更別提具體實施中的阻力重重了。

這從官方新聞發布會上的消息即可印證。2015 年 9 月 14 日上午 10 點，國企改革頂層設計方案發布 13 個小時後，國資委、發改委、財政部、工信部、人社部，五部委在中共國務院新聞辦召開記者會。

據微信「政知道」報導：財政部部長助理許宏才表示，財政部主要負責起草國企改革關於國有資產管理體制的改革方案，早在 2013 年 11 月 13 日，國資委就召開專題會議開始籌備，但由於各部位之間的爭論扯皮，直到快一年後的 2014 年 10 月國務院新成立了國有企業改革領導小組後，由副總理馬凱主導，才開始推進國企改革方案的制定。

做大國企 vs. 發展私企

簡單地說，這次習近平陣營公布的國企改革方案，基本上沒有超出朱鎔基在十多年前所推行的國企改革。據說這次官方在定方案時，還專門諮詢了朱鎔基的意見，請他談成功的經驗和失敗的教訓，其中失敗教訓是重點。

經濟學家何清漣在《國企改革方案的風，姓私還是姓公？》一文中寫道，「《國企改革方案》出台，評論如潮水般湧動，有說此方案的目的是要將國企做大做強，也有人說政府要通過市場化推進私有化。同一個方案，居然引起兩極猜想，原因在於這個

方案有極強的習氏色彩：意欲融合毛澤東、鄧小平兩人的治國特點，左右逢源，因此出現了許多互相矛盾的表述。」

她概況說，一、方案強調混合所有制：「積極引入其他國有資本或各類非國有資本實現股權多元化，國有資本可以絕對控股、相對控股，也可以參股，並著力推進整體上市。」

二、方案稱，「既要培養國企的『市場化經營機制』，又要加強黨的領導。『黨領導一切』是毛澤東時代的政治經濟生命線，『市場化』是鄧小平執政以來國企改革的主旋律。趙紫陽當總書記期間，推出了政企分開，希望結束黨管企業的弊政，本來還打算在成功的基礎上推廣黨政分開，所有這些努力在 1989 年「六四」事件之後都付諸東流。」

三、「發展潛力大、成長性強」的民營企業將會成為國企改革光顧的主要目標。

目前大陸的私企提供的就業機會早已超過國企。僅據官方數據，2007 年，在工業企業從業人員中，國企占 9.2％，私企占 44.4％；2011 年 1 月，全國工商聯發布報告稱，中小企業占全國企業總數的 99％以上，吸納了城鎮就業的 70％以上和新增就業的 90％；2014 年，國家工商總局公布，個體和私營企業新增就業人員約占全國城鎮新增就業人口的 90％。

保財政稅收成了保政權的重點

如今隨著外資撤退，農民工大量返鄉，逾半大學畢業生被迫在家「啃老」。按道理中共當局應當鼓勵發展私企，將提高就業率作為主要考量。為何當局卻要將吸納就業較少的國企「做大做

強」，採取國進民退的策略呢？

何清漣分析說，一、隨著經濟下行，中共政府面臨極大財政困難。據官方數據，從公共財政貢獻看，目前在中國企業戶數、資產、主營收入占比中，私企已占大頭，國企皆處於劣勢，但在向國家繳納的稅金占比中，2012年私企僅為13.0％，國企高達70.3％。在原有的稅源日趨枯竭的情況下，國企是公共財政支柱這一條理由就足以讓政府傾力扶持。

二、她認為方案中「整體上市才是最終目的」。20多年以來，國企脫困的主要辦法是朱鎔基提出的：讓國企上市圈錢，圈百姓的錢，如今股災之後，藉國企改革，與民企實現混合所有制後，「著力推進整體上市」。

因為資產重組之後，企業可以用新名目到股市上IPO（首次公開募股）。

官方智囊曝七類既得利益者

值得注意的是，就在國企改革方案出台之前，「中國貿易金融網」等大陸媒體重新刊發兩年前原中共中央黨校周刊《學習時報》副主編鄧聿文的文章《如何打破利益集團對改革的阻礙？》，彷彿是要告訴人們，誰在阻撓改革。文章列舉了大陸七類人是真正的既得利益者：

一是有很大審批和管制權的部門中的一部分人，即所謂的「強力」政府部門中的部分官員。（如劉鐵男發改委的官員等）

二是一些地方政府及相關官員，形成了一個個與全國利益有別的獨屬於地方小集團的利益。（如山西腐敗窩案）

三是部分國有壟斷企業特別是央企和地方重要國企中的一些高管。如中石油、中石化等壟斷國企巨頭，還包括一些銀行、金融等機構。

四是一部分跨國資本及其國內代理人，如江澤民的孫子江志成等。

五是一部分房地產開發商。沒有房地產提供的財稅和土地收入，一些地方政府恐怕連生存都成問題。正因如此，一部分開發商也就有挾持政府的力量。

六是大的民營企業和民營資本中的一些人，包括一些民營房產商、煤老闆等實業資本家和金融資本家。

七是依附上述各類利益集團的部分專家學者和專業人士。

「三桶油」逾 300 貪官被查

如今習陣營要整肅國企，有外國學者把習近平的國企改革稱為「習近平經濟學」的主要部分，不過從時間點來看，2011 年上台後，習面對的首要問題是先坐穩位置，於是，清理政變集團成了習政府開門的第一件事。

於是人們看到，接下來三年中，習近平的主要精力用在了清理「新四人幫」，前中共重慶市委書記兼中央政治局委員薄熙來、前中共中央政治局常委周永康、前中共中央軍委副主席徐才厚（郭伯雄）、前中共中央辦公廳主任令計劃，這四大老虎相繼落馬。

正如《新紀元》在 2013 年 12 月出版的「中國大變動」系列叢書之《習李王三權聯盟時代》所預測的，習上台首先必須藉反腐來清除反對集團，清除既得利益集團這些攔路虎。不少讀者當

時也許沒有意識到，《新紀元》的預測兩年後成為了現實。

習李王在拿下前中共國家能源局原局長劉鐵男、周永康、中共國務院原國資委主任蔣潔敏以後，自 2014 年迄今，在能源領域的國企中石油、中石化、中海油這「三桶油」，超過 300 個貪官被查。

在江澤民大兒子江綿恆掌控的電信領域，自從掀起反腐風暴後，各地方的中移動窩案頻發，有消息稱，至今中移動集團總部內部名單上的人還沒抓完，究其震源可朔及至江綿恆的頭號馬仔、網通前董事長、原中移動副總裁張春江落馬後。

李克強在 2014 年總理報告首提加強環渤海及京津冀地區經濟協作，有關於此的系列政策，其中京津冀長途漫遊費若取消後，媒體稱三大運營商將「損失巨大」，光是中國移動通信集團公司（中移動）一家一年起碼短少 30 億元收入，說明壟斷有暴利。

國企除了壟斷市場，還可以操縱股市。A 股及 H 股市場皆以國企為主，「百大股票」中國企占逾 65 %，江澤民利益集團掌握絕大部分，曾多次在反腐關鍵時刻利用國企交叉持股的複雜股權結構，以及監管單位難以有效勾稽查核的大量附屬公司作空股市，引發恐慌性賣壓、製造暴跌，威脅習近平政權。

據《大紀元》時事評論員周曉輝分析，據一份不完全統計顯示，國有資產流失在 2003 年達到高峰，很重要的原因是江澤民假公濟私以此大量酬庸緊跟他參與迫害法輪功的腐敗官員。

曾負責國企改革的朱鎔基應該清楚這段歷史的。投資者憂慮中國經濟前景的原因，其中最大的非經濟因素貪污腐敗，實際上還是跟江澤民這場對法輪功的迫害密切相關。

國企改革《意見》首發後，2015 年 9 月 15 日習近平主持深

改組會議隨即表示「堅持擴大開放、深化改革」，針對的重要對象就是最大既得利益者江澤民集團。

巡視組到央企遭遇五個「萬萬沒想到」

目前大陸國有企業主要分隸屬於中共中央的央企，和隸屬於各省市的國企，央企一般是大型企業，對當局而言，央企改革也就成了國企改革最重要的部分。

2015年9月18日，據《北京青年報》主辦的微信公眾號「政知局」報導，截至9月16日，有21家央企公布了2015年中央巡視組第一輪專項巡視的「整改」情況。中央巡視組到央企碰上了至少五個「萬萬沒想到」。

報導稱，這要不查不糾，你都想不到，當個央企高管得有多舒服！

「政知局」將一些央企公布的整改材料中披露出的腐敗問題歸納為如下五個方面。

一、違規用人

許多企業「團團伙伙」、「小圈子」、「任人唯親」。「超職數、超職級、超權限」配備官員也是不少央企的通病，其中武鋼的32家單位超配的管理層人員整改完畢後，一共減少了454人，令人咋舌。此外，中石油為提拔官員，造假檔案；大唐集團則利用臨時籌建機構提拔官員。

國家電網的二線官員和退休官員到年齡不退，並在外兼職、經商辦企業。

二、巨額福利

在國家電網，企業負責人的個人所得稅由企業支付。此外，在其「整改」新規定中，還聲稱嚴禁「領導幹部兼職領取報酬，領導幹部及其親屬『吃空餉』」。

說到吃空餉，大唐集團浙江分公司總經理妻子在下屬企業借調，無崗位、不坐班，領取高額薪酬。

中石油存在為離退休或調離本單位的人員提供專用車的情況。

中國核工業集團總部的離退休企業負責人超標使用辦公室。另外，該央企還發放了大量的違規薪酬福利，該企業聲稱目前已清退了 6174.43 萬元。

三、謀利輸利

部分中國電信供應商支付在職學習費用、資助子女留學。已有 61 人通過資助完成了在職的博士和碩士學習。武鋼還被司法機關審查的人員說情「撈人」。

武鋼在一些集體企業以掛靠方式從事經營和以個人名義承包經營情況，「整改」報告聲稱，截至 2015 年 8 月 10 日，共清查出以掛靠方式從事經營的單位 665 家，以個人名義承包經營的單位 33 家。武鋼還被發現有 42 名高層官員親屬圍繞武鋼做業務。

報導中提到的還有，中海油「靠油吃油」；中石油官員為了個人職務升遷「靠大樹」，利用權力為他人攫取國家油氣資源打開方便之門；五礦集團被發現向民企輸送利益，而且在對方屢次違約的情況下仍陸續投入資金。

四、國資流失

採購低出高進、國有資產無償給他人用。例如，武鋼在銷售給武寶聯公司的礦石中，有 2.41 萬噸在礦石價格大幅下跌後又原價回購，致使武鋼損失 1500 餘萬元。

在武鋼與河南永煤集團建立合作關係的情況下，原物資供應公司仍通過不具備供應資格的私營企業作為中間商採購無煙煤，使中間商獲取不當利益 1.03 億元。

中國電子科技集團的官員授意工作人員簽訂虛假合同將大筆資金轉入關聯公司，將國有資產無償提供給特定關係人使用。

五、違規決策

招標過程的不規範也是各企業普遍存在的問題。華能集團通過邀標方式簽訂設備採購合同，定標隨意性大；五礦集團的五礦置業有關項目先開工、後招標，在招標前就支付了工程款。

武鋼在 2010 年到 2014 年間公司 68 個重大項目中有 41 個沒有經過集體決策，比例高達 60%。在巴西 MMX 項目決策過程中，先拍板後論證，後續風險沒有控制，境外投資管理制度缺乏。

大唐集團亦承認因隨意決策造成重大損失，並宣稱目前正在清理處置 118 項低效無效資產，占項目總數的近四成。中國國電集團也同樣皆因決策問題而造成了國有資產的損失。

習李王面對江派血債幫之亡命徒

其實，老百姓都能想到這五個官方說的「萬萬沒想到」，中共整套系統都貪腐得爛掉了。台灣大學政治學教授明居正表示，

相比於鄧小平 30 年前的改革，如今習李王面臨的環境更惡劣。

明居正認為，鄧小平當年的省委書記中至少還有趙紫陽、萬里等開明派人物，而如今習李王不得不面對以江澤民為核心的血債幫亡命徒，以及遍及各省市的地方諸侯，還有在江澤民時代吃慣了、拿慣了的太子黨集團。

這三大力量都在給習李王的改革增添阻力，改革就是要從這些既得利益者手中奪取乳酪，其阻力之大，可想而知。特別是一旦這三方聯合起來，習李王的處境就非常艱難。

習李王的國企改革方案如何實施，紙面上定的方案再好，但在中共體制下，一如既往地無法實踐。然而，時間卻不等人，一旦經濟危機爆發，那時的中共政體也就不推自垮了。

第四節

因搞國企改革 兩人疑被暗殺

巡視組副組長落水失蹤

據大陸財新網 2015 年 9 月 18 日報導，9 月 13 日前後，國有重點大型企業監事會主席時希平在湖北休假期間落水失蹤，具體原因不明，至今仍未找到。

時希平現年 58 歲，於 2011 年 1 月被任命為國有重點大型企業監事會主席，為副部級官員。國有重點大型企業監事會由中共國務院派出，負責監督重點大型企業的國有資產保值增值狀況。一般每名監事會主席負責監督數家國有重點大型企業。時希平分管監事會 07 辦事處，負責監督中國國電集團公司、中國中化集團公司、中國北方機車車輛工業集團公司、中國民航信息集團公司履行監事會。

　　報導稱，2015 年以來，時希平還擔任中共中央第三巡視組副組長，參與 2015 年第一輪和第二輪央企巡視工作。根據中央紀委監察部的消息，在 2015 年巡視中，26 名巡視組副組長有 10 人為國有重點大型企業監事會主席。

在查江綿恆和江的「行宮」

　　2015 年 2 月底和 3 月初，時希平隨中央第三巡視組分別到國家開發投資公司和中國東方電氣集團有限公司進行巡視，他在公開報導中最後一次露面是 7 月 3 日隨中央第三巡視組到中國航太科技集團公司和中國航太科工集團公司巡視。按當時的消息，巡視組將在這兩家航太央企工作兩個月至 9 月 2 日。時希平出事時，應該是巡視組剛剛完成這一輪專項巡視後不久。

　　中國航太科技集團公司在上海有一個航天局，與江澤民的長子江綿恆有關聯。江綿恆曾參與過衛星的發射，擔任過中國載人航太工程副總指揮。

　　有舉報材料說，江綿恆利用這個名義在上海閔行區圈地搞了一個航太城，把上海航天局全部搬到閔行區；而在航太城裡面又建了江澤民的「行宮」。據說該「行宮」奢華至極，面積甚至大過毛澤東當年在上海的「行宮」上海西郊賓館。

　　時希平曾任中共中組部研究室副主任、中組部企業幹部辦公室副主任、中組部幹部五局副局長、國務院國資委企業領導人員管理一局局長、國務院國資委人事局局長等。

時希平失蹤引發網路熱議

對於時希平的落水失蹤，網民紛紛猜測：他知道太多了，被殺、被害了？有人對中紀委巡視組的人動手了？他抓住了太多人貪腐的把柄，被利益集團處理了？據說中紀委已經進駐證監會了，被證監會那幫貪官給滅了？

有網民分析，時希平被人謀殺機率是 99％，一可能被人推下水；二可能被人在車上做手腳，車輛失控落水；三是被人謀殺後，推入水中；四是可能被人謀殺，屍體被掩埋，謊稱落水失蹤。

一些網民表示時希平失蹤與時局有關：時希平失蹤得蹊蹺，對欽差動手了；改革進入關鍵時刻，水很深啊；欽差大臣都敢滅，貪官膽子太大了，喪心病狂了；反腐鬥爭激烈到白熱化地步了；敢動中紀委王書記（王岐山）的人，利益集團瘋狂反撲；這鬥爭開始慢慢公開化了；報復巡視組，惡勢力肆無忌憚，赤裸裸垂死掙紮；這說明反腐形勢嚴峻，高層有人有問題。還有網民指向江澤民：老蛤蟆膽子也太大了，太囂張了。

上海家化董事長被刺傷

無獨有偶。據財經網 9 月 21 日報導，上海家化董事長兼總經理謝文堅於 9 月 18 日傍晚在公司辦公樓門前，被一名身分不明的男子刺傷。分析人士猜測，作為上海市國企改制的帶頭人，謝文堅遇襲可能是與其推進各項改革，觸動甚至打破了部分既得利益者格局所導致。

上海家化新聞發言人當天表示，謝文堅傷情並不嚴重，可以

繼續正常工作,該公司已於當晚向公安部門報案,公安部門已經
介入調查。

針對謝文堅遇襲一事,有分析指這是國企市場化過程中各項
利益衝突的縮影。而這一說法從一接近家化人士口中得到證實。
作為大股東——平安信託推薦的美籍職業經理人,謝文堅自上任
後,規範了大額採購和供應商管理,清理了不少不符合公司治理
及企業發展要求的基建項目供應商、OEM 代工廠、以及部分關
聯企業,可能招致了其中一些利益受損人員的報復。之前已經發
生過公司高管遭遇人身威脅,車輛被圍堵的情況。

國企改革中的職業經理人

2013 年 11 月,經大股東平安信託推薦,上海家化股東大會
選舉,原強生醫療中國區董事長、美籍華人謝文堅當選為上海家
化的董事長。據說此前謝的妻子和家人都反對他參與國企改革。

謝文堅早年畢業於復旦大學化學系,此後留美,先後在波士
頓大學和紐約大學獲得生物化學碩士學位和工商管理碩士學位。
謝具有二十多年大型跨國企業綜合管理、市場營銷和科學研發方
面的豐富經驗。供職強生達 13 年之久,從業務部門總監、區域
總經理,直至掌舵強生醫療整個中國區,成為大型跨國公司中少
有的華人高管。

在謝文堅掌舵期間,強生醫療持續保持了業務額年均 20% 以
上的增長,並發展成為中國最大的醫療及診斷器材公司,在全國
擁有超過 3000 名員工,年營收超過 10 億美金。

第五節

一年虧萬億
「殭屍」國企仍在 A 股融資

國企或推混合制改革

中共國務院 2015 年 9 月 25 日表示，中國將推動重要行業國有企業的部分私有化。

中國擁有 15 萬家國企，臃腫龐大，控制著 17 萬億美元資產，員工超過 3500 萬人，主導著從電信到能源等諸多行業，但收益遠低於民營企業。

中共 9 月 25 日印發的《關於國有企業發展混合所有制經濟的意見》明確著重「混合所有制改革」。外界認為，「混合所有制改革」是部分私有化的委婉說法。

中共國務院表示：「非公有資本投資主體可通過出資入股、收購股權、認購可轉債、股權置換等多種方式，參與國有企業改

制重組或國有控股上市公司增資擴股以及企業經營管理。」

這是一個推進電力、油氣、電信、軍工以及民用航空等領域的混合所有制改革的計畫，希望通過合資合作、重組、併購和離岸金融引入外資。

英媒《金融時報》分析，國企改革難度很大，成功與否在很大程度上將取決於具體的落實。國企高管及其在政府內的靠山擁有巨大的政治影響力，很可能會抵制政府的控制。

另一方面，在 9 月 25 日印發的意見警告稱，在關係國家安全的領域以及水資源、糧食、森林、油氣等自然資源領域，要保持國有資本的「絕對控股」地位。

國企是對中國人民的損害

中國著名經濟學家、北京天則經濟研究所所長盛洪表示，國企壟斷權、免費和低價使用國有資源、不上繳利潤、內部沒有限制分配等問題是國企應該改革的。

盛洪認為，國企的存在本身就是問題。國企使得政府不能公正的對待國企和非國企，破壞了政府的公正性；國企管理層和行政官員是互換身分，政府行政官員天生就跟國企高管是一群人，國企的存在讓民眾很難去期待政府會公平對待國企和非國企，違反政府之所以存在的基本原則——政府是要公正。國企擁有這麼多優惠政策和壟斷權，民營企業怎麼和它們競爭，它們在市場中不是公平競爭者，會破壞市場經濟基本制度。

盛洪表示，因為國企的存在，壟斷全國很大一部分資源，造成一年的損失數萬億。中國經濟增長減速，很大的原因是因為國

企存在和保護壟斷的結果，這是一個迫在眉睫的問題，不改的話，一天損失上百億。

盛洪還說，凡是可以營利的事業都不應該由國企來做，因為國企可以通過政治資源獲得壟斷權，通過政治權力獲得免費資源，這是對中國人民的損害。

兩百多家殭屍國企仍在 A 股融資

據日經網 2016 年 4 月 7 報導，日本經濟新聞和日經 QUICK 新聞於 4 月 5 日匯總的中國經濟學家調查顯示，對於中國清理產能過剩的「殭屍企業」，多數經濟學家預測要三至五年左右才能實現，也有慎重的觀點認為需要五至十年。

瑞穗證券亞洲公司的沈建光表示，清算殭屍企業會增加不良債權，還可能導致信用萎縮，這顯示了清理殭屍企業的難度。目前，國有產能過剩的「殭屍企業」，不僅占用信貸資源，也給資本市場累計風險。它們一邊在 A 股市場持續融資，一邊每年從政府手中獲得大量補助。

兩百多家上市企業淪為「殭屍」

《經濟參考報》2015 年 4 月 7 日報導，A 股已有 265 家上市公司淪為資本市場上的「殭屍企業」，其負債率高企，存貨金額不斷上升，擠占了大量金融資源的同時也給金融系統帶來了風險。

據統計，從負債水準來看，截至 2015 年第三季度末，265 家上市公司整體資產負債率達到了 68.65％。這些企業靠舉債維持

生存，連續多年通過政府補貼、保殼等手段繼續在 A 股市場享受融資便利。自 2012 年以來，這 265 家上市公司中，有 133 家進行了增發募資，合計募集資金達到 3281.35 億元，獲得政府補貼426.52 億元。

「殭屍企業」背後也隱藏了銀行不良貸款率快速攀升的隱患。中共銀監會數據顯示，2015 年第四季度末，商業銀行不良貸款餘額 12744 億元，較 2014 年底大增 51.2％；商業銀行不良貸款率 1.67％，較 2014 年底上升 0.42 個百分點。

這些公司對資本市場大量「抽血」之後，部分上市公司效益並沒有好轉，甚至有進一步惡化的趨勢。以首鋼股份為例，2014年，首鋼股份合計募集資金 99.65 億元，但從淨利潤指標來看，2014 年，首鋼股份實現歸屬於母公司股東的淨利潤 6264 萬元，2015 年前三季度，則虧損了 5.67 億元。

資本市場價格信號被扭曲

近日，隨著 2015 年年報披露高峰期的來臨，眾多面臨退市風險的公司正在籌劃資產重組。其中一些瀕臨退市的公司已收到了大額政府補助資金。

中共社科院金融研究所金融市場研究室副主任尹中立稱，A股殭屍上市公司主要分布在鋼鐵、煤炭、水泥等重資產行業，連年虧損且面臨去庫存壓力，維持其正常運行需要很大的現金流，能夠存活至今主要依靠政府之手托住。

武漢科技大學金融證券研究所所長董登新認為，政府之手不退出，「殭屍上市公司」就不能高效退市，這無疑是在誤導投資

者，慫恿投機賭博，扭曲股價信號，股票市場的資源配置功能也被扭曲。

超發貨幣為殭屍企業充血

國泰君安宏觀分析師任澤平 2016 年 4 月 6 日撰文表示，近年來，中國貨幣供應增長較快，但經濟增速不斷下降，金融與實體之間背離日益擴大。在產能過剩和貨幣流向實體經濟的傳導機制不暢的背景下，中共超發的貨幣有一部分流向國有殭屍企業。

2016 年 1 至 2 月 M2 增長 13.3％，M2/GDP 已快速攀升至 205.7％。僅 1 月就新增人民幣貸款 2.51 萬億元，一季度預計 4.3 萬億元左右，但是，超發貨幣未流入實體經濟。

任澤平分析說，從融資結構、資金流向和資產負債率情況看，融資平台、房地產和產能過剩重化工業是當前主要的吸金領域。這三大領域的融資主體有政府信用背書或房價上漲預期支持，財務軟約束特徵明顯，對資金價格不敏感，通過不斷占用信用資源負債維持、殭而不死，滾動成為龐氏融資。

一老闆對比中美製造業 結果驚人

說中國的國營企業如同殭屍一般，這還可從中美企業的對比中，看到大陸國企的低效率。2015 年 11 月一篇文章《一位浙江老闆對比中美製造業成本》在大陸搜狐、鳳凰財知道等論壇流傳。該文表示，浙江省慈溪市江南化纖有限公司是同行中最早到海外投資辦廠的企業。2014 年，該公司在美國南卡羅萊納州投資辦廠，

成為首家在美國建立再生聚酯短纖維製造工廠的中國企業，一期
計畫投資 2500 萬美元，二期計畫投資 2000 萬美元。

美國製造業成本比中國低很多

該公司表示，去美國投資辦廠，主要原因是國內綜合成本連
年攀升，頗感吃力。該公司在美國投資辦廠後發現美國製造業的
成本比起中國來低很多。

土地成本中國是美國的 9 倍。美國是永久性產權，中國是 50
年產權。2000 年浙江省慈溪市工業用地價格是 18 萬元人民幣／
畝，目前美國地價僅為 2 萬美元／英畝，相當於 2 萬元人民幣／
畝（1 英畝＝ 6.075 畝，約相當於 1 美元兌人民幣比率），如果按
照現在許多縣城工業用地 100 萬元人民幣／畝算是美國的 50 倍。

物流成本中國是美國的 2 倍。中國的油價是美國的 2 倍，油
價高，物流成本也就高。中國還有全世界少有的過路費、過橋費。

銀行借款成本中國是美國的 2.4 倍。

稅收成本，美國稅收優惠力度大。在中國，各種稅收不斷，
把企業壓得喘不過氣。廣州一家物流公司，運送一批貨物到海南，
總收入為 1.9 萬元，但利潤僅有 216 元，其中上稅需要 1260 元。
而美國的州政府最看重的是就業，常常給予企業優惠的稅收政
策，比如房產稅優惠 30 年內有效，如果公司達產，30 年內將給
予 3000 萬美元的稅收減免。

電力／天然氣成本中國是美國的 2 倍以上。美國除夏威夷的
電價特別貴外（海島地區沒辦法），其他州的電價都不貴，以德
州為例，其電價折合人民幣才 2 毛錢人民幣。

中國「世界加工廠」的頭銜已不在

人工成本，中國成本優勢趨弱。儘管美國勞動力成本是國內勞動力成本的 2.57 倍，但美國自動化程度高，用工少。國內兩條月總產量為 4500 噸的生產線用工 250 人，美國設備改進，同產能兩條生產線才用工 180 人。

其他蒸汽成本中國是美國的 1.1 倍；配件成本中國是美國的 3.2 倍；清關成本，美國無需支付進出口清關成本；折舊成本美國是中國的 1.7 倍。

廠房建設成本美國是中國的 4 倍，但 10 年以上二手廠房價格根據年限則是新廠房的八分之一至二分之一，而且普遍性能良好。

有網民表示：「用數據說話，讓人一看就清楚我們的製造業成本究竟高到什麼程度。」

之前有媒體報導，中國的製造業成本美國只比中國大陸高 10％。

隨著近年中國人口紅利的消失，中國製造業成本不斷上升，在中國的外商紛紛把工廠遷到成本低的越南等東南亞國家。

從 2014 年下半年開始中國東南沿海出現了一股工廠倒閉潮，而且一直延續到現在。在外遷的工廠中有微軟、三星、西鐵城、松下等國際知名企業，也有富士康，金仁寶集團等台灣企業，甚至中國一些本土品牌也在印度投資建廠。中國「世界加工廠」的頭銜已經不在。

第十一章

火猴年習面臨五大難題

經過 3 年的執政，習近平陣營已經掌控了主動權。但是在 2016 年，習陣營依然需要面對五大難題：拿下「老老虎」江澤民、曾慶紅；保持股市和人民幣匯率基本穩定；推進政治變革，解體中共；處理好兩岸關係；推動軍改。

2016 年火猴年伊始，習近平、李克強和王岐山先後就反腐明確表態。在 2016 年習近平當局將要面對五大難題。（新紀元合成圖）

第一節

2016「熒惑守心」
火猴年京城或有血光之災

　　2016 年新年第一天，大陸民間披露群體抗議事件高達 80 起。七個城市的 e 租寶投資人同步在政府大樓等地進行集會抗議。另外還有業主維權抗爭、抗議強徵強拆，及農民工討薪等事件發生。有學者分析認為，中國社會矛盾全面爆發，中共政權已無可挽救。

　　此外，2016 年首個交易日，亦是大陸股市實施熔斷機制首日，A 股大跌近 7%，兩度觸發「熔斷機制」而提前休市。消息拖累亞洲、歐美股市齊齊下挫，恆指收報 2 萬 1327，跌 587 點或 2.7%，創自 1995 年以來最差的新年首交易日表現。分析師認為，經濟數據差和人民幣加速貶值等負面因素影響，加上熔斷機制觸發「踩踏效應」，均有可能導致股市大跌，並擔憂 A 股波動風險傳染至全球。

　　2016 年首個交易日即上演驚人戲碼，A 股暴跌，兩次觸及熔

斷機制而停市。高盛報告認為 A 股新年第一天下跌意味著一季度必然下跌；而《華盛頓郵報》則直陳此次震盪意味著非常不吉利的一年之始。

從風水命理上看，2016 年火猴年，對習近平來說確是不太平的一年。

從現在的局勢演變來推算，上億因股市暴跌而不滿的人，600 萬殭屍企業的失業職工，軍改中觸及到了失勢軍官，還有被清理的公安部、情報特務系統的人，再加上貪官污吏瘋狂反撲、最大老虎伺機搞政變、搞暗殺等等，都有可能成為危害習近平的潛在刺客。

中國人自古就有趨吉避凶的好辦法，那就是「多行善事」，特別是在時局動盪之時，守住善心，順天意穩步走，才能化險為夷。

新年大股災 證監會主席肖鋼辭職

2016 新年伊始，北京官場上日子最難熬的恐怕是大陸證監會主席肖鋼。1 月 18 日路透社發布消息稱，肖鋼已辭職。由於他的管理不善，致使大陸股市市值蒸發逾 5 萬億美元，比日本的國內生產總值（GDP）還要高。

因肖鋼設立的熔斷機制導致中國前所未有的大股災，這使他成了千夫所指，全國上下幾乎沒人不譴責他。他承受的一方面是來自上億股民鋪天蓋地的痛罵，另一方面是來自中南海的責怪和遷怒，那可真是「耗子進了風箱：兩頭受氣」。

2016 年 1 月 7 日《華爾街日報》引述前中共央行官員、君投集團董事長彭俊明的話說，雖然熔斷機制只存活了四天，它的制

定卻花了三年。在這過程中,肖鋼提出的熔斷方案被很多分析家和投資者視為不切實際。一個問題是閾值太低。該系統規定,如果股市漲跌幅超過 5%,股市暫停交易 15 分鐘;倘若漲跌幅超過 7%,全天交易停止。

美國股市的波動比中國小得多,但是它的熔斷閾值卻高出很多,為 20%。甚至連中國證交所的官員也質疑這個計畫。2015 年深圳證交所向證監會打報告說,在一個由 9900 萬散戶主導的市場裡面,5%和 7%的閾值太低,但是肖鋼堅持己見。結果釀成巨大股災。

人們不禁要問,肖鋼為何要堅持 5%呢?他難道不懂中國股市歷來就是投機市,難道跌停熔斷後暫停 15 分鐘就能逆轉人們的恐慌情緒嗎?只要有一點社會心理學常識的人,都不會把閾值設得這麼低。

西方人講法制,政府也先假定人們是不會去犯罪的,而在中國的情況恰恰相反,人們挖空心思去鑽法律的空子,熔斷機制一出來,反而更有利於一些人操控股市,因為只需要更少數量的資金就可把股市打成跌停,在磁吸效應作用下,整個股市就一瀉千里。反過來看,大陸股市本來就是人為炒作到那麼高的,市盈率遠遠超過西方正常股市,就好比把一個石頭用力推上了山頂,只要稍微一推,石頭就會滾滾而下。大陸股市的暴跌是在情理之中的。

肖鋼與曾慶紅是老鄉

翻開肖鋼的簡歷,1958 年 8 月出生在江西吉安。在北京官場中,特別注重提拔老鄉的江派軍師曾慶紅就是吉安人。在「江派

利用股市搞政變」，「江派想用經濟搞垮習近平」的各種傳言聲
中，有人甚至懷疑肖鋼是別有用心，故意在人民幣貶值的關鍵當
口來這麼一刀，令中國經濟流血不止。

2016 年 1 月 9 日第 20 屆中國資本市場論壇在人民大學舉行，
前證監會副主席李劍閣在演講中對股市熔斷問題接連發問並直
言：「如果監管部門的人才危機不解決，中國股市的危機還會一
波一波的到來。」

李劍閣表示，除了人們看得見的各種危機之外，「我認為非
常重要的危機，就是監管部門的人才危機。」他認為，中國金融
界是人才外流與內耗嚴重，「前不久我到東南沿海某一個省調研
金融機構，我發現這些機構所擁有的人才條件，大大超過了證監
會的素質。……如果不是一流的人才，去監管一流的人才，這個
市場能不能監管好？」

言外之意，肖鋼沒有能力坐鎮證監會。重慶市長黃奇帆也曾
公開表示，除了他本人之外，中國沒幾個懂金融的官員。據說黃
奇帆很快就要上調北京，幫助李克強收拾金融爛攤子。

詭異的光大案處理與熔斷設立

回顧熔斷機制的制定過程，那得追溯到 2013 年 8 月 16 日
的「光大烏龍指事件」，當時肖鋼擔任證監會主席僅五個多月。
官方稱那天光大證券自營部門發生交易系統錯誤，自身總資產才
100 多億的光大銀行，卻在 16 日當天下單 234 億元進行 ETF 套利，
最終成交 72.7 億元，大量買單瞬間推升滬指 5.96％，造成當天 A
股和股指期貨市場大幅波動。

　　無論官方如何隱瞞光大證券的「偶然失誤」或「故意攪局」，有一點是非常令人吃驚的：當異常交易發生後，按照國際慣例，證監會完全可以宣布那一特殊時段的所有交易都取消，雙方各自重新開始，但肖鋼卻下令承認這個異常交易，於是才坐實了烏龍事件，從而在習近平要審判薄熙來時，曾任光大銀行負責人的薄熙寧有機會搞出這驚天一跳，讓外界見識一下「我們薄家還是有人的」，進而逼迫習陣營輕判了薄熙來。具體詳情，請看暢銷書《習近平與江澤民的三次生死大戰》。

　　我們先不去討論肖鋼的政治派系問題，不過正因為要吸取光大事件的教訓，才有了肖鋼的「熔斷機制」出籠。

　　有人以為肖鋼是個不懂業務的外行人，其實在來證監會之前，肖鋼在大陸銀行界算是頗受業界尊重的專家。到證監會之後，肖鋼也很低調，公開露面的次數不多，不過每次講話或發表文章，他最常使用的高頻詞之一就是「風險防控」，各界一致認為肖鋼注重風險控制，並稱其為「風控先生」。哪知命運弄人，這樣一個謹慎的風控先生卻捅出了一個最大的婁子。

　　可以猜測，肖鋼定的 5% 的熔斷閾值是按照上面的意圖而定的，捅出婁子後，官方好像也在保他，一再闢謠說他沒有辭職，只是兼任了扶貧辦的工作。

　　大陸媒體報導說，肖鋼的辦公室裡擺滿了妻子的照片，他自稱：「我這一輩子只做對這一件事情，（就是）選對了老婆。」肖鋼妻子吳透紅，1959 年出生，畢業於湖南財經學院。長期任職於民生銀行，曾擔任民生銀行財務總監，紀委書記等職。在金融反腐中，僅在 2015 年民生銀行已有多位領導落馬，而身為民生銀行紀委書記的她卻至今沒有出事，可見其後台很硬。

人民幣貶值 國際大鱷虎視眈眈

從整體經濟的角度看，股市無論怎麼升降，它在中國經濟的比重是很小的，相比之下，人民幣匯率的不正常波動對中國經濟的傷害才是更大的。人民幣保衛戰也就成了火猴年李克強、習近平最擔憂的問題之一。

前些年中國很多企業借的債務都是美元債務，因為美元貸款利息比人民幣低，而且貸款容易，如今人民幣貶值後，這些公司就得歸還更多的人民幣，於是很多大型企業都在利用各種手段兌換美元，促使美元價格進一步攀升。

中國自稱外匯儲備豐富，但中國外匯儲備的所有權並不歸屬於中國，當西方企業到中國來投資時，他們帶進上萬億美元，中國銀行就得加印相當數量的人民幣鈔票兌換給他們，但這筆資金的主人還是西方投資者，一旦他們想撤資，要把人民幣換成美元帶走時，中國經濟就會失血。有調查報告稱，如今中國外匯儲備是 3.5 萬億美金，但中國欠的美元債務是 5.3 萬億美金，中國反倒還欠別人 1.8 萬億美金。

也許是為了長痛不如短痛，中國政府主動讓人民幣貶值，同時控制人民幣離岸價格。如今在香港，很多大陸遊客把人民幣帶來換成美元存在香港，但同時對於那些想做空人民幣的國際大鱷們，中國銀行又通過拉高人民幣離岸價，阻止了國際炒家的搗亂。

港媒報導說，今年元旦以來人民幣不斷下跌，引發股匯風暴，1 月 11 日人民銀行疑似在離岸市場打大鱷，先買入人民幣托高離岸價，逼空方平倉，再抽走香港的人民幣資金，大幅挾高隔夜拆款利率，增加空方空倉回補的成本。港銀隔夜拆款利率大幅抽升，

飆至 13.4％歷史新高，翌日隔夜拆款利率更一度高見 68.5％，這
是 2010 年 3 月有數據以來的歷史最高值。

　　不過專家稱，這次只是擊退了國際大鱷魚的火力偵探，對人
民幣更多更大的攻擊還在後頭。1998 年東南亞金融危機時，索
羅斯等國際大鱷魚們就是利用匯率搞垮了馬來西亞等國的整個經
濟。如今的央行只是被動挨打，被人為推高到山頂的人民幣，能
否憑藉聯繫匯率，平安著陸，這也是 2016 年人們擔憂的事。

　　如今資金大量外流，特別是那些通過自己的跨國公司、以及
紅二代操控的所謂外資，這些美元熱錢都在拚命往外跑，有消息
稱，在中國 170 萬億人民幣的大盤子中，已經有 30 萬億人民幣
被抽走了，相當於五分之一的資金被流失了。一個被大量抽血的
巨人還能應對多少外來攻擊，還能跑多遠，這怎不令人擔憂呢？

反腐走向基層

　　而有關 2016 年的反腐預測，官方明確表示是要「保持高壓，
持續推進」，除了沒有「丹書鐵券」、沒有「鐵帽子王」，要打
「太上皇」之外，一個值得關注的新動向是，2016 年的打虎會從
2015 年擊落上百隻省部級高官，下降到「基層打虎、捉蒼蠅」。

　　也就是說，反腐向兩頭走，往高去擒拿曾慶紅和江澤民及其
家人和親信，往低走去捉拿縣市級的貪官污吏。

總參情報部密謀倒習

　　從 2015 年 11 月以來，習近平迅速在軍隊推行大規模的結構

調整，軍委總部和七大軍區被打散重組，不但得罪了部分將領，也得罪了在軍中享有特權的總參情報部門。據海外消息稱，原總參情報部部分將領利用職務許可權，針對習近平親信發出 16 起調查案，被指矛頭其實指向習，目的是「以備日後之需」。

消息說，總參情報部之所以敢調查習近平的身邊人和親戚親信，其原因與總參的特殊功能有關。由於專責保衛中共中央領導層及軍委領導層安全的中央警衛局隸屬總參，而總參情報部也因此有責任在安保的名義下，對高層領導人身邊的人進行「適度監控」，以防其身邊的人有情況。

但總參情報部部分將領這次藉機擴大職能範圍，直接針對習近平周圍人收集「黑材料」。知情人指，目前總參情報部排名前 16 位的將領和部門負責人，有 13 位都是徐才厚、郭伯雄在任時安插的親信。他們私下均認為習近平強力推行的軍改「遲早不行」，遲早要出事。因此，收集這些材料表面上是出於安保需要在盡工作職責，實際上是想暗中整理習近平及其親信的材料，以便日後搞政變的時候用上。

軍改後清理公安武警

在完成軍改第一步之後，習近平又把矛頭瞄準了政法委管轄的公安部、法院、檢察院，特別是公安部和武警，這些是周永康把持了十多年的老巢。

與軍隊一樣，公安系統也是相對很封閉的系統，外來者很少能夠成功的插入進來，公安部的改革也與軍隊改革一樣，比其他機構的改革難得多。哪怕是上面的頭換人了，下面的還是周永康

的江派人馬，他們還是會伺機而動，甚至搞出暗殺、政變等瘋狂舉動。

據港媒報導，2015 年 12 月 28 日至 29 日，習近平主持召開政治局專題「生活會」，讓政治局人人表態，總結周永康等人的教訓。會上孟建柱被點名批評政法系統上層組織建設、法制法治建設等方面「雷聲大雨點小」，社會各界有強烈意見。

此前《新紀元》報導了，在政法系統內有一批人繼續維護江澤民，暗中推出一些措施來抵制習近平對司法系統的一些政策，如習當局在 2015 年 5 月 1 日開始實施的立案登記制（即有案必立、有訴必理），至少有近 20 萬的法輪功學員及家屬、民眾控告江澤民，但是法院至今未立一案。

據說習近平批評政法委系統：「周永康專政橫行期間人治凌駕法制，穩定壓倒法制，官意替代法律狀況現象十分嚴重。」習還批評孟建柱個人，「無所作為就是失職、瀆職」，要壞全面推進法治工作大事。而孟建柱在會上自責缺乏勇氣和意志，怕犯方向性錯誤等。

整頓殭屍國企 失業大潮將至

火猴年現政權面臨的另一大危機就是國企改革。

2016 年 1 月 11 日，《人民日報》刊文稱，「殭屍企業」依靠非市場因素生存，靠政府補貼、銀行續貸等方式獲得給養，完全遊離於市場機制之外，導致要素配置扭曲，市場信號失靈。

財經網也刊發題為《中國經濟凜冬：倒閉、失業與工資福利萎縮》的長篇報導，認為在未來一年，失業將從民營中小企業向

大型國企蔓延，國有基礎性行業會再次出現失業大潮。

11 日，新華社引述中金報告分析稱，未來兩三年，若產能過剩最嚴重的行業減產 30％，將會裁員 300 萬人。這些工業包括：鋼鐵、煤炭開採、水泥、造船業、煉鋁和平板玻璃。

不過 IMF 一項中國勞動力市場研究報告估計，加快精簡國有企業和產能過剩行業，可能讓短期失業率增加 0.5 至 0.75 個百分點。「殭屍企業」關停將導致 600 餘萬人失業。

完美風暴形成 大浪來時無處逃

面對上述種種危險因素，《新紀元》總編輯臧山表示，中國經濟結構有致命的缺陷，比如股市，即使沒有肖鋼，也會出來一個李剛、劉剛等，「大浪來時，任何人無論他如何做，都只有一個結局，那就是被巨浪沖走」。中國經濟走到今天這一步，其始作俑者正是中共前黨魁江澤民。其在掌握中共最高權力的時期，以貪腐治國，將國民經濟推向崩潰的邊緣。如今中國經濟面臨這樣的危局，任何人都很難做好。

他舉例說，就好比中國足球，無論你花幾千萬請來著名教練，中國足球在體制、人員、培訓、心理素質、精神面貌等諸多方面的致命弱點不克服，足球就沒有希望翻身。

他表示，如今中國經濟，就像好萊塢大片《完美風暴》（Perfect Storm）那樣，各種極端不利的因素互相疊加，最後產生出一個大得不得了的風暴，徹底摧毀一切。

股市巨跌與人民幣貶值、資金外逃、房地產泡沫、產能過剩、地方債巨大、人口比例失調、環境被破壞、貧富兩極惡化、社會

矛盾層出不窮，天怒人怨等，再加上貪官污吏瘋狂反撲、最大老虎伺機搞政變、搞暗殺等等，這些因素疊加在一起，令北京當權者真的是坐在火山口了。一有點風吹草動，可能蝴蝶效應就能摧枯拉朽一般使這個體制迅速瓦解。

火猴年凶兆多 多行善事方自保

2016 年是火猴年，猴年命理上的不太平，許多人預言在火燒眉毛的困難面前，中國官員會急得像猴子那樣「抓耳撓腮也想不出好的治理方案」。

從古代觀星術來看，火猴年是熒惑守心，也就是火星運行到一個特殊的區域，預示災難將危及君主。歷史上秦始皇的死亡、漢成帝的死亡，都應驗了這個星象。

也就是說，2016 年對習近平來說，是不太平的一年，很可能有殺身之禍。從現在的局勢演變來推算，上億因股市暴跌而不滿的人，600 萬殭屍企業的失業職工，軍改中觸及到了失勢軍官，還有被清理的公安部、情報特務系統的人，都有可能成為暗殺或危害習的潛在刺客，習因政變而受傷的可能性也很大。

從百姓角度來看，經濟危機這麼全方面的處於臨界點，任何一點小小的異動，都可能瞬間形成巨大的風暴，百姓的安寧也就蕩然無存。

中國人自古就有趨吉避凶的好辦法，那就是「多行善事」，特別是在時局動盪之時，守住善心，順應天意穩步前行，才能化險為夷。

第二節

習陣營 2016 年面對五大難題

中共政治局還有三名江派常委（右起）張德江、劉雲山和張高麗當「擋箭牌」。習近平陣營要想拿下江澤民和曾慶紅，還需打一場硬仗。（新紀元合成圖）

2016 年火猴年伊始，習近平、李克強和王岐山先後就反腐明確表態，在 2016 年習近平當局將要面對五大難題。

難題之一：拿下江澤民、曾慶紅

2016 年 1 月 1 日，官方出版一本習近平有關反腐的新書，該書的部分內容首次被公開。書中說，2015 年 2 月 2 日，習近平在一次專題研討班上講話說，法治之下，任何人都不能心存僥倖，都不能指望法外施恩，沒有免罪的「丹書鐵券」，也沒有「鐵帽子王」。

在 2015 年 1 月 13 日的中紀委五次全會上，習近平強調「政治紀律和政治規矩」是第一位的。他說，從近年來查處的高級官

員案件來看，破壞「政治紀律和政治規矩」問題非常嚴重，尤其是周永康、薄熙來、徐才厚、令計劃、蘇榮這些人，「權力越大，越不拿政治紀律和政治規矩當回事兒，甚至到了肆無忌憚、膽大包天的地步！」

習近平還說：領導幹部違紀違法問題大多發生在擔任一把手期間。有的搞家長制、一言堂，居高臨下、當「太上皇」，手伸得老長，個人說了算，順我者昌、逆我者亡，處心積慮樹立所謂「絕對權威」，大有獨霸一方之勢。

有分析認為，「太上皇」是隱射中共前黨魁江澤民，「鐵帽子王」的說法指向江澤民和曾慶紅，而「新四人幫」的後台是江澤民。故此，習近平陣營釋放的信號很明顯，就是準備打「老老虎」江澤民和曾慶紅。

另外，2016 年伊始，習近平、李克強和王岐山先後就反腐明確表態，表明習近平當局在 2016 年將繼續反腐。

2016 年 1 月 8 日下午，中紀委網站消息，近日，王岐山分別主持召開部分省委書記和中央部委黨組書記、省區市紀委書記、中央紀委派駐紀檢組組長及專家學者座談會。

王岐山強調了「三不」：反腐敗鬥爭要力度不減、節奏不變、尺度不鬆，持續保持遏制腐敗高壓態勢。王岐山說，要盯住領導幹部這個「關鍵少數」。動員千遍，不如問責一次。

官媒報導，1 月 13 日，中共國務院召開常務會議，決定再推出一批簡政放權措施，以繼續推進供給側結構性改革、擴大有效需求。「紅頂仲介」對市場形成巨大傷害，總理李克強曾強調堅決整治。

1 月 13 日，李克強又主持召開國務院黨組會議，稱要「嚴懲

金融領域各種違法違規行為」。

1月12日至14日，中紀委六中全會召開，會議第一天習近平出席並發表講話。他在講話中說「反腐敗鬥爭壓倒性態勢正在形成」，這種說法與以往不同，外界紛紛予以解讀。「壓倒性態勢」成為新的時政熱詞。

當晚，陸媒發表文章稱，從全會公報中發現四大新信號：2016年要制定一部新的「黨內問責條例」；以此讓「失責必問成為常態」；2016年將嚴查「隱祕聚會」；開展扶貧領域反腐等。

一邊是習近平陣營有心繼續「打虎」，一邊是外界對「打虎」的期待更高了。省部級高官落馬，已經不能讓人們感到欣喜，唯有打下「老老虎」江澤民和曾慶紅，才能讓百姓歡騰。

但是，江澤民和曾慶紅畢竟竊居了中共高位10幾年，又安排了大量親信占據中共官場要位，其黨羽遍布中共黨政軍界，勢力盤根錯節。在中共政治局常委會，還有三名江派常委張德江、劉雲山和張高麗為江澤民、曾慶紅充當「擋箭牌」。習近平陣營要想拿下江澤民和曾慶紅，急切之間也難於下手。故此，真的要動江澤民和曾慶紅，習近平陣營還需要打一場硬仗。

難題之二：化解經濟危機

2016年首個交易周，中共連續下調人民幣兌美元中間價，人民幣貶值超過1.5％，人民幣兌美元離岸和在岸價差一度高達1600點，創下四年半最高紀錄。

1月14日，人民幣離岸價再次下跌，跌破6.6，一度下跌583點。這是繼前幾日中共央行干預離岸人民幣，使離岸價格上

升 1000 點之後，離岸價格再次下跌。

今年加上 2015 年的人民幣大幅貶值已經造成中共資本外流嚴重、外匯儲備大量減少，市場信心低落。

中共官方數據顯示，2015 年 8 月外匯儲備創紀錄減少 939 億 2900 萬美元，隨後 9 月再度減少 433 億美元，11 月，外匯儲備再度減少 872 億 2300 萬美元，12 月外匯儲備減少 1079 億 2200 萬美元。

中共央行數據稱，2015 年全年外匯儲備減少了 5126 億 5600 萬美元。而美國財政部的數據顯示，僅僅在 2015 年前 8 個月，中共外流資金就達到了 5000 億美元，全年達到了 6000 億美元。

對於中共所稱的 3 萬億美元的外匯儲備，經濟學家分析，中共只公布數字，卻從來不公布外匯儲備的具體組成。實際上這 3 萬億美元一部分用於投資，其中還有投資虧損，還有一部分用作中共項目資金，另一部分（大概 2 億 8000 萬美元）用於還債，所以，這 3 萬億美元的外匯儲備會快速減少，甚至歸零。

人民幣貶值預期增強造成大陸民眾開始把手中的人民幣兌換成美元，中共不得已開始限制民眾換匯，尤其在北京、上海、深圳的銀行換匯人數激增，一些銀行換 2000 元就要提前預約，美元庫存嚴重不足。

人民幣貶值引發大陸出現恐慌性拋售，同時也是股市暴跌的一個主要原因。2016 一開年，中國股市在四個交易日內，四次觸發熔斷機制，兩天「歷史性」提前收市，更爆出累計交易不到 15 分鐘的最短交易日，以及運行 4 日就叫停的最短命股市政策。

1 月 13 日，大陸股市繼續下跌，滬指收盤大跌 2.42％，跌穿 3000 點關鍵心理關口。在今年開盤的 8 個交易日中，滬指下跌近

600 點，跌幅為 16.66％，創 A 股有史以來最差開局。

在這 8 個交易日，滬指已經跌回「2」時代，一舉抹掉 2015 年 8 月底以來近五個月漲幅，距離市場盛傳的「嬰兒底」2850 點僅 100 點。值得注意的是，大盤雖尚未跌破 2015 年 8 月 26 日滬指創下的 2850 點階段低點，不過已有超過千支個股股價低於當日水準。

除了人民幣貶值和股市暴跌，同時大陸各項經濟指數均顯示目前經濟無起色，截至 2015 年 12 月，中國財新製造業採購經理人指數（PMI）已經連續 10 個月低於 50 的榮枯線，顯示製造業持續不振。經濟不振導致投資無法回收，債券違約時有發生，中國銀行業 2015 年壞帳餘額是 2014 年的兩倍，壞帳率也在上升，同時銀行利潤卻在下降。

經濟不振造成工廠關門，工廠關門造成大量工人失業，工人失業的同時就走上了討薪之路。另外大陸各地因當局不作為造成的工人罷工有增無減，失去工作又失去土地的部分農民工成了中國的一顆不定時炸彈。

1 月 12 日，旅居美國的中國獨立經濟學者、政治評論員秦偉平在中青會網發表了一篇文章，文中勾畫了 2016 年中共會爆發危機的路線圖。

秦偉平認為，即使今年在沒有外敵入侵也沒有內部戰亂的前提下，由債務引爆的危機會慢慢傳染開來，由此引發金融危機進而轉為經濟危機，經濟危機導致經濟蕭條，然後是社會危機，民眾不滿抗議演變為政治危機，最後導致中共下台。

由此可見，對習近平陣營而言，如何在 2016 年保持股市和人民幣匯率的穩定，最大限度地化解即將到來的經濟危機，是一

個前所未有的重大挑戰。稍有不慎，經濟危機一旦被引爆，則習近平陣營的三年執政成果統統化為烏有，陷入萬劫不復的境地，虎視眈眈的政治敵手們立刻會要求習近平陣營整體下課。

難題之三：適時推進政治改革

2004 年 11 月 19 日，《《大紀元》時報》發表《九評》系列評論性文章，系統的闡述了中共的流氓起家史、殺人歷史、暴政、邪教本質等，首次揭露了中共邪黨是邪靈附體，它是反宇宙的力量。

隨著《九評》的廣傳，三退大潮席捲中國大地，經歷了 6 年半多的時間，即 2011 年的 8 月 20 日有 1 億中國人聲明「三退」；從 2011 年 8 月到 2015 年 4 月 14 日，僅僅三年半多時間，又有 1 億人「三退」，「三退」的速度幾乎是前 1 億人「三退」的 2 倍。截至 2016 年 1 月 17 日，已經超過 2 億 2500 萬人聲明「三退」。中共的解體，已經近在咫尺。

2015 年 12 月 28 日，中紀委網站發文，自曝中共基層組織醜聞：評上「軟弱渙散村級黨組織」就能拿幾萬塊補貼，於是爭破了頭。外界分析說，中共的黨組織到了今天，自上而下已經完全潰爛，中共解體將從基層組織開始。

習近平陣營對中共的「亡黨」危機認識得很清楚。2015 年 6 月中旬，在中共政治局兩天的擴大生活會上，一份巡視、考察的調研報告羅列了中共「亡黨」的六大危機。習近平在會議中講話稱：「面對嚴峻事實，承認、接受黨蛻化變質走上亡黨毀國危機的事實。」

2015 年 10 月 21 日，當局重新修訂一個與「紀律處分」相關

的條例，其中增加了處理黨組織的條例，稱將對嚴重違紀的黨組織進行改組或解散。

第二天（10 月 22 日），《北京青年報》頭版以「多數黨員嚴重違紀的黨組織應解散」作大標題，內容則要「詳見 A4 版」。頭版的第二條新聞是習近平冒雨參觀英國倫敦帝國理工學院的半版圖片，其所用標題是「雨中探訪」。中共報紙的標題和排版往往用「你懂的」方式釋放政治信號。或寓意是習在「試水」。

中共解體，或者是解散中共，意味著中國將出現一個大變局。近期，習近平當局持續釋放大變局到來的信號。

2015 年 11 月 30 日，大陸「財新網」發表題為《為什麼需要真相委員會？》博文。文章以巴西真相委員會成立為導引表示，真相與和解委員會成為「轉型正義」的重要載體，通過調查、披露威權政府所犯下的罪行，將真相公之於世，促成全民反思與政府改革，避免歷史重蹈覆轍。

2015 年 12 月，現任中山大學教授於幼軍舉辦了首個「反思文化大革命」的系列講座。時政評論員周曉輝表示，沒有北京高層的授意，於幼軍不會觸碰這個話題。

12 月 8 日，「財新網」刊登胡錦濤智囊俞可平在北大的演講全文《政治學的公理》，闡述中共政治體制違背了六條政治學公理，並稱，如果是一片官員腐敗，那肯定是制度出了問題。

12 月，中紀委官員習驊的文章《【癸西之變】官員都在坐等出事》再次在網路熱傳。有分析認為，該文在當前的時局下熱傳，實際發出的是中共將要倒台的信號。

2015 年 12 月 18 日至 21 日，中共在北京召開的中央經濟工作會議上再度提出「闖關」一說。而這種說法通常出現在中共內

部出現嚴重分裂、難以維持之際。

2016 年 1 月 8 日，位於河南省通許縣朱氏崗村一塊荒地的一座巨大金色毛像雕塑，經過網路曝光後，當天迅速被拆除。

這座雕像有 36 米高，花費了 46 萬 5000 美元打造，已經修建了好幾個月，即將完工。據傳拆除此毛像雕塑，有高層下令。

1 月 4 日，與習近平陣營關係密切的「財新網」發表署名宋文洲的博文《迎接亂紀元》。文章稱，革命和改革首先帶來的是亂，思想、經濟、社會上的混亂。

文章還表示，人類經過了多次巨大的經濟危機，但每次危機後，市場經濟和資本主義都獲得了新的生命力，產生了新的活力、新的市場、新的技術、新的消費者、新的社會秩序。

1 月 6 日，「財新網」轉發俞可平接受《環球人物》的專訪報導。俞可平在接受訪問時表示，不能因為西方先行一步，我們（中國）就不要民主、自由、法治這些人類共有價值；「在這一點上，我們教訓深刻。」

俞可平認為，中國目前面臨的最大挑戰是社會的不公。物質財富分配的不平等勢必導致社會其他領域的不公，政府因此喪失公信力。俞可平還表示，其最理想的政治現實，一是善治，除了政府好，整個社會的治理也要好；二是高度民主，直至實現「每個人自由而全面發展」的「自由人的聯合體」。

拋棄中共是民心所向，習近平陣營也意識到了這一點。但是，在中國大陸，依然有一批極左勢力鼓吹中共意識形態，對政治改革形成掣肘。在 2016 年，中共的崩潰危機將更嚴重，習近平陣營需要在適當的時機，以適當的方式，順應民意，逐步和中共意識形態作進一步的切割，繼續推動解散中共的進程往前走。整個

操作須十分精準謹慎，既不能太急，以免被極左勢力鑽空子，又不能太緩，以免被歷史拋在後面。

難題之四：應對台海變局

2016 年中華民國總統暨立委大選，1 月 16 日晚間公布開票結果，民進黨正、副總統候選人蔡英文、陳建仁以 689 萬票，大幅領先國民黨正、副總統候選人朱立倫、王如玄的 381 萬票，當選中華民國第 14 屆總統、副總統，創下台灣首位「女總統」的紀錄，也是繼 2008 年後，台灣政治史上第三次的政黨輪替。

立委選情部分，民進黨這次也是大獲全勝，區域立委共拿下 50 席，不分區則斬獲 18 席，立委席次從 2012 年的 40 席大幅提升至 68 席，創下台灣國會史上首次非國民黨立委席次過半的紀錄；而國民黨立委則從上一屆的 64 席，大幅減少至 35 席。

清華大學當代中國研究中心社研所副教授陳明祺分析，這代表人民對過去 8 年來馬政府所謂的「傾中牌」徹底失望，經濟、政治向中共靠攏已對台灣社會沒有吸引力，也不再是台灣當前困局的解釋；另一方面，也反映出國民黨內的機制，無法持續推出台灣人民可信任的人才；卻也突顯了民進黨記取過去 8 年的教訓、檢討過去兩次失敗及扁執政時間犯下的錯誤，走出一個比較穩健改革的訴求，因此贏得台灣人民的信任。

日本《每日新聞》也發表題為《台灣總統選舉蔡英文勝利，民意傾斜，對中共說 NO》。報導認為：蔡英文抓住了選民的心。馬政權強調推進大陸與台灣關係的改善，給台灣帶來了經濟利益，但是，改善關係的利益多為富裕層獲得，使貧富差別擴大，

庶民在物價上升、房價高漲、就職難和低工資的狀況下嘆息。

1 月 16 日，中共官媒「新華網」報導稱，台灣地區領導人選舉 16 日結束，得票第二的國民黨候選人朱立倫於晚間 7 時許承認敗選，這意味著得票第一的民進黨候選人蔡英文當選台灣新領導人。朱立倫當晚宣布辭去國民黨主席職務。

這次台灣地區領導人選舉，在大陸官方媒體上的關注度特別低，各大門戶的顯要位置上體現很少。此前歷次台灣大選都會進行全天直播的鳳凰衛視這次也沒有高調報導。

1 月 16 日，中共國務院台灣事務辦公室發言人在被問到如何看待台灣選舉、以及即將揭曉的選舉結果時說，北京方面「早就表明不介入台灣選舉的態度」，北京「關注的是兩岸關係」。

就在 1 月 16 日下午開票後，記者在新浪微博輸入關鍵字「蔡英文」，畫面顯示：根據相關法律法規和政策，「蔡英文」搜索結果未予顯示。

與蔡英文同時被禁搜的還有台灣藝人「周子瑜」。日前，南韓女團「TWICE」成員周子瑜因在電視節目高舉中華民國國旗，被藝人黃安舉報「台獨分子」。事件持續發酵，兩岸三地反應強烈，對台灣選情或多或少產生了影響。

中華民國總統馬英九以及三方競選人分別就此事件做出回應。黃安的行為也遭到台灣各界譴責。這起事件被認為中共在台灣大選的關鍵時刻故意煽情，但卻恰恰相反幫了倒忙。

而蔡英文最讓中共「糾結」的地方，可能就在於她不認同所謂的「九二共識」。過去一年，北京當局透過各種場合強調「九二共識」是兩岸協商談判的共同政治基礎，習近平提出「基礎不牢、地動山搖」說，反映這是北京當局所劃定的政治底線。

2015 年 6 月，蔡英文訪美時被問及「九二共識」時，她以事實詮釋和名詞使用「繼續求同存異」來回應。

2015 年 12 月 27 日，到了選前政見會和辯論會，蔡英文強調，民進黨不否認 1992 年兩岸會談的「歷史事實」，她對「九二共識」的立場，就是繼續求同存異，「好好坐下來談」。

蔡英文當時並表示：「『九二共識』是一個選項，但不是唯一的選項。」但是此後蔡英文也表態，台海維持現狀「我一定說到做到」。

2016 年 1 月 16 日晚間，蔡英文舉行國際記者會。對於未來兩岸關係的發展，蔡英文表示，將以現今憲政體制、兩岸互動成果，以普遍民意做為推動兩岸關係基礎，秉持超越黨派、追求最大共識，保持海峽兩岸和平現狀，以創造人民最大利益和福祉。

海外媒體 BBC 分析認為，此次大選的結果可能將標誌著兩岸關係面臨新的轉折。民進黨勝出，將意味著台灣結束數十年來主要由國民黨統治的局面。而這可能會令台灣與中國大陸的關係變得不確定。

對習近平陣營來說，蔡英文當選中華民國總統，以及民進黨拿下立法院過半席位，表明台海局勢發生重大變化。而周子瑜事件對台灣大選的影響，也再次證明，兩岸關係極為敏感，如果習近平陣營處理不當，將刺激台灣民眾和政府走向更激進的方向，屆時，習近平陣營將更加左右為難。

難題之五：防止南海局勢升溫

2015 年 9 月 3 日，在北京閱兵儀式上，習近平宣布裁軍 30

萬。隨後，中共裁軍和軍改成為外界關注的焦點。進入 2016 年，軍隊改革在習近平的主導下，取得重大進展。

據中共軍報 1 月 14 日報導，房峰輝（前總參謀部總參謀長）任軍委聯合參謀部參謀長，張陽（前總政治部主任）任軍委政治工作部主任，趙克石（前總後勤部部長）任軍委後勤保障部部長，張又俠（前總裝備部部長）任軍委裝備發展部部長。

1 月 11 日上午，習近平接見了調整組建後的軍委機關各部門負責人，聽取匯報及發表講話。報導說，隨後，新調整組建的軍委機關各部門召開了會議。

據報，這次軍委機關調整組建把總部制改為多部門制，由原來的「四總部」改為軍委辦公廳、軍委聯合參謀部、軍委政治工作部、軍委後勤保障部等 15 個職能部門。

在 2016 年，習近平顯然將繼續推進軍改，同時進一步清洗軍中的江派勢力，全面掌控軍權。在這一議題上，習近平占據較大優勢，未來不會有太大變數。

但是，南中國海問題近期卻有升溫的趨勢。

中國的飛機近來一直在南沙群島的人造島嶼測試飛行，中共官方媒體曾報導有兩架民航機於 1 月 6 日在當地降落，而在 1 月 2 日首次進行的飛機降落測試則引起越南官方正式提出抗議。

南海主權問題一直是中共與越南等鄰國長期以來爭執不休的焦點。中國飛機近來在南海測試飛行，已經引起國際社會的關注。美國於 1 月 7 日警告說，此舉會在具爭議性的南海水域導致緊張局勢。

越南官方媒體報導稱，在 1 月的第一個星期，越南民航局胡志明市空管部門監測到 46 起這樣的事件。該局警告說，這些未

事先宣布的飛行「威脅該地區所有飛機的安全」。

越南媒體援引民航局局長賴春青的話說：「中國飛機不提供任何飛行計畫，也不與越南空中交通管制中心以無線電進行聯繫，罔顧國際民用航空組織的所有規定和準則。」

越南民航局已致信中共當局，就這些事件提出抗議，並已向聯合國國際民用航空組織提出控訴。

1月7日，英國外交大臣韓蒙德也在馬尼拉表示，南海區域的航海與飛行自由沒有妥協的空間。他表示，雖然英國在南海爭議上不選邊站，但英國反對任何以軍事手段控制爭議海域、限制航海及飛行自由的侵略行為。他並稱，英國政府支持依據國際法、以法治方式和平解決南海爭議。

1月13日，美國智庫蘭德公司與中華民國駐洛杉磯台北經濟文化辦事處，在聖莫尼卡聯合舉辦了「東海及南海海事議題研討會」。

一位與會人士表示，中共在南海區域透過建人造島嶼及新建可能用於軍用的飛機場，是因為相較於東海地區，美軍較少在南海出現。

新美國安全中心亞太安全資深研究員瑞普‧胡波博士說：「根據美軍隊高層及民間組織官員在國會聽證會提供的資料，美國飛機收到來自中共建立的島嶼發出的驅離警告。」

他說美國正在附近建立一區域聯盟，要維護南海國際區域的航海及航空自由等情勢。但中共正違反國際法，試圖建立一個軍事區域。

瑞普‧胡波博士說：「中共顯然盡力在宣示主權，讓此區域其他國家感受到壓力，我們很擔心各國船隻或各國武力間可能會

爆發某些衝突。」

中共內部有強硬派勢力一直想藉南海問題擴大事端，甚至不惜引爆戰爭。習近平陣營如果不想捲入戰爭，就必須壓制這股軍中強硬派勢力，同時防止南海局勢繼續升溫。但是，習近平當局如果這樣做，可能會引起軍中強硬派的不滿，同時會面臨源自大陸民族主義乃至經濟危機的壓力。在這種情況下，習近平陣營要維繫南海的大體平穩局面，將面臨很艱難的選擇。

第三節

3.5 萬億外匯儲備
不敵 5.3 萬億美元外債

新出爐的一些數據顯示，中國整體債務總額高達 5 萬 3000 億美元，遠超 3 萬 5000 億的外匯儲備。（大紀元資料室）

　　一般人以為中國外匯儲備 3 萬 5000 億為世界第一，但新出爐的數據顯示：中國的負債總額高達 5 萬 3000 億美元，外匯儲備不敵外債。這筆債務每秒利息多達 5500 美元，一個月的利息就足以讓中國像李彥宏和雷軍這個級別的富豪傾家蕩產。中國的財富每天在慢性失血，這是一個致命的事實，中國破產經濟恐難以為繼。

美元負債總額遠超外匯儲備

　　常言說，不說不知道，一說嚇一跳。一般人對於中國經濟實力的認識，大多來自中國外匯儲備為世界第一的直覺，3 萬 5000 億美元似乎是取之不盡的財富，是一國強大的資本。

　　不過，新出爐的一些數據，或許會擊破這種幻覺：中國的負債總額遠超外匯儲備（其實，外匯儲備本身也是一種負債）。

　　根據美國國債鐘（National Debt Clocks）網站截至 2015 年 12 月 1 日的數據，目前中國整體債務總額高達 5 萬 3000 億美元，這筆債務每秒產生的利息多達 5500 美元，中國平均每人負債大約 4000 美元。

　　以此計算，每小時利息為 1980 萬美元；每日利息為 4 億 7520 萬美元，每月利息為 142 億 5600 萬美元。這筆債務一個月的利息就足以讓李彥宏和雷軍這個級別的中國富豪傾家蕩產。

　　這樣每天侵蝕下去，中國的財富實際上在慢慢流失，這種慢性失血對於創富能力低下且還在下滑的中國來說，是一個致命的事實。

　　製造業對於一個國家是基礎，是財富的重要創造者，製造業的不景氣，顯示中國經濟基本造血功能萎縮。

　　9 月 22 日，貿易信用保險公司裕利安宜（Euler Hermes Group）指出，中國企業破產數字預計會飆升，建築行業影響尤大。

　　據該公司預測，中國大型公司利潤呈持續下降趨勢，未來兩年，中國企業破產數字會飆升 50％，預料 2016 年破產數字接近 3920 家，對比今年中國企業破產數僅約 2613 家，當中以建築、金屬及礦業受最大影響。

　　根據國家統計局 2015 年 12 月 27 日（周日）公布的數據，11 月規模以上工業企業利潤 6720 億 8000 萬元人民幣，同比下降 1.4％，降幅雖比 10 月收窄 3.2 個百分點，仍連續六個月下滑；2015 年 1 至 11 月，規模以上工業企業利潤 5 萬 5386 億 8000 萬元，同比下降 1.9％，降幅比 1 至 10 月收窄 0.1 個百分點。

此外，地方國有企業利潤同比下降 7.3％（1 至 10 月同比下降 6％，1 至 9 月同比下降 2.7％，1 至 8 月同比下降 1％），降幅逐漸加大，並為連續 4 月下降，鋼鐵、煤炭和有色行業繼續虧損。

而人行 12 月 24 日發布的《2015 年第四季度企業家問卷調查報告》、《2015 年第四季度銀行家問卷調查報告》以及《2015 年第四季度城鎮儲戶問卷調查報告》調查結果顯示，四季度銀行家宏觀經濟信心指數 37.9％，環比下降 2.7 個百分點。企業家信心指數為 46％，較上季下降 4.5 個百分點。企業生產經營不景氣導致投資意願不足，信貸需求萎縮。

郎咸平：中國經濟得了重病

2011 年 10 月 22 日，經濟學家郎咸平在東北瀋陽進行了一場關於中國經濟問題的閉門演講。郎咸平在演講前嚴肅告誡聽眾，這次演講內容都是實話，現今體制不允許的就是講實話，實話不能公開講，這可能會刺激北京當局，為了避免不必要的麻煩，希望大家不要記筆記，不要錄音、錄像，不要把演講內容或者是聽講感想發到網路上傳播。

郎咸平痛心疾首中國數據的全部造假，他用「完了」兩個字來概括中國經濟形勢。他說，人們看到新聞報導有地方政府發債，以為是好事。

他說，他這次演講的開場白就是今天的政府已經破產了，真想不明白為什麼地方政府還膽敢發債。

他還告訴聽眾，中國經濟病情嚴重，一邊是冰，一邊是火。全世界沒有一個國家像中國這樣。一個國家的市場一邊是冰一邊

是火，唯一原因就是這個國家的經濟生了重病。經濟生了重病，相關部門卻拚命掩蓋，所以只有在數據上造假。

郎咸平預言，由於製造業面臨嚴重危機，中國將是全世界第一個走入蕭條的國家。

郎咸平引用當時經濟觀察報實地調研結果，顯示當時江浙地區服裝行業開工率不到三分之一，塑膠工業 50％，橡膠工業 60％，大豆榨濾行業不到 30％。

郎咸平團隊的研究報告也顯示，海寧皮革城，皮革加工工廠目前停工 60％，還有發電量不足，儘管中國總裝機容量 9 億 1600 萬千瓦，發電只有 40％。他解釋發電量不足的原因是經濟極度蕭條，根本不需要用電。

郎咸平提到截至 2011 年 6 月 20 日為止，中國各個港口積壓的鐵礦石，高達 9890 萬噸，已經超過了金融海嘯時期的 7098 萬噸。

這些製造業的數據說明中國經濟已經在蕭條了，也是中國經濟病入膏肓的結果。中國得的病叫做製造業危機，由於製造業生病，導致發燒跟發冷的現象，導致發電量不足 40％，導致一系列的負面數字。

王石：不敢保證中國會不會破產

2014 年 2 月 10 日下午，萬科董事長王石出席了新書《大道當然》的發布會。這本書是王石《道路與夢想》的姐妹篇。王石說，他這本書是對現在中國企業家面臨的困惑和迷茫的思考，因為在中國經商面臨的問題與各國都不一樣。中國經濟問題非常

多，以致有學者曾經預測 2012 年或 2013 年中國會破產。

王石對中國 2012 年或 2013 年破產的說法不大認同，但 2014 年中國經濟非常不妙，2014 年中國會不會破產，他不敢保證。王石的這段論辯來自他在哈佛讀書的經歷。王石來到哈佛以後，很快發現中國問題已經成為顯學，大家對中國問題都感興趣。哈佛有很多很有權威的經濟學家、社會學家、歷史學家，他們對中國的歷史確有非常深的造詣和非常深的研究，可是對中國現狀並不了解。

王石提及，一名從復旦出去的教授在哈佛講授中國房地產課，他認為，中國 2012 年就要破產。對此，王石說這不可能。教授就請王石配合他上課，講 20 分鐘回答 20 分鐘問題。王石跟這名教授唱對台戲。教授說中國要破產，因為地方政府債。王石卻說，地方政府債不是問題，中國的銀行效率沒有西方那麼高，不會很敏感，會把這個問題拖延下來，但不會破產。

教授又說 2013 年中國會破產，王石還不同意。但 2014 年中國會不會破產，王石卻沒有把握，因為 2014 年情況非常非常困難。

鄭恩寵：中國有多少地方政府會破產？

中國著名維權律師鄭恩寵 2013 年 9 月 7 日撰文表示，2013 年 7 月 18 日，曾經的美國第四大城市底特律申請破產，給中國官民帶來了巨大震撼與衝擊。

對此，中共國務院研究室副主任黃守宏表示：「如果按嚴格的審計制度來審核，按底特律的那種演算法，中國有些地方政府

已經破產了。」

鄭恩寵表示，中共建政 60 多年來，離市場經濟主要由法律人治國相距甚遠，對 13 億人的大國的財政收支制度仍屬外行。英國於 1542 年頒布《破產法》，從此破產法在歐洲普及。美國的破產法起先不包括政府，1937 年起國會修訂破產法案，《美國破產法》第九章為「政府債務重組」。

鄭恩寵斷言，中國一批城市已實質破產。他援引 2013 年 5 月曾任發改委副主任並在深圳主持工作 6 年的李子彬與中共副總理馬凱的一次聊天內容。這次聊天內容事後被寫成一份 8 頁紙的信。

馬凱在 2013 年 7 月 15 日中共國務院會上宣讀了該信並在中共政治局學習會講述了此信內容：「中國沒有幾個省、市是自己拿錢出來搞建設的，保吃飯都有問題。300 個地級市有 8000 個融資平台，搞不清借了多少錢？」

鄭恩寵表示，壓垮底特律的是沉重的政府債務負擔，2013 年底特律預期債務 182.5 億美元，其中退休金和退休醫療福利金的負債 92 億美元，但預期收入僅為 12 億美元。

鄭恩寵表示，從 1992 年鄧小平南巡以來，中共徵地使農民損失 30 萬億人民幣，這說明一大批縣、鄉、鎮政府已破產，強徵是為維持政府生存。

鄭恩寵引述，中共國務院發改委東北司過去幾年向中共國務院上報了三批共 60 座資源枯竭型城市名單，自 2007 年以來累計下撥救濟金 463 億元。有學者認為全國有各類資源型城市 400 多座，其中有 118 座城市已經或行將破產，其中煤炭城市 63 座，有色金屬城 12 座，石油城 9 座，森林工業城 21 座等。僅江蘇省 13 個地級市中，除南京外有六個債務占財政收入的比例超過百分

之百。

鄭恩寵表示，中共中央政府對全國各地債務負「無限責任」，加上地方政府及國企的資產負債不透明，使地方債無法通過破產保護來解決危機，最終有可能導致中共中央政府破產。

人大委員：政府債 36 萬億 約收入 2 倍

2015 年 12 月 22 日上午，中共財政部副部長張少春向中共全國人大常委會作地方政府債務報告，提及一些地方政府存在違規舉債，「明股暗債」等變相舉債行為時有發生，有發生局部風險的可能性。

據中共全國人大常委會委員姚勝粗略計算，目前中國的政府債務大概已經達到 36 萬多億左右，估計占到 GDP 的 60％左右，約是 2015 年全國財政預算收入的 1.78 倍；至於地方政府債務，負有償還責任的是 16 萬億，是 2015 年地方本級財政預算收入數的 1.23 倍，如果加上或有債務，則達到 1.84 倍。

這些數據顯示，中共政府已經是入不敷出。

中共全國人大常委會副委員長陳竺提出，地方政府未來是否可能出現事實上破產問題值得警惕。

財經作家余豐慧 12 月 25 日撰文表示，地方政府的事實破產並非危言聳聽。如果從財政收入與其負債總量衡量的話，一些地方政府確實已經出現事實上的破產。

余豐慧說，負債率過高直接導致槓桿率上升。2014 年末，中國實體部門（不含金融機構）的債務規模為 138.33 萬億元，實體部門槓桿率為 217.3％；而中國經濟整體（含金融機構）的債務

規模為 150.03 萬億元，全社會槓桿率為 235.7%。實體部門和全社會槓桿率達到 2 倍多。這是非常罕見的。

槓桿率一定程度上就是風險率，足以看出全社會與實體部門風險之高。而在高槓桿率中，經濟發展中最主要的細胞——居民部門、非金融企業部門這兩大主體占比過高。

余豐慧表示，最大的風險隱患還是地方債瘋狂膨脹。在 2010 年經過一次系統性審計澄清底數後，僅僅經過不到一年實踐增速稍稍下降，此後又開始大舉膨脹，特別是這一兩年又有加速之勢。有數據顯示，地方債由 2010 年的 17 萬億元多，已經增長到目前的超過 30 萬億元。

第四節

央行與市場博弈
逼得周小川寫墓碑？

　　中共央行（中國人民銀行）的 2015 年「8 · 11」匯改可以說是為中共人民幣貶值打開了「潘朵拉盒子」，加上美聯儲啟動近 10 年首次升息，人民幣在 2016 年可能會延續貶值。

　　這對於央行來說，將會使它處於兩難境地：一方面要踐行匯率市場化的政策初衷；另一方面，在資本流出壓力下，它仍不得不頻頻出手干預維穩。

　　人民幣兌美元即期匯率（CNY=CFXS）2015 年已累計下跌超過 4.2％，不出意外的話，將會創下有記錄以來最大的年度跌幅。

　　市場分析人士認為，對於監管層來說，匯率是維穩還是放任，仍需權衡實體經濟的需要和金融開放的承諾。但這有一個先決條件，就是必須控制資本外流。

　　中國金融期貨交易所首席經濟學家趙慶明表示，「如果讓人

民幣形成強烈的貶值預期，中國 3 萬 5000 億美元的外匯儲備是遠遠不夠用的。中國的儲蓄約 50 萬億人民幣（約 7 萬 7000 億美元），跑得最快的富人占了其中一半。」

他說，如果匯率不穩，央行和市場博弈的結果，可能是中共央行行長周小川要實實在在的書寫墓碑了。

金融危機模式再現

2015 年阿根廷、阿塞拜疆等多個新興市場國家的央行紛紛放棄本幣與美元掛鉤，在人民幣貶值、美聯儲加息的背景下，新興市場掀起貨幣貶值大潮。這似乎是 1997 年亞洲貨幣危機的再現。

彭博新聞社 2015 年 12 月 21 日報導，在大宗商品價格走低、中國經濟增長放緩和美國利率走高之時，新興市場中國家不得不調整匯率政策，2015 年至少有 4 家中共央行宣布取消本幣與美元掛鉤，另有 6 種貨幣緊盯美元的程度下降。

新興市場貨幣貶值貫穿 2015 全年：以越南盾貶值開局，以阿根廷和阿塞拜疆 12 月先後放棄匯率管制收尾。包括人民幣在內，2015 年多種新興市場貨幣承受貶值或者與美元脫鉤壓力。

德國商業銀行駐倫敦新興市場研究主管 Simon Quijano-Evans 表示，隨著新興市場出口競爭力的削弱，維繫固定匯率需要消耗太多外儲，盯住美元持續得越久，消耗外儲越多。這種大批貨幣脫鉤的現象讓人想起 1997 年亞洲貨幣危機。

上世紀 90 年代，也是人民幣貶值和美聯儲啟動加息周期，觸發了東南亞貨幣競爭性貶值，當地銀行與企業隨之倒閉，整個地區大多陷入經濟衰退。像 Jerome Levy 預測中心董事長 David

Levy 表示，全球經濟正在滑向衰退，這個衰退的趨勢十有八九會逐漸加強，最終全面陷入衰退。據其估計，全球在 2016 年底陷入全面經濟衰退的可能性至少有 50％。

中國因素最不確定

《巴倫周刊》12 月 19 日刊載對傑洛米・列維（Jerome Levy）預測中心董事長 David Levy 的專訪。

David Levy 表示，中國和其他新興市場國家的狀況值得擔憂，而發達國家採取的一系列經濟政策更令人擔憂。他說，歐洲正在考慮更多的緊縮，美國正在考慮大幅削減財政預算，而中國未來的走向如何沒有人知道，這可以說是全球經濟最大的不確定因素。

他說，各國政府的經濟收縮政策可能會將全球經濟置於衰退境地。全球可能在兩年後經歷房地產泡沫周期的破裂。當第三季度經濟數據出爐，預計更多的國家將陷入或接近衰退。他說，這些問題可能前所未見，在經濟學課本中從未出現。

他認為，目前全球問題非常嚴重，這需要從中國談起。

他說，中國的問題不僅僅是重新調整 GDP 增長方式的問題，不是減少投資比重、增加消費比重那樣簡單。中國面臨的問題是，無法逐步對投資進行調整，因為中國產能過剩問題過於巨大。製造業產能利用率大約為 50％，可能更少。投資對 GDP 增長貢獻的 46％。這比當年日本經濟泡沫還要嚴重。日本在 1990 年最高峰時，政府和私人投資總體占 GDP 比重僅為 33％。

美國二戰後建造了大量洲際高速公路和學校，即使這樣，投資占 GDP 比重最高時也不過 25％。中國投資占 GDP 比重達

46％，這需要一個極高的經濟增長率才能維持，而且年年如此，中國經濟和財政狀況為此受到巨大損害。要改變這個狀況，中國必須做出一些快速的調整，但這很難做到。

人民幣持續貶值

2015 年 12 月中旬，中共央行公布的美元兌人民幣中間價逐日降低，人民幣走弱的速度超過自 2005 年人民幣升值以來的任何時候。

英國《金融時報》12 月 21 日報導，投資者和分析師預計，人民幣可能還將進一步下滑。最近，人民幣兌美元離岸匯率和更受限制的在岸匯率之差有所加大，這意味著國際市場預計人民幣將進一步走低。

人民幣的弱勢意味著，北京方面必須在允許人民幣走弱以幫助中國出口企業和導致資本外逃加劇的風險之間保持謹慎的平衡。

人民幣貶值令資本外流的趨勢加強，央行外匯儲備在 2015 年 8 月減少創紀錄的 940 億美元，儘管外匯儲備在 10 月企穩，但 11 月再度減少 870 億美元，意味著資本再度離開中國。

對此，《紐約時報》12 月 21 日報導，由於中國企業和個人在把巨額資金撤出中國，人民幣開始緩慢、持續地貶值。

雖然北京方面已多次干預人民幣貶值，但這還不足以阻止貶值。

人民幣的走向在一定程度上是全球市場力量的晴雨表，反映了中國經濟疲弱和美元走強的跡象，也顯示了市場把賭注押在人民幣的繼續貶值上。

報導認為，央行面臨的問題是，如果人民幣貶值速度太快，

可能會促使投資者把大量賭注押在更進一步的貶值上，這會讓貶值的趨勢難以控制。

央行與市場的溝通

人民幣中間價的定價，仍被視為每天央行與市場溝通及傳遞信號的方式。

瑞典 SEB 銀行策略師 Sean Yokota 表示，人民幣中間價變弱是一個非常重要的信號，這表明央行願意讓市場發揮更大作用並允許人民幣進一步走貶。

12 月美聯儲加息前夕，市場普遍認為交易報價中央行引導人民幣提前釋放貶值壓力的信號明顯。

中銀香港高級經濟研究員柳洪認為，美聯儲加息明確後，未來六個月人民幣貶值壓力比較大，央行也在有管理地釋放風險。

央行推出新匯率指數

中國外匯交易中心從 2015 年 12 月 11 日（周五）開始發布 CFETS 人民幣匯率指數，以提供人民幣對一籃子外國貨幣加權平均匯率的變動。CFETS 人民幣匯率指數參考 CFETS 貨幣籃子，具體包括中國外匯交易中心掛牌的各人民幣對外匯交易幣種，樣本貨幣權重採用考慮轉口貿易因素的貿易權重法計算而得，目前共 13 種境外貨幣。

其中，美元權重最大，為 26.4％，歐元占比為 21.4％，日元為 14.7％，新西蘭貨幣權重最小，為 0.65％。

該指數發布當晚，歐美股市和全球大宗商品價格大跌，人民幣兌美元即期匯率收盤大跌逾 175 點，離岸人民幣對美元匯率跌破 6.56，創 4 年新低，中間價亦連 5 日下跌續刷新逾 4 年低點。

人民幣脫鈎美元 為貶值開路

《華爾街日報》報導認為，人民幣兌一籃子貨幣匯率，暗示央行有意改變人民幣匯率機制，或將放鬆人民幣兌美元釘住制度，轉而讓人民幣匯率追蹤更多貿易夥伴的貨幣。

路透社報導認為，這是讓投資者不要只專注於人民幣兌美元的匯率波動。

國內評論員認為，這是有意引導市場轉變對人民幣的看法，不再視其為與美元掛鈎的貨幣。

央行 12 月 11 日在其網站上發表評論稱，人民幣匯率不應僅以美元為參考，也要參考一籃子貨幣。

英國資產管理機構 Standard Life Investments 認為，人民幣匯率新指數暗示，中國為防止人民幣的貿易加權匯率走強，可能容忍人民幣對美元貶值。該機構的經濟學家 Alexander Wolf 認為，央行是在試圖重新設定人民幣匯率預期，這為今後美元進一步走強時人民幣對美元貶值敞開大門。

英國《金融時報》報導稱，分析師感到央行在醞釀讓人民幣逐步貶值。

對沖基金 SLJ Macro Partners 的聯合創始人 Stephen Jen 表示，這可能會減輕中國方面對競爭性貨幣貶值的負罪感。

野村的新興市場主管 Stuart Oakley 也說，美國政府以後很難

指責中國允許人民幣對美元貶值了。

交銀國際認為，如果強調對一籃子貨幣而不是美元，可能是「給兌美元貶值找藉口」。不過，其實際意義不大，經濟的弱勢、資本外流和貨幣寬鬆都支持人民幣貶值。央行應減少干預，讓市場定價才是市場化的重要一步。

高盛也認為，中國首次發布的 CFETS 人民幣匯率指數可能是監管層在為人民幣走軟開綠燈。

知名金融博客網站 Zerohedge 解讀人民幣貶值稱，中國將不再緊盯美元，因為美元與人民幣關係的加緊只會給中國經濟造成更大的衝擊，同時會造成中國更大規模的資本外逃。

貨幣政策陷入兩難困境

美元將走強，人民幣貶值趨勢不可避免，資本流出進一步加劇。面對美元資產需求的增加，中國進一步減息的可能性降低，未來將通過降準和 SLF、MLF、PSL 等多種工具投放流動性。

美聯儲宣布加息後，市場普遍預計在未來兩三年美元將進入加息通道。交通銀行首席經濟學家連平認為，從趨勢上看，美元有一個生息的過程，引起全球對美元資產的需求增加。

美元步入加息周期下，央行在貨幣政策的操作選擇上面臨著兩難選擇。一方面，美元進入加息通道，美元走強，人民幣若進一步減息將導致市場對於美元資產需求增加，人民幣貶值趨勢難以逆轉，資本外流壓力加大；另一方面，若 2016 年中國經濟穩增長，央行仍需向市場注入充裕流動性，來對沖外匯占款的減少。但此舉勢必加強人民幣貶值預期，導致資本外流趨勢更加嚴峻。

中國股市深處的政經絞殺

第十二章

三次股災的絞殺與出路

股市暴跌，不是簡單的惡意做空，而是帶政治目的的「金融政變」。有評論指出，江澤民集團在失去實質軍權的情況下，利用經濟攪局習近平當局的可能性很大。外界由此可勾勒出六個月來大陸發生的三次股災背後政治絞殺的大致圖景。

三次股災背後是江澤民集團劉雲山等幾大家族惡意做空砸盤，裹挾股民，摧毀市場信心；目的是搞亂經濟形勢欲行「金融政變」。
（新紀元合成圖）

第一節

八個月三次股災
背後的政治絞殺

　　就在中共官媒對國際金融巨頭喬治‧索羅斯「做空中國」口
誅筆伐之際，2016 年 1 月 27 日，有人網上刊文，揭示了中共官
媒炮製索羅斯「謠言」的內幕。

　　中國金融市場經歷的「大變局」，折射出大陸資本界深層次
的黑幕。股市暴跌，在知情人士看來，不是簡單的惡意做空，而
是帶政治目的的「金融政變」。

　　有評論指出，江澤民集團在失去實質軍權的情況下，利用經
濟攪局習近平當局的可能性很大，每次大陸股市出現大的波動，
背後都有江澤民派系的身影。

　　外界由此可以勾勒出八個月來，大陸發生的三次股災背後政
治絞殺的大致圖景。

索羅斯做空中國？網民：官媒炒作

據中共官媒報導，2016 年 1 月 21 日，在瑞士達沃斯經濟論壇上，喬治‧索羅斯高調宣布自己做空美國股市，買入美債同時，還沽空了原材料生產國股市與亞洲貨幣。

中共新華社 1 月 23 日凌晨刊發題為《中國經濟轉型檢驗全球投資者智慧、勇氣》的英文評論文章稱，肆意投機和惡意做空將面臨巨大損失，甚至法律嚴懲。隨後，新華社 24 日、26 日再次發文警告。

中共《人民日報》海外版在 25 日刊發文章之後，26 日再次頭版刊文《向中國貨幣宣戰？「呵呵」》。官媒《環球時報》28 日刊發社評文章《86 歲的索羅斯開始危言聳聽博眼球了》。

就在外界以為國際大鱷索羅斯要「做空中國」的時候，有人卻對此表達了質疑。

1 月 27 日，有人在大陸凱迪社區刊登題為《是誰在編造索羅斯做空中國的謠言》一文，該文章指稱在新華社等官媒發文前，「索羅斯做空人民幣」的說法最早出現在 1 月 22 日，當天《華爾街見聞》發表題為《索羅斯：我做空了美股和亞洲貨幣，做多美債》的文章。

作者在核實路透社英文網站的原文後，發現索羅斯原話的意思是「中國經濟硬著陸不可避免。我不期望發生，我正在觀察。中國能夠應對，因為中國有資源，更大的政策空間及 3 萬億外匯儲備」。（Reuters："A hard landing is practically unavoidable," Soros said on Bloomberg from Davos. "I'm not expecting it, I'm observing it. China can manage it. It has resources and greater latitude in policies, with \$3 trillion in reserves."）

　　文章作者質疑：索羅斯何時向中國宣戰，做空人民幣了？索羅斯認為中國能夠應對經濟硬著陸的正面觀點為什麼被《華爾街見聞》等媒體蓄意刪除了？《人民日報》、中國媒體、各專家大 V，有點專業精神好不？抽點時間核實下事實，不要人云亦云，動不動就群情激憤朝這個開火那個開火，請多從自己內部找問題，不要動不動就把「屎盆子」扣給外國人。

　　隨後，文章作者檢索了《華爾街見聞》網站，發現這家金融信息網站總部註冊在上海，並獲得了中國平安、海通證券等知名機構的風險投資。

　　關於海通證券的品行，中共證監會曾在 2015 年 9 月 11 日發布通告，對海通證券等四家證券公司及浙商期貨作出行政處罰，證監會指這四家證券公司涉嫌違反證券法律法規。

　　文章作者稱，海通證券是 2015 年股災中違規違法做空的主力券商，並強烈質問：中信、華泰、海通、廣發、方正證券，能不能告訴中國投資者，作為中國核心骨幹證券機構，股災發生之時，出於什麼原因不能確保客戶交易終端的完整性？你們究竟是在為什麼人毀屍滅跡？

　　文章作者得出結論稱，至此，脈絡逐步清晰：原來是海通證券旗下的《華爾街見聞》在編造、散布謠言。在股災 1.0、2.0 中就蓄意作空，在股災 3.0 中編造謠言的海通證券，利用股指期貨做空的廣發證券，證監會不能查一下嗎？！

　　中國資本市場目前還是個封閉的市場，國際投機炒家單獨有沒有能力三番五次地製造股災？如果是，國家難道不可以以侵害國家利益為由，直接把國際炒家的帳戶查封，資產凍結罰沒？

文章還說：「從六個月發生三次股災情況看，A股股災其實是國內機構打著國際炒家旗號，或與國際炒家配合，狂炒暴砸所致。……

中國股市的跌跌不休，主要是國內機構在瘋狂作空。五次三番的股災已經洗劫了幾十萬億國民財富，已經消滅了一代中國中產階層。眾多的中國媒體在掩蓋這一事實真相的同時，卻在尋找外國替罪羊、背鍋俠；半年前在股市近5000點高位時推波助瀾地鼓吹牛市剛開始、萬點論，半年後卻又明敲側擊地預期中國經濟崩潰，他們為什麼這樣做？幕後是什麼樣的勢力在操縱這一切？」

上述文章在網路上引起很大反響，截至1月31日，該文已超過10萬次點擊。外界也由此可以勾勒出六個月來大陸發生的三次股災背後政治絞殺的大致圖景。

第一次股災被視為「經濟政變」

大陸六個月來的第一次股災發生在2015年6月和7月。這次股災共分兩個階段。第一個階段是6月12日，滬指達到5178點後出現暴跌的一周；第二個階段是6月26日暴跌後直到7月9日，滬指下跌才得到遏制。其中，第二階段的暴跌尤為慘烈。

數據顯示，自2015年6月15日上證指數走出階段高點以來，一個月的時間裡，指數下跌了26.6%，其間最深跌幅達到34.86%。從2014年7月中旬開始，A股在這一年當中，前11個月的時間，A股的總市值從28萬億元一路暴增到78萬億元，成為僅次於美國股市的全球第二大股市，然而隨後又僅用了一個月

的時間就蒸發掉了 20 萬億元。

7 月 7 日，在大批資金托市下，A 股高開 8％，不過很快掉頭向下。這時，新華社客戶端發布的市場直播文章稱，中國銀行股和兩桶油的「救市無效」，A 股早盤再度大幅下跌，滬指盤中跌破 3600 點；大盤股拉升救市的背後，中小盤股成為了殺跌的重災區。

港媒指，新華社竟使用「救市無效」四字，外界見之愕然，與李克強「有信心、有能力應對各種風險挑戰」等誓言截然相反。

7 月 27 日，大陸股市滬指大跌 8.48％，是八年來最大的單日跌幅，而深圳股市指數則下跌了 7％。

據《紐約時報》中文網報導，新華社當日在其經過認證的 Twitter 帳號上發帖稱「崩潰再現！」並稱，在拋售中，所有在大陸上市的公司，大約有三分之二的股票暴跌超過每天 10％的下限。此動作被視為對股市暴跌冷嘲熱諷。

值得留意的是，新華社的背後是中共政治局常委、江派前台人物劉雲山。而在股災中逆市大漲的股票，中國人壽、新華保險以及中信等，都和劉雲山之子劉樂飛有千絲萬縷的關係。

自 2006 年 7 月起，劉樂飛擔任中國人壽首席投資執行官。2008 年 6 月，中信產業基金成立後，劉樂飛離開中國人壽，出任中信產業基金董事長兼首席執行官，同時還擔任中信證券董事。新華保險 2014 年年報顯示，劉樂飛自 2014 年 7 月起擔任新華保險非執行董事。

接近中共財經高層的知情人士向《大紀元》透露，據說各大江派企業都集體做空 A 股，造成今次大面積股市大跌，不過因補倉不及時，據說有把柄已經被習近平當局掌握。劉樂飛等人均是

幕後操盤手，劉相關企業在大跌前已經減持了不少股票。

知情人士透露，劉雲山與劉樂飛父子在股市中聯手，利用內幕消息與操作套取利益，而且早有前科。

外界分析，大陸持續兩個多月的股災背後是江、曾為首的江澤民集團幾大家族惡意做空砸盤，裹挾股民，摧毀市場信心；目的是搞亂經濟形勢後在北戴河會議對習近平進行「逼宮」。

據海外中文媒體報導，股災之後，中國證券業整頓風暴已經讓至少 20 名中國證券監管高官被抓，上百位證券公司經理被限制出境，等待接受調查。在證監會主席助理張育軍和中信證券總經理程博明被抓後，金融界將面臨史上最嚴厲懲罰。

2015 年 6 到 7 月的 A 股股災已經讓習、王狠下決心，決定將反腐目標鎖定金融界。消息人士說，高層已將本輪 A 股股災和金融界內鬼事件定性為一場「經濟政變」。

消息人士說，這一輪中紀委金融業清查重點之一是證券監管。中國整個證券監管體系出了大問題，核心問題是監管當局與券商勾結。幾乎監管層的所有重大決策對券商都不是祕密。中國股市已經完全被中國權貴集團綁架，他們既是規則制定者，也是股市參賽者。

第二次股災 劉雲山家族鬼影再現

大陸六個月來的第二次股災發生在 2015 年 8 月 24 日。當天，大陸 A 股遭遇「黑色星期一」，滬指重挫 8.49％，創 8 年以來最大單日跌幅，報收 3209.91 點。券商股全線跌停，兩市逾兩千股跌停。至此，滬指失守年線，抹去 2015 年全部漲幅，三天累計

跌幅創逾 18 年來最大。

就在此時，李克強下令習近平親信、公安部副部長孟慶豐，迅速進駐證監會，並布署在全國範圍開展打擊地下錢莊行動。

北京時間 2015 年 8 月 24 日 21 時 59 分，中共官媒新華網報導，24 日當天從公安部獲悉，全國公安機關將從即日起至 11 月底，在全國範圍開展打擊地下錢莊集中統一行動。

據報導，中共公安部副部長孟慶豐在布署會上稱，此前 4 月，公安部會同央行、國家外匯管理局等部門組織開展了打擊利用離岸公司和地下錢莊轉移贓款專項行動，廣東、上海、遼寧、浙江、新疆等地公安機關連續破獲一批重案；截至 8 月，搗毀地下錢莊窩點 66 個，抓 160 餘人，涉案金額達 4300 餘億元人民幣。

不過，孟慶豐表示，形勢仍嚴峻複雜，涉案地區呈蔓延擴散態勢。地下錢莊不但涉及金融、證券、涉眾等經濟犯罪，成為各種犯罪活動轉移贓款的通道，還成為貪污腐敗分子和暴力恐怖活動轉移資金的「洗錢工具」和「幫凶」。一些「灰色資金」通過地下錢莊跨境流入流出，對大陸外匯管理和金融資本市場造成衝擊，危及金融安全。

孟慶豐透露，下一步將派出工作組赴重點地區檢查；深挖上游犯罪，特別是通過地下錢莊案件發現金融證券、貪污腐敗、恐怖活動等領域重大犯罪活動等。

此前，2015 年 7 月 9 日上午，孟慶豐帶隊到證監會，會同證監會排查近期惡意沽空股票與股指的線索。當天，持續暴跌的 A 股絕地反擊，滬指強勢上漲，當天升幅達 5.8％，創逾六年最大單日漲幅。

關於股災的更多詳情，請參見《新紀元》出版的中國大變動

系列叢書《股市政變，李克強臨危受命》。

簡歷顯示，孟慶豐曾長期在浙江公安系統任職，2000 年擔任舟山市委常委、市公安局黨委書記、局長；2005 年至 2009 年出任浙江省公安廳副廳長。2009 年，孟慶豐進京出任公安部經濟犯罪偵查局局長、黨委書記。

習近平 2002 年至 2007 年主政浙江，與孟慶豐仕途有長期交集。此前媒體披露，習近平前後曾十餘次到訪舟山。

2015 年 8 月 27 日，評論人士祝振強的博客文章稱，中信證券是 7 月第一次救市中當仁不讓的「國家隊」主力中的主力。不曾想，卻被曝乃賊喊捉賊的「內鬼」、「內奸」。中共證監會是市場的監管者，其有關人員也被調查。僅從「中國證監會」、「中信證券」及「董事總經理」、「執行總經理」來看，中國股市的當下及未來，即讓人不寒而慄。而又有多少充當內鬼的「董事總經理」、「執行總經理」還潛伏著？

文章稱，8 月 25 日，政府出「大招」、「組合招」——下調金融機構人民幣貸款和存款基準利率。這其中一個重要意圖就是，挽回頹靡的股市。但是，「市場」——背後的利益集團成員卻躲在暗處，冷眼旁觀，無視政府的意圖與布署。

值得注意的是，這些權貴利益者不僅掌握著很大程度上的國家機器執行權，且掌控著話語權——前述「市場」、「市場尋底」以及放風抵制政府布署、意圖，是其常見的手段。

文章稱，中國股市從 6 月以來的這兩次股災的元凶，就是因為有權貴階層在，權貴者以中共國家利益的面目行市，兩頭通吃，翻手為雲，覆手為雨，對國家利益一網打盡；並且利用其手中掌控的執行權、話語權，下套、設阱，「割韭菜」似的榨乾著散戶

股民的資金。

2015 年 8 月 28 日，「新華微博」在微博引用了一張圖片稱，根據各方面消息已基本確定事情脈絡：中信證券聯手某三家著名國際對沖基金做空 A 股，手法是利用不記名的虛擬子帳戶和資管的公允交易平台控制了大量殭屍戶。資金通過地下錢莊出入市場。同時證監會及證金內部有策應，通風報信，掌握國家隊主力節奏。

「新華微博」對此評論：如果情況屬實，中信相關高管應該集體死刑。

該帖引發網路熱議，網民直指劉雲山父子聯手惡意做空股市。

第三次股災被指係江派瘋狂反撲

大陸六個月來的第三次股災發生在 2016 年 1 月。在經歷了 1 月 4 日和 7 日的四次熔斷，兩次提前收市後，股市受損極大，市值蒸發 6.66 萬億元。2016 年開年一周，A 股在 1 月 4 日和 7 日兩次「熔斷」，暴跌 11.96％，開局史上最差。

其中，1 月 7 日，A 股開盤 30 分鐘內，滬深兩市再次暴跌，分別觸及 5％和 7％兩道熔斷閾值，股市再次提前收市。單日市值蒸發 3.86 萬億元。A 股創最快收市紀錄。

當天的 9 點 59 分，滬深 300 中的最大權重股——中國平安出現異動，一筆 8 萬多手的高位買單出現，股價也從 -2％拉升接近至平盤。

一名北京私募操盤手對此評論說，「非常有可能是『國家隊』

的手法，拉升滬深 300 權重避免熔斷，但或許他們也沒反應過來，散戶出逃意願非常強烈。」

操盤手判斷，「國家隊」並沒有一鼓作氣，而是選擇等待市場情緒趨於冷靜，但轉瞬間便錯失買入拉升的時機。

大陸老虎財經 1 月 8 日也報導稱，有人發現，在 7 日一次熔斷結束後，中國平安、招商銀行兩檔股票突然出現了數以億計的天量買單。很多人覺得這是「國家隊」開始進場干預了。然而由於兩次熔斷間隔實在太短，多數買單還沒來得及成交即遭熔斷。

報導表示，如果買單確為救市之舉，那麼熔斷機制已經嚴重影響了「國家隊」對市場的干預。

當晚 22 時整，中共證監會宣布，從 1 月 8 日開始，大陸股市暫停實施熔斷機制，至此 A 股熔斷機制僅僅實行四天便夭折。

1 月 8 日，有海外中文網站發文《習近平與對手對決到白熱化程度》。文中引述來自北京「海內」（中南海）供職官員的消息稱，中國股市再次暴跌，並非各種因素直接造成，而是「中共內部政治鬥爭的繼續」，是「權貴階層的大動作」。

該官員表示：「經濟是根本，只要經濟崩潰，習近平在黨內『一把手』的合法性就會動搖，對方就會有翻盤的希望。」「雙方在經濟上對決，已到了赤膊相見的白熱化程度。如果習近平穩不住經濟，到手的軍權也會發生變化。」甚至說，「目前，不排除習近平使用武力解決經濟戰役的可能性。」

1 月 10 日，海外《世界日報》發表題為《股市暴跌，習近平對手瘋狂反撲？》的文章。文章分析，中國股市在中央連出數十招後，仍不斷下跌，其表現不可思議，的確留下許多疑點，支撐是「權鬥」的解讀。由於中共體制不透明，海外知情者深信可能

性不能排除，理由有三：

一、有一股與習近平叫板的力量在操作。有分析認為，一開盤即熔斷，明眼人一看就知，肯定有人搞鬼。剛開盤時，大多數投資人還在觀望，這時有大股東想砸盤付出的代價比較小，「國家隊」救市也還未準備就緒。這說明有一股力量在暗中操作，致使「國家隊」來不及接盤，熔斷劇則不斷上演。

二、國家隊中有「內鬼」。2015年6、7月發生股災時，中央多次出手救市，但股市卻持續暴跌。有分析認為，「國家隊」裡一定有內鬼勾結外資，集體參與做空A股。8月末至今，中信證券12名高管被查、前證監會主席助理張育軍落馬、國信證券總裁陳鴻橋自殺、私募「一哥」徐翔被抓、證監會副主席姚剛現形、國泰君安國際行政總裁閻峰失聯，以及「中國的巴菲特」郭廣昌「被協助調查」。這些股市禿鷹涉嫌攪亂股市的目的，被一些分析看作是利用經濟手段阻擾習近平的反腐與改革。

三、中國金融市場經歷的「大變局」，揭示了大陸資本界深層次的黑幕。股市暴跌，在知情人士看來，不是簡單的惡意做空，而是帶政治目的的「金融政變」。因為，如果僅僅是為了賺錢，用不著要和國家作對，拚命砸盤，與國家力量叫板。另外，之前的股市暴跌，還與習、李出訪在時間上巧合，而且出事後證監會「消極」救市。

時事評論員李林一表示，江澤民集團在失去實質軍權的情況下，利用經濟攪局習近平當局的可能性很大，每次大陸股市出現大的波動，背後都有江澤民派系的身影。

海通證券和江派幾大家族同一夥

上述凱迪社區網文質疑的主要對象之一，海通證券和中共原天津市市長戴相龍的女婿、香港上市公司數字王國實際控制人車峰大有關係。

2015 年 6 月 2 日，車峰在北京被抓。據大陸知名媒體人羅昌平披露，戴相龍的妻子柯用珍因肝癌去世前，曾居住於香港四季酒店避風頭的車峰突然回到北京，就是為了探望身患絕症的岳母，但到了北京不久即被帶走調查。

公開資料顯示，柯用珍為高級經濟師。1980 年至 1992 年，她在央行江蘇分行及總行就職，曾任主任科員、副處長。1992 年至 2000 年，任太平洋保險公司資金運用部副總經理、太平洋保險公司駐京辦主任。2000 年起擔任海通證券（600837.SH）監事長，海通證券 2007 年上市時任監事會主席，直到 2010 年退休。

2015 年 7 月 4 日，有海外中文媒體引述接近中紀委的消息人士稱，車峰被抓後，已陸續交代其利用岳父的關係來賺錢的事實，其中最受關注的是 2002 年他在岳母柯用珍一手幫助下，利用岳父的影響力，向天津一家上市公司融資，收購海通證券。

報導稱，之後恰遇股市低迷，車峰為養海通證券還要拆借，約於 2005 年左右車峰在家庭會上提出要把海通轉讓。當時身為天津市長、深諳中共金融界內幕的戴相龍不同意轉讓。雖然戴沒有過多解釋，但車峰已是心領神會。守到 2007 年海通上市，車峰因此賺了 20 多億。而他借用天津上市公司款入主海通，所欠債款直到公司上市後才還。

據各方報導，車峰被調查除涉及中共國安部原副部長馬建及

北京盤古氏投資有限公司實際控制人郭文貴案外，同時他與劉雲山、曾慶紅兩大家族也有密切關係。

有海外媒體報料，車峰案與劉雲山家族有關。劉的妻子李素芳和大兒子劉樂飛與車峰關係密切，母子倆人經常「借用」車峰的私人飛機，其中李幾乎每年都「借用」30 多次，劉樂飛更借專機去歐洲看球賽。劉樂飛跟車峰是生意上的密友，車峰仗此成為劉雲山家的座上客，車峰口口聲聲叫李素芳「李阿姨」，李則視車峰如自己家的孩子。

2015 年 6 月 5 日，香港《蘋果日報》報導，車峰曾以上海天健房地產名義，獲得上海浦東香格里拉酒店附近一塊約 2.6 萬平米地皮，價值約 6 億元。通過中共某中央領導人兒子的海外基金，車峰轉手售出這塊地產，獲利 60 多億元。有消息指，中共江派前常委曾慶紅之子曾偉與車峰的關係密切。

此次，北京當局對車峰調查主要因他涉嫌通過香港和國外特殊管道為內地金融高管非法洗錢，以及涉嫌馬建案和郭文貴案，涉仗著和國安部的關係，打著國安部旗號在海外胡作非為，涉未經授權與西方情報機構「交換情報」充當間諜。

馬建和郭文貴均是曾慶紅的馬仔。據報，郭文貴通過馬建扳倒時任北京副市長劉志華事件，跟江派大佬曾慶紅也有關係。此外，擔任證監會主席的肖剛是曾慶紅的江西吉安老鄉，他制定的熔斷機制的閥門是 5％，而不是國際通用的 20％以上，這樣稍有風吹草動，就因閥門低而導致股市中斷，從而製造更大的恐慌。

2015 年 4 月，有多家海外媒體報導，戴相龍被中紀委調查。

據稱,調查戴相龍家族的決定是根據對馬建的調查作出的。港媒消息稱,戴相龍沒有出席妻子柯用珍的遺體告別儀式。

由此可見,海通證券和戴相龍家族、劉雲山家族以及曾慶紅家族都是一夥的,其他中信、華泰、廣發、方正證券等機構也都是屬於江澤民集團那一個陣營的。這些機構控制的媒體蓄意炮製索羅斯「做空中國」的輿論,劉雲山控制的中共文宣系統又對此大肆進行炒作,顯然是要轉移外界視線,掩飾其自身在大陸三次股災中的陰謀勾當。這一切的背後,是習近平陣營與江澤民集團之間你死我活的慘烈博弈和政治絞殺。

第二節

股災加大鱷
六大信號直指體制弊端

股災加大鱷 中共面臨蘇聯垮台險境

中共的解體已成定局，相對於蘇聯解體伴隨的一場國際金融戰，中國的狀況更顯詭異。

2015 年 6 月的大陸股災，有傳聞是江澤民集團策劃的金融戰爭且高盛與大摩為代表的國際資本集團也參與其中。彷彿歷史重演，中共或面臨前蘇聯垮台套路。

據說 1991 年蘇共垮台、蘇聯解體時，同樣伴隨著一場國際金融戰爭。這場金融戰的基本思路如下：

首先，尋找、誘導和利用蘇聯自身出現的問題，包括：糧食不能自給，工業體系失衡，以及國民經濟嚴重依賴石油出口。同時，蘇聯國內存在一個政治特權階級，內部矛盾十分突出。國際

資本集團正是看到了這些問題所在，於是極力打壓原油價格，蘇聯的外匯收入銳減，最終出現經濟危機。

其次，對學術領域和媒體進行滲透。在執行經濟手段的同時，國際資本集團向蘇聯輸入自由市場經濟理論，勸其放開對經濟領域的干預和調節。通過輿論控制，將所有暴露出的經濟問題歸咎於蘇聯政府的過多干預和國有企業的壟斷上，從而引發社會的不滿。

其三，推進國有企業私有化。在當時情況下，想直接從蘇聯政府手中拿過來關係到國計民生的國有企業的優質資產是非常的困難。對此，為了達到實質上掠奪蘇聯國有資產的目的，國際資本集團採用了推進國有企業私有化的方法，進而化整為零進行蠶食，通過「集中─分散─再集中」的步驟，最終達到控制蘇聯國有企業的目的。

接著，促使蘇聯開放金融市場。從而實現利率和匯率的自由波動，進而順利取得金融市場定價權。在自由金融市場環境下，國際資本集團能夠利用自由強大的資本優勢達到操縱蘇聯利率及匯率水準的目的。

然後，在蘇聯廣泛開設外資銀行，從蘇聯普通民眾手中吸收大量存款並向央行貸款，用於購買蘇聯國有企業的股份和債券。

最後是決戰部分，即匯率戰。充分利用前期收集來的盧布籌碼，借助自身在匯率市場的主導地位，通過一系列手段徹底擊垮盧布匯率，使得盧布貶值幾萬倍。盧布貶值後，可以用很少的美元償付貸款和儲戶存款。

國際資本集團採用了一套非常成熟、完善且行之有效的金融戰策略。據稱，在這場金融戰中，國際資本集團從蘇聯掠奪的財

富高達 27.5 萬億美元。

當前，中共的解體已成定局。相對於蘇聯當年的情況，中國大陸的狀況顯得更詭異。2015 年 6 月發生的大陸股災，有傳聞稱是江澤民集團策劃的金融戰爭。同時也有跡象顯示，以高盛與大摩為代表的國際資本集團也參與其中。這似乎是歷史重演，中共或面臨前蘇聯垮台套路。

六天六大信號 直指中共體制弊端

北京當局似乎也看到了中共要重走蘇聯老路的危險，在 2016 年 1 月下旬的一周內，六條不同的報導都在釋放類似的信號，直接針對中共體制的弊端。

1. 官媒報導普京 否定列寧的言論

據 2016 年 1 月 23 日大陸官媒《環球時報》引述俄《消息報》22 日報導，21 日是列寧去世 92 周年紀念日，當天普京主持召開了科學教育委員會會議。

普京在會議結束時表示，列寧的思想最終導致了蘇聯解體，它像是被安放在「俄羅斯」大廈下的核彈，後來這枚核彈爆炸了。

2. 中紀委官網發表 習批中共體制言論

1 月 22 日，中紀委官網首頁以《執政黨對資源的支配權力很大，應該有一個權力清單》為標題摘錄發表習近平的一些內部講話。

其中提及習近平 2014 年 5 月 9 日參加河南省蘭考縣委常委

班子「專題民主生活會」時的講話：「執政黨對資源的支配權力很大，應該有一個權力清單，什麼權能用，什麼權不能用，什麼是公權，什麼是私權，要分開，不能公權私用。」「實行權責對應，堅決反對特權，防止濫用職權。」

此前 1 月 16 日，大陸官媒人民網也曾以標題《習近平：執政黨對資源的支配權力很大，應該有權力清單》特別報導了習近平的上述講話。

3. 陸媒報導北大教授 批功利主義

1 月 21 日，大陸新浪財經轉載了原北京大學光華管理學院院長、經濟學教授張維迎的文章。這篇題為《功利主義導致整個社會的墮落》的文章，披露了大陸整個社會墮落的根本原因。

該文章表示，到目前為止中共的改革可以說是功利主義的改革。衡量一切政策的標準就是是否有利於經濟發展和 GDP 的增長。如為了大規模的建設，甚至可以用野蠻的手段來拆遷，造成了很多人的不幸。為了增長或穩定，限制言論自由，這必然導致媒體人缺乏職業道德，導致媒體腐敗，導致學術腐敗。

4. 清華教授 論中共領導體制的弊端

1 月 20 日，清華大學社會學系教授、博士生導師孫立平發表一篇題為《從集體領導到雙首長制》的博文。文章表示，所謂的集體領導體制只是在缺乏權力外部制衡的情況下，用權力內部分散來實現權力制衡的一種安排。很多事情在該名義下互相扯皮，效率低下，甚至內鬥不止。

文章提出，最有效的體制是代理關係明確前提下的首長負責

制。比如，美國的總統是選民選出來的，要對選民負責，你可以自己組閣，但你得對你自己組的這個閣負責任。如果你組的閣不稱職，你要做好下台的準備。

5. 財新刊學者敏感言論：中國民主化

據 1 月 19 日財新網報導，18 日下午中國案例法學研究會、《南方周末》報社、《中國法律評論》共同組織評選的「2015 年度中國十大影響性訴訟」結果揭曉，周永康案以排名第一的順序入選。

中國政法大學終身教授、刑事訴訟法學家陳光中在點評此案時表示，應反思周永康等高官何以一手遮天、為所欲為等。陳光中坦言，今天剷除了周永康、薄熙來，明天還有可能再產生一個，因為它的土壤和制度沒有真正得到改革；需要認真考慮「怎麼樣從政治體制改革的角度進一步實現民主化、法治化」。

6. 陸媒刊日本名家 批中共文革的聲明

1 月 17 日，大陸澎湃新聞網發表署名作者為劉檸的文章《日本知識界對「文革」的反應》。文章一開始摘錄三島由紀夫、川端康成、石川淳、安部公房四位作家於 1967 年 2 月 28 日聯名發表的一份《關於「文化大革命」的聲明》。

文章提到，1966 年 9 月，由評論家大宅壯一帶隊，七位當紅的作家、評論家、新聞記者組成的考察組赴大陸考察，歷時 17 天。在回國後發表的《大宅考察組的中共報告》中，大宅壯一——這位出了名的「毒舌」評論家看破了紅衛兵被利用的幕後，稱紅衛兵運動為「幼齒革命」，暗喻簾子背後操作提線的「大人」。小說家司馬遼太郎起初是「文革」的肯定派，但訪問大陸時，看到

紅衛兵砸孔子像，深感憂慮，遂轉身成「文革」否定派。

1966 年 5 月到 1976 年 10 月，中共發動了長達 10 年之久的「文化大革命」，期間製造了數以百萬計的冤假錯案，無數文化精英被慘遭迫害致死。最為嚴重的是，中共「文革」摧毀了中國五千年文明，幾乎把五千年文明破壞殆盡。全國大量文物受砸毀，古蹟被破壞，甚至祖輩遺物在「破四舊」的口號下被紅衛兵砸爛，對中國以至人類文化遺產造成了嚴重的損害。

時政評論員謝天奇表示，中南海高層的習近平、胡錦濤、溫家寶等人在內部會議以及公開場合已多次承認中共亡黨危機。習當局在加緊圍剿江澤民之際，也在布局政治變局，正在通過各種管道和方式釋放信號，作輿論鋪墊。

第三節

大陸經濟動盪
中產階級如何因應？

中共出台收緊官員出國的政策，或為防範貪官攜金外逃。

然而大陸是一個權力主導的社會，許多中產階級與中共基層官員關係密切，因而有政治上的擔心。

此外，面對人民幣下跌和房地產泡沫危機等風險，大陸中產階級出現了走資潮。

陸媒：大陸中產階級「沒人安穩」

2016 年 2 月 12 日，大陸澎湃新聞網發表社論文章《中產家庭的焦慮》。文章列舉中產家庭的焦慮包括：

1. 職業前途：中國大陸經濟近年來動盪加劇，結構調整，一些職業經理人也不得不面臨「再就業」，對家庭經濟的影響不言

而喻。此外，互聯網的快速發展對幾乎所有行業都帶來了衝擊，也帶來未來不確定性的焦慮，沒有人是安穩的。

2. 家庭資產：中產家庭的核心資產無非是房產、股票與現金，隨著市場化程度的加深，這些資產的價格也隨著世界市場起伏不定，升值固然皆大歡喜，走低則哀鴻遍野。

3. 子女教育：中產家庭深知教育成就了自身，看到過太多失敗的教育帶來的教訓，因此，子女如果學習成績不如意，則整個家庭陷於絕望氣氛。

此外還有醫療、養老的焦慮等等。

反腐向基層 中產階級也恐慌

2014 年 8 月 29 日，中共官媒《北京青年報》報導，北京市委組織部近期發出關於加強管理官員出國（境）通知，除嚴格規定官員因公出國外，還明確規定處級以上官員因私事出國（境）要求從嚴掌握，「一般不批准」。特殊情況需要經過嚴格程式審批，多個單位還要求處級以上官員上交因私護照，由單位進行集中管理。

規定還要求收緊「裸官」出國，對涉及管理人、財、物、機要檔案和其他重要職位的官員，以及配偶移居國（境）外和無配偶但子女移居國（境）外的官員，嚴格把關。

報導引用業內人士消息，組織部門出台收緊官員出國的政策，或與反腐大背景下防範個別官員外逃有關。

中共當局的上述舉措，使得大陸中產階級也感到恐慌。因為大陸是一個權力主導的社會，社會財富跟權力的關係特別大。而

中產階級跟中共基層官員關係密切，很多就是中共基層官員的親屬，故此有政治上的擔心。此外也害怕人民幣下跌，股市垮了。

相對而言，最窮的人反倒不那麼害怕，因為本來什麼也沒有，經濟出現問題，自己也不會失去什麼東西。但中產階級就很害怕，在中國大陸前景不明朗的情況下，很多人就跑到香港買下大金額的保單，實際就是把資金挪到外面來了。還有很多中產階級選擇移民，到海外投資，且不光跑到歐美發達國家，甚至跑到愛沙尼亞這樣的國家，看上去非常古怪。

進入 2016 年，在習近平當局的反腐布局中，基層反腐是新動向之一。習近平對中紀委工作提出五點要求，其中一條是「推動全面從嚴治黨向基層延伸」，要求嚴查基層貪腐以及執法不公等問題。

這讓跟中共基層權力關係密切的大陸中產階級陷入了全面恐慌。因為一旦跟自己關係密切的中共基層官員被查處，則這些中產階級不但前途將受到影響，而且還可能要面臨財產被沒收的風險，甚至可能遭遇牢獄之災。

手中「違規」財產可能會被沒收

2013 年 11 月 20 日，李克強主持召開的國務院常務會議，決定整合不動產登記職責，由中共國土資源部主導統一登記制度。各地不動產登記統一到一個部門，受國土資源部監督。

2014 年 8 月 15 日，中共國務院公布《不動產登記暫行條例（徵求意見稿）》，要求建立統一的不動產登記信息管理基礎平台，各級登記機構信息納入統一基礎平台，實現信息共用；並稱

權利人、利害關係人、有關國家機關有權依法查詢、複製不動產登記資料。

據《第一財經日報》報導，截至 2014 年 4 月中旬，大陸已有 17 個省（區、市）明確由國土資源部門帶頭負責不動產登記工作。業內認為，不動產統一登記制度的推行，意在推進全國住房信息聯網，擁有大量房產的人可以被很快確定，此舉也是李克強配合王岐山反腐的手段。

2015 年 2 月 3 日，澎湃新聞網發表社論《公開官員財產時機成熟》。文章中稱，隨著一隻又一隻「大老虎」落馬，公眾見識了貪官的倡狂，對貪腐的嚴重程度已有相當承受力，那種擔心反腐會引起社會不穩定的看法不成立，可以說實施財產公開的時機逐漸成熟。

2 月 4 日，中共黨媒人民網轉載《中國青年報》文章《財產不公示，官員公信力怎麼提升》。文章中稱，「不必東找西找，財產公示就是（把權力關進制度的）最好的籠子之一」。

中共當局如果真的實行不動產登記和財產公示，不但會觸動江派等權貴集團的利益，也可能會波及部分中產階級家庭。

人民幣貶值會令中產階級財產縮水

據中共央行公布的數據，2016 年 1 月份，中國大陸外匯儲備減少 995 億美元，至 3 萬 2300 億美元，創 2012 年 5 月來最低。

據 BBC2 月 8 日報導，2016 年 1 月份人民幣兌美元累計貶值 1.30％，中共央行為支撐人民幣和阻止資本外流，賣出美元、買進人民幣。

據《華爾街日報》報導，由於存在資本外流的情況，國際多家對沖基金正在大規模押注人民幣貶值。

2 月份第一個交易周，美元大幅走跌，累計下跌 3％，創 2009 年以來最大單周跌幅。另外，中國新年前的兩個交易日，人民幣兌美元中間價分別大幅上調 102 個基點和 105 個基點，香港將人民幣期貨保證金由每手 1 萬元提高到每手 5 萬元。

業界認為，美元貶值在一定程度上緩解了人民幣貶值的壓力，人民幣中間價上調和提高人民幣期貨保證金這些有助於防止做空人民幣。但是外界對人民幣終將貶值的預期並沒有改變。

在人民幣持續貶值的情況下，大陸的中產階級應該如何應對呢？2015 年 9 月，大陸獨立經濟學家、經濟學博士，現任民建中央經濟委員會副主任馬光遠發表了《人民幣貶值，國際資本出逃，我們怎麼辦？》一文，對人民幣貶值後大陸民眾如何理財提出忠告。

對於過去 30 多年積累了一定財富的中產而言，經濟衰退或者經濟危機的成本和代價也會轉移到他們頭上，他們的資產會縮水或者悄悄消失，房子、存款和金融投資是他們財富的最重要形式，而這些，又是在經濟危機下危險係數最高的資產，怎麼辦？

馬光遠表示，在大動盪的時代，首要原則是確保財富的安全而不是高收益，中產階層的財富結構決定了一旦經濟動盪，他們的財富面臨的衝擊是最大的，因為普通人無需擔心，而高淨值人士在全球配置財富的能力又遠高於中產階級。

馬光遠建議，對於現金和流動性資產在 500 萬人民幣以上的中產而言，考慮到他們全球配置財富的能力比較弱，對這些人而言，股權投資和他們關係不大，他們的主要財富在房產和股票。

馬光遠強烈呼籲他們賣出中國的股票，除了一線城市和少數熱點城市的房子，未來中國房地產投資的價值一定會大幅縮水，不屬於一線城市和熱點城市的房子都可以賣掉，在他們的能力範圍內，盡可能地拿一些美元，避免人民幣貶值帶來的購買力的縮水。避免陷入貧困階層。

馬光遠最後提醒民眾，新興市場，特別是中國經濟經歷一場危機的概率非常大，對於這一點不要有任何懷疑，不確定的不是危機會不會發生，而是什麼時候發生。包括中國在內的新興市場在未來三年是全球風險的風暴點，美國等發達經濟體將成為資產的避風港，在龍捲風吹起之前，不要把你的資產放在風口，這是基本原則。

不管怎樣，人民幣持續貶值，對大陸的很多中產階級而言，都是一件揪心的事，因為他們的財產很多情況下會不可避免地發生不同程度的縮水。

將成為房產泡沫破滅最大受害者

美聯儲加息以後對全球的經濟產生了巨大影響。2015 年 12 月 22 日，大陸喜投網董事長、知名投資人、貨幣專家黃生在新浪博客分析認為，美聯儲最近歷史上的三次加息都導致了全球金融危機的發生，導致了泡沫的破滅。

黃生認為這次美聯儲加息也同樣會導致世界上一個最大的經濟泡沫破裂，這個泡沫就是中國房地產。

12 月 31 日，黃生在「黃生專欄」發表題為《人民幣驚天一擊，房地產泡沫破滅在即》的文章，認為人民幣的大幅貶值將會引爆

大陸房地產的泡沫。

他分析認為，人民幣匯率和房地產泡沫幾乎是強支撐作用。人民幣匯率維持不住了，也就是房地產泡沫破滅在即。

他最後認為，股災之後，中國根本沒有能力再打一場房地產保衛戰，所以接下來中國這個全世界最堅強的房地產泡沫將會破滅。

有研究者統計，當前中國新城的規劃可居住 34 億人口；中國的「鬼城」50 個以上。而且這種「鬼城」不僅只是分布在中西部地區，也分布在東南沿海地區。

青島大學經濟學院教授易憲容認為，當前中國房地產市場問題已經走上不歸路，不到房地產泡沫徹底的破滅是不會調整及停下來的。因為地方政府、房地產開發商及住房投資者根本就沒有意願讓這種「房地產化」經濟改變。最後的結果只能是房地產泡沫的破滅。

2014 年 4 月，《華爾街日報》網站曾刊文稱，如果房價下跌，對中產階級家庭打擊很大。要論原因也不複雜，因為中產階級是房價上漲相對較大的受益者，目前大陸房產的替代投資與財富保值方式也無法提供有力保障。

房價上漲也產生了一批新興中產階級。西南財經大學經濟與管理研究院《2014 中國財富管理：展望與策略》報告顯示，北京市民總資產的 83.8％是房子，全中國平均是 66％，而美國的房產占居民資產比例僅有 35％。

文章認為，既然房價給中產階級帶來了更多的財富，那麼房價大跌也會給中產階級更大的打擊。中產階級消費力下降對中國經濟影響也更大。

在缺少能帶來收入的投資的情況下，中國中產階級家庭對房

產價值縮水更為敏感。如果又缺少財富保值的方法，這類家庭會減少消費，也可能將更多的資金投入理財產品和其他高收益的影子金融產品，這對中國經濟絕不是好消息。

如果中國房地產泡沫破裂，樓市崩盤，大陸房價肯定會出現斷崖式下跌，這對於絕大多數中國中產階級家庭而言，恐怕是一個大大的噩夢。中產階級將成為大陸房產泡沫破滅最大的受害者。

熱中海外移民 中國出現走資潮

大陸中產階級面對以上諸多風險，自然要想辦法把自己的資金挪到海外去。於是，中產階級也迅速向富人們看齊，熱中起海外移民來，過程中伴隨著大量資金的外逃。中國大陸出現了走資潮。

高盛報告估計，自 2015 年 8 月 11 日人民幣大幅貶值以來，資本流出中國的速度可能已經加快，達到 1500 億至 2000 億美元。摩根大通經濟學家朱海濱估計，資本外流規模已經達到了「引人注目」的水準，從 2014 年第三季度到 2015 年第二季度總計達到 3400 億美元。

根據彭博情報編纂的報告，資本外流在 2015 年 12 月份增加到 1587 億美元，這是 2015 年月度外流當中第二高的。最高發生在 9 月份，資本外流達到 1943 億美元。2015 年資本外流總量為 2014 年（1343 億美元）的 7 倍，是自 2006 年以來的最高紀錄。估計 2015 年外流總量達到 1 萬億美元。

進入 2016 年以來，在岸人民幣和離岸人民幣在新年以後的兩個星期都大幅下跌。由於人民幣匯率劇烈動盪，造成人民幣貶值預期增強。人民幣貶值預期又造成大陸民眾的恐懼，擔心手裡

的人民幣「縮水」，紛紛到銀行兌換美元，尤其在北京、上海、深圳等一線城市，到銀行換匯的民眾絡繹不絕。

面對民眾的換匯熱潮，中共處於控制資金流出的原因，很多銀行做出了許多規定限制換匯額度。有的銀行規定兌換 2000 美元以上就要提前預約，有的規定 1000 美元就要預約；有的銀行已經暫時取消了換匯或現鈔兌換業務，成都一家工商銀行工作人員表示，該行已經在一個多月前取消了換匯業務，需要去指定的工商銀行或者中國銀行兌換；有農業銀行工作人員表示，農行不給兌換美元現鈔，只能通過農行卡兌換，兌換現鈔只能去中國銀行。

中共外管局還從 2016 年 1 月 1 日開始，嚴格執行了購匯黑名單制度，一旦銀行方面確認民眾有螞蟻搬家的換匯行為，該民眾將被加到黑名單中去，黑名單上的人將被剝奪兩年合計 10 萬美元的換匯額度。而按照中共當局目前的規定每個人每年有 5 萬美元的外匯額度。

為阻資金外逃 銀聯卡交易限額

為遏制資金外逃，中共已經密集性出台一系列新措施。從公安部下令打擊地下錢莊，到收緊個人購匯、改變存款準備金考核制度等，但似乎都無法阻止資金外流的步伐。

2015 年 9 月 14 日，《彭博》引述知情人士的話稱，「國家外匯局近日下發《關於發展資本項目外匯業務專項核查》的通知，要求上海各外匯指定銀行，自查從 2015 年 6 月初至 8 月底期間進行的全部境外直接投資登記及外匯買賣業務。」

自查內容包括：境內機構在境外進行直接投資的資金來源和境外資金用途的真實性；涉及境外直接投資以及資金匯兌業務的內部控制和操作規程，是否符合外匯管理相關規定；銀行有否先為註冊地企業客戶辦理登記憑證，再為其辦理直接投資項下的帳戶開設和資金匯兌業務。

另外，中共央行要求各大銀行限制處理購匯業務、並暫停了幾家外資銀行的部分跨境外匯業務。

2016 年初，中共外匯管理局部分分局要求加強銀行代客售付匯業務監管，控制 1 月售匯總量，以加強企業和機構等螞蟻搬家式購匯管理，強調區域內 1 月售匯總量不得高於 2015 年 12 月份。

中共央行要求企業的跨境人民幣資金池從 1 月 18 日開始在任何時間點都只能是淨流入、不能有淨流出；截至 18 日如果是淨流出狀態，就要調整成淨流入，期間企業不得辦理流出業務，如果繼續辦理，要對銀行進行處罰，銀行對超出的部分繳納 100％的存款準備金。

2 月 2 日晚，中國銀聯國際發出最新規定，從 2 月 4 日起銀聯卡實施交易額度限制，每次交易額最高為 5000 美元。

2 月 3 日，據香港《明報》報導，近來有很多大陸客戶使用銀聯卡到香港買保險，這些保險類客戶沒有使用對應行業類別的限制類商戶類別碼（MCC），藉此繞過境內銀行卡單筆 5000 美元交易限額的限制。而 2 日晚銀聯國際發出的規定就是針對這部分客戶。

另有不願具名知情人士表示，從 2 月 4 日起，境外購買保險刷銀聯卡單筆金額不得超過 5000 美元，而此前並沒有限制。

大陸人士此前一直蜂擁前往香港購買保險產品，香港的保險

業服務通常優於大陸，並且可以讓大陸人士有辦法迴避對向海外轉移資金金額的管控。香港保險業監理處表示，截至 2015 年 9 月份，大陸人士在香港購買的保單保費達 27 億美元。

有報導說，香港各保險公司 2016 年 2 月 2 日晚已向員工發出通知，在保險公司使用終端機支付保費時，使用任何銀聯信用卡及借記卡，每次上限為 5000 美元。不過該限制暫時不影響銀聯卡的網上付款或通過保險公司客戶網站用銀聯借記卡於網上繳交保費。

有業內人士表示，這是中共央行又一個限制資金外流的措施，看起來中國資金外流達到了一個非常嚴重的狀態，中共在堵住任何資金外流的缺口。

第四節

借鑒捷克
天鵝絨革命終結共產走向富強

1989 年 11 月 17 日，布拉格大學生發起數十萬人的反共產黨統治示威，即「天鵝絨革命」，最終導致捷克斯洛伐克共產政權和平轉型。（AFP）

　　每年 11 月 17 日，捷克都會舉行慶祝活動，紀念 1989 年 11 月 17 日的「天鵝絨革命」。為世人所稱頌的「天鵝絨革命」促成了捷克斯洛伐克社會的順利發展，開創了將共產獨裁政權和平、平穩地轉型為民主政治的先河，值得今日中國借鑒。

　　「天鵝絨革命」是自國際共產主義運動興起以來的一場非暴力民主變革。它的過程雖有些波折，但沒有大規模的暴力衝突，政權和平更替，如天鵝絨般平和、柔滑，由此得名。

12 天平穩轉型 捷克政治經濟穩定

　　這場為期不到 12 天的民主變革從 1989 年 11 月 17 日大規模示威開始，從頭至尾沒有打碎一塊玻璃窗，沒有點燃一部小汽車，

沒有任何衝擊政府機關的激烈行為，沒有以往社會變革的激烈對抗，在不發生流血衝突的情況下實現了政權更替。

1989 年 6 月 4 日，雖然中國國內的天安門民主運動被中共絞殺了，但是在東歐和中歐卻發生了一系列劇變，波蘭、捷克斯洛伐克、匈牙利、保加利亞、羅馬尼亞等前華沙條約成員國先後發生「顏色革命」，最後導致蘇聯解體。

「天鵝絨革命」以後，捷克總共有三位總統，哈維爾、克勞斯和澤曼，國家一直保持著政治穩定。2012 年《經濟學人》對捷克民主指數的評估是 8.19 分，在各國排名 17 位，超過美國、日本和韓國。

民主轉型以後，捷克經濟發展良好，2013 年人均國內生產總值（GDP）為 2.72 萬美元，大約是中國的三倍，世界排名第 37 位。捷克被世界銀行確定為發達國家。

捷克是歐盟中經濟增長最快的國家。捷通社（CTK）2015 年11 月 13 日報導，捷克統計局（CSO）初步估計，捷克第三季度國民生產總值（GDP）增長為 4.3％，而 28 個歐盟國家平均國民生產總值（GDP）增長為 1.9％。

「布拉格之春」被前蘇聯鎮壓

「天鵝絨革命」發生的歷史背景是蘇共坦克碾碎了自由之夢「布拉格之春」。1945 年 5 月，第二次世界大戰結束後，捷克斯洛伐克在蘇共的扶持下建立了壟斷獨裁的社會主義政權。1968 年1 月，捷克斯洛伐克爆發了一場試圖擺脫蘇共控制的政治民主化運動，即「布拉格之春」民主運動。

2015 年 6 月 27 日，《文學通訊》等四家報刊同時刊登由著名科學家、文學家、演員等簽名的《兩千言宣言》，宣言批判捷克共產黨的腐敗，並表態支持民主化運動，這引起了蘇聯共產黨的恐懼不安。

1968 年 8 月 21 日，以蘇聯為首的華沙條約五國出兵，武裝入侵捷克斯洛伐克，鎮壓了「布拉格之春」民主運動，給捷克社會造成深刻的影響。

從此以後，捷克斯洛伐克共產黨政府開始更強硬地控制本國人民，整個社會氣氛相當壓抑，恐懼和不信任滲透到社會每個角落。

《七七憲章》發起人哈維爾當選總統

1977 年 1 月，241 位捷克斯洛伐克知識分子及其他階層人士簽署並發布了要求保護基本人權的宣言、即通稱的《七七憲章》。憲章運動不是一個組織，沒有常設機構和常規的會員制度，也沒有法定的領導人。它的大部分活動由指定的「發言人」來代表，形式完全公開，而且可以容納任何人，只要自願贊同宣言中的觀點，簽署宣言，就成為《七七憲章》的一員。

憲章運動最知名的發起人和發言人是後來成為捷克總統的哈維爾，他集作家、劇作家、文學家、政治家和導演等身分於一身。由於參與憲章運動，哈維爾受到嚴密監視，被剝奪了作家的一切權利，沒有辦法找到固定工作，幾乎天天遭到當局的盤問和搜查。他還多次被關押在監獄中，獄中度過的時間總計達五年以上。

1989 年初起 首都連續遊行示威

到 1987 年底，憲章運動簽名人數只有一千多人，其影響相當有限，遠不及波蘭的團結工會。

1989 年 1 月 16 日至 19 日，為紀念 20 年前因抗議蘇聯軍隊入侵而自焚的大學生帕拉赫，捷克斯洛伐克首都布拉格發生 20 多年來規模最大的遊行示威，數以萬計的人高呼「要自由」、「要人權」、「雅克什滾蛋」等口號。時任捷克共產黨第一書記的雅克什態度強硬，拘留數百人，其中示威的發起者之一、《七七憲章》發言人哈維爾被判刑 9 個月。

同年 6 月，憲章運動要求平反「布拉格之春」及平反歷史冤案。

8 月 21 日，在蘇聯入侵捷克斯洛伐克 21 周年紀念日，布拉格群眾示威，要求宣布蘇聯入侵非法。

10 月 28 日，在捷克斯洛伐克共和國成立 71 周年紀念日，數以萬計的布拉格人湧向城市廣場，高呼「自由」、「民主」、「雅克什、胡薩克下台」等口號。警察驅趕人群並抓走數百人。

1989 年 11 月 數十萬人遊行 11 天

11 月 17 日，即捷克斯洛伐克大學生反對希特勒暴行的 50 周年紀念日，首都布拉格的學生發起了大規模的反對共產黨統治、要求民主的遊行示威，示威持續了 11 天並擴展到全國各大城市，每天的示威人數有數十萬人。

11 月 20 日，剛從共產黨監獄出來的哈維爾對 50 萬遊行示威群眾演講，強烈要求共產黨政府下台。

第 12 天捷克議會取消共黨壟斷地位

11 月 29 日，捷克斯洛伐克聯邦議會開會，經過六個多小時討論後，通過憲法法律的修正，取消了 1960 年的社會主義憲法中關於共產黨在社會中的領導作用，以及關於民族陣線和關於用馬列主義精神進行教育的第 4、第 6 和第 16 條款。自此，共產黨在捷克斯洛伐克的壟斷地位被終結。

天鵝絨革命是所有共產國家的借鑒

「天鵝絨革命」沒有造成劇烈的社會動盪，沒有對生產力及國民經濟造成重大破壞，國家政權平穩過渡，國計民生順利發展，上承天意，下應民心，是為國、為民的上善之舉。

受「天鵝絨革命」影響，格魯吉亞、烏克蘭、吉爾吉斯斯坦相繼發生「顏色革命」，也成功地實現了政權的和平更替。

「天鵝絨革命」的靈魂人物哈維爾（Václav Havel）的半身雕像已入駐美國國會大廈的自由廳，他是入駐美國國會大廈自由廳的第四位歐洲人。

「天鵝絨革命」對所有共產體制的國家無不是一個借鑒，那就是如何明天意、順民心，為國家與社會著想，而不是逆天而行，固守權力、維護為人們所唾棄的體制。

哈維爾曾在一次座談會上談到，共產主義體制自身的結構使得它不可能長久。人權、民主為當今人心所向。中國目前的億萬「三退」大潮，是中國人唾棄中共的明確表示，在中國人的民心所向面前，如何抉擇，中共當權者該當三思。

中國大變動系列 **044**

中國股市深處的政經絞殺

作者：王淨文、季達。**執行編輯**：張淑華／韋拓。**美術編輯**：林彩綺。**出版**：新紀元周刊出版社有限公司。**地址** ：香港荃灣白田壩街5-21號嘉力工業中心B座3樓25。**電話**：886-2-2949-3258（台灣）852-2730-2380（香港）。**傳真**：886-2-2949-3250（台灣）／852-2399-0060（香港）。**Email**：newepochservice@gmail.com。**網址**：shop.epochweekly.com。**香港發行**：田園書屋。**地址**：九龍旺角西洋菜街56號2樓。**電話**：852-2394-8863。**台灣發行**：高見文化行銷股份有限公司。**地址**：新北市樹林區佳園路二段70-1號。**電話**：886-2-2668-9005。**規格**：21cm×14.8cm。**國際書號**：ISBN978-988-13960-5-1。**定價**：US$29.98。**出版日期**：2016年9月。

新紀元
NEW EPOCH WEEKLY

www.ingramcontent.com/pod-product-compliance
Lightning Source LLC
Chambersburg PA
CBHW020452270326
41926CB00008B/577